Méthodologie du droit international public

ULB lire

Références

Olivier Corten

Méthodologie du droit international public

EDITIONS DE L'UNIVERSITE DE BRUXELLES

ISBN 978-2-8004-1620-5
D/2017/0171/10

Avenue Paul Héger 26 – 1000 Bruxelles – Belgique
www.editions-universite-bruxelles.be
editions@ulb.ac.be

Imprimé en France par Normandie Roto Impression s.a.s.
61250 Lonrai - Numéro d'impression : 2003869

Sommaire

Remerciements

Cet ouvrage est le fruit de plusieurs années d'enseignement du cours de « méthodologie de la recherche en droit international », dispensé à l'Université libre de Bruxelles. Je remercie tous les étudiant(e)s qui, lors des débats qui ont eu lieu pendant ces années, m'ont permis d'affiner la réflexion. Merci aussi à Anne Lagerwall, qui m'a assisté dans le cadre de ce cours, notamment en prenant des notes à partir desquelles j'ai commencé à élaborer cet ouvrage puis en relisant certaines versions antérieures du manuscrit. Merci enfin à François Dubuisson pour son soutien et son amitié.

Introduction

Ce texte est principalement destiné aux chercheurs amenés à étudier et appliquer le droit international. Il a été conçu à partir du cours dispensé à l'Université libre de Bruxelles depuis 1997, cours intitulé : « méthodologie de la recherche en droit international public ». Le but de cet enseignement est de fournir une méthode de travail, susceptible d'être utilisée dans le cadre de toute étude de droit international. Il s'agit donc d'un enseignement « transversal », destiné à faire le lien entre des domaines aussi différents que le droit des Nations unies, les droits de la personne, le droit de la mer, le droit international humanitaire, le droit économique international, ... En droit international, on constate depuis plusieurs années une certaine inflation législative : de plus en plus de domaines sont régis par le droit, des règles de plus en plus nombreuses sont édictées, les jugements et les études scientifiques se multiplient[1]. Dans ce contexte, il apparaît illusoire de prétendre connaître le détail de toutes les règles existantes, même dans un domaine particulier. C'est pourquoi il est particulièrement important de disposer d'une méthode qui permette d'acquérir, de maîtriser et d'utiliser de nouvelles connaissances[2]. Pour mieux cerner sa portée, on peut reprendre successivement chacun des termes qui composent l'intitulé de ce cours pour en préciser le sens.

[1] En ce sens, *Fragmentation du droit international. Difficultés découlant de la diversification et de l'expansion du droit international,* Rapport du Groupe d'études de la Commission du droit international établi sous sa forme définitive par Martti Koskenniemi, A/CN.4/L.682, 13 avril 2006, p. 11, par. 7.

[2] Steven Ratner and Anne-Marie Slaughter, « Appraising the Methods of International Law : A Prospectus for Readers », *AJIL*, 1999, p. 291.

1. « Méthodologie »...

Ce terme est défini par les dictionnaires usuels comme «l'étude des méthodes scientifiques, techniques (subdivision de la logique)»[3]. Une définition plus élaborée, reprise d'un dictionnaire spécialisé, renvoie à une:

> «Subdivision de la logique, ayant pour objet l'étude *a posteriori* des méthodes et plus spécialement, d'ordinaire, celle des méthodes scientifiques»[4].

La méthodologie consiste donc en une étude scientifique des méthodes, ce qui amène d'emblée à apporter deux précisions.

1° D'une part, le but de la méthodologie n'est pas d'apporter un enseignement portant sur le fond d'une matière, mais vise à favoriser une utilisation rationnelle des connaissances acquises. Une méthode n'a en effet de sens que si l'on dispose déjà de certains acquis sur le fond d'une matière donnée. La méthodologie se situe donc en quelque sorte «en aval» des autres enseignements juridiques. En même temps, et comme on le verra, la maîtrise d'une méthode permet aussi de guider l'acquisition de nouvelles connaissances, et peut donc intervenir «en amont» du processus d'apprentissage. Quoi qu'il en soit, l'important est de bien comprendre que la méthodologie ne consiste pas à affirmer l'existence de telle ou telle règle juridique, ou encore à en préciser le sens, mais plutôt à fournir des outils visant à établir ou à interpréter une règle juridique[5] ou, plus généralement, développer et exposer un raisonnement juridique correct[6].

(3) *Le petit Robert 1*, Paris, éd. Le Robert, 1987, p. 1192. Selon les termes d'un autre dictionnaire usuel, la méthodologie est l'«étude systématique, par observation, de la pratique scientifique, des principes qui la fondent et des méthodes de recherche qu'elle utilise» (*Le petit Larousse*, Paris, Larousse, 1998, p. 649).

(4) André LALANDE, *Vocabulaire technique et critique de la philosophie*, Paris, PUF, Quadrige, 1994, v° méthodologie.

(5) V. Maarten BOS, *A Methodology of International Law*, Amsterdam/New York/Oxford, North Holland, 1984, p. 9-14.

(6) Frede CASTBERG, «La méthodologie du droit international public», *RCADI*, 1933, tome 43, p. 314.

Le débat sur le droit des peuples à disposer d'eux-mêmes en droit international

Pour certains, ce droit est, en droit international contemporain, réservé aux peuples sous domination coloniale ou étrangère, ou soumis à un régime raciste[(7)]. Pour d'autres, il peut aussi être invoqué par certaines minorités souhaitant faire sécession en raison de la répression dont elles sont victimes de la part de l'Etat central[(8)]. La méthodologie ne vise pas à trancher ce débat. Elle apportera en revanche des outils à leurs protagonistes. Elle déterminera par exemple quelle sera la méthode appropriée pour établir la portée de la règle et pour l'interpréter. L'utilisation d'une méthode impliquera ainsi de se poser une série de questions sur l'argumentation soutenue. Quelles sont les sources auxquelles l'argumentation se réfère? Cette argumentation s'appuie-t-elle sur une règle conventionnelle ou coutumière? S'il s'agit d'une règle coutumière, quelle est la méthode utilisée pour démontrer concrètement son existence? Comment l'*opinio juris* des Etats est-elle établie? L'interprétation retenue se fonde-t-elle sur une méthode rationnelle d'interprétation et, dans l'affirmative, cette méthode correspond-elle aux principes d'interprétation reconnus?

Dans la mesure où la méthode utilisée reste l'objet d'étude privilégié de cet ouvrage, le fond de l'argumentation soutenue importe peu. On peut donc, à l'aide d'une même méthode, défendre deux positions qui sont, sur le fond, différentes, voire contradictoires[(9)]. Quoique reflétant des points de vue différents, ces positions pourront, *a priori*, disposer de la même valeur scientifique, pourvu que la méthode utilisée soit rigoureuse.

2° D'autre part, en tant que «subdivision de la logique» (selon la formule retenue ci-dessus), la méthodologie semble relever de la théorie du droit. Et il est vrai que, comme on le constatera ci-dessous[(10)], le choix d'une certaine méthode implique le choix préalable d'une certaine approche théorique[(11)]. Il est manifeste, par exemple, qu'un jusnaturaliste et un positiviste ne suivront

(7) Théodore CHRISTAKIS, *Le droit à l'autodétermination en dehors des situations de décolonisation*, Paris, La documentation française, 1999.

(8) V. p. ex. Dietrich MURSWIEK, «The Issue of a Right of Secession – Reconsidered» *in* Ch. TOMUSCHAT (ed.), *Modern Law of Self-Determination*, Dordrecht/Boston/London, Martinus Nijhoff, 1993, p. 21-39.

(9) V. p. ex. la stimulante étude de Martti KOSKENNIEMI, «Le style comme méthode» *in La politique du droit international*, Paris, Pedone, 2007, p. 391-408.

(10) *Infra*, chapitre I.

(11) Ainsi, la critique d'une méthode positiviste va généralement de pair avec une critique du positivisme comme théorie du droit; v. p. ex. l'étude de Hans J. MORGENTHAU, «Positivism, Functionalism, and International Law», *AJIL*, 1940, p. 260-284.

pas la même méthode pour défendre leurs thèses respectives[12]. L'étude de la méthodologie suppose donc de se positionner par rapport à certains courants théoriques dominants qui structurent et déterminent les choix méthodologiques. Toutefois, cet ouvrage n'a pas pour objet la théorie du droit international, dans la mesure où il vise à étudier les méthodes permettant de régler les problèmes scientifiques les plus variés, et non par exemple d'évaluer la cohérence de telle ou telle doctrine juridique[13].

2. … « de la recherche »…

La méthodologie a une vocation pratique manifeste[14]. Son étude et sa maîtrise doivent permettre de mener une recherche scientifique, quels que soient à la fois le domaine abordé et les argumentations soutenues. Mais qu'entendra-t-on ici par « recherche » ? La recherche est un processus qui recouvre plusieurs étapes dans la réalisation d'un travail, à savoir :

1° la recherche documentaire, qui consiste en un balisage des sources disponibles relatives à un sujet donné ;
2° la sélection, parmi les multiples sources obtenues, des sources pertinentes, c'est-à-dire celles qui sont nécessaires ou utiles aux fins de la démonstration scientifique ;
3° l'interprétation des différents documents produits, afin de déterminer s'ils appuient, nuancent ou s'opposent à l'argumentation défendue ;
4° l'élaboration d'un plan de rédaction, et le classement des différentes sources documentaires sur cette base et ;
5° la rédaction d'un projet de texte puis du texte final, qui s'accompagne de citations et de références aux sources documentaires.

Chacune de ces étapes peut être considérée comme faisant partie intégrante d'une recherche. Celle-ci ne se limite donc pas à la première, ni aux trois premières phases décrites ci-dessus. L'élaboration du plan et la rédaction donnent toujours lieu à une interprétation des sources documentaires disponibles voire,

(12) Maarten Bos, *A Methodology of International Law*, *op. cit.*, p. 33-35.

(13) Steven Ratner and Anne-Marie Slaughter, « Appraising the Methods of International Law : A Prospectus for Readers », *loc. cit.*, p. 292-293.

(14) *Ibid.*, p. 292 ; Shabtai Rosenne, *Practice and Methods of International Law*, New York, Oceana, 1984, p. 1.

dans de nombreux cas, à des collectes complémentaires de documents. Les étapes qui ont été décrites ne sont pas rigoureusement séparées dans la réalité. Il s'agit d'un ordre général, mais qui donne le plus souvent lieu à la poursuite simultanée de plusieurs des étapes décrites.

Par ailleurs, la recherche peut avoir elle-même des objectifs différents. Elle peut viser à la réalisation d'une étude académique tendant à faire le point sur un sujet donné, et qui peut le cas échéant déboucher sur la publication d'un article dans une revue scientifique ou sur la réalisation d'un écrit qui doit être produit dans le cadre d'un cours universitaire. Mais la recherche peut aussi avoir une vocation plus pratique, dans le cadre de l'activité d'un jurisconsulte ou d'un avocat. Défendre la licéité du comportement d'un Etat donné requerra bien entendu une recherche, qui ne pourra elle-même être menée que conformément à une méthode scientifique rigoureuse, susceptible de convaincre le juge, ou les autres destinataires de l'argumentation.

3. … « en droit international public »

Cet ouvrage n'est pas consacré à la révision d'une méthodologie généralement développée en droit, méthodologie qui est supposée connue[15], mais vise plutôt à transposer cette méthodologie au droit international, en ayant soin de l'adapter aux spécificités de cet ordre juridique[16]. Cet enseignement peut être utile aux chercheurs se spécialisant en droit international public, en droit international privé[17], ou encore en relations interna-

[15] Parmi les nombreux ouvrages existant sur ce thème, on citera Simone DREYFUS, *La thèse et le mémoire de doctorat. Etude méthodologique*, 2e éd., Paris, Cujas, 1983, 341 p.; Axel DE THEUX et Imre KOVALOVSKY, *Précis de méthodologie juridique. Les sources documentaires du droit*, Bruxelles, FUSL, 1995, 561 p.; Frédéric-Jérôme PANSIER, *Méthodologie du droit*, 2e éd., Paris, Litec, 1998, 161 p.; Paul DELNOY, *Eléments de méthodologie juridique*, 3e éd., Bruxelles, Larcier, 2008, 447 p.

[16] La méthodologie du droit international présente ainsi de nombreux points communs avec la méthodologie juridique en général; Shabtai ROSENNE, *Practice and Methods of International Law*, *op. cit.*, p. 1. Les spécificités liées à l'ordre juridique international sont toutefois nombreuses, et justifient certainement un exposé spécifique comme celui qui fait l'objet du présent ouvrage.

[17] Contrairement au droit international public, le droit international privé ne renvoie pas à un ordre juridique propre, mais plutôt à un aspect du droit national (*ibid.*, p. 9-11). A ce titre, il fera appel à de la méthodologie juridique classique, qui sera complétée lorsque seront utilisés en complément des sources ou concepts de droit international public.

tionales, pourvu que les recherches impliquent une prise en compte de l'ordre juridique international (recherche de traités internationaux, méthodes d'interprétation des traités, existence d'éventuelles réserves,...).

Dans la suite de cet ouvrage, on commencera par exposer des principes fondamentaux de méthodologie du droit international (I), avant de nous concentrer sur certaines règles plus spécifiques, de fond comme de forme (II).

PREMIÈRE PARTIE

PRINCIPES FONDAMENTAUX

CHAPITRE I

La diversité des méthodes scientifiques en droit international

En pratique, la diversité des méthodes suivies est particulièrement remarquable. Il suffit de consulter n'importe quelle revue de droit international ou n'importe quel ouvrage collectif pour relever, au fil des articles, que chaque auteur est loin de suivre la même méthode(1). Cette diversité de méthodes s'explique essentiellement par la diversité des approches possibles du droit international. Une problématique donnée peut susciter des questions très différentes et être abordée sous des angles d'approches radicalement divergents.

La diversité des approches du droit international peut être abordée en reprenant successivement deux choix sous-jacents à toute recherche scientifique.

Choix nº 1

Quelle est la science juridique qui encadre la recherche? Une méthode est toujours déterminée en fonction de la science du droit international dans laquelle l'auteur décide d'inscrire son étude. Ce choix exercera une influence considérable sur le choix de l'objet de l'étude ainsi que sur le type de questions que cette étude se proposera de résoudre. Ainsi, et comme on le détaillera

(1) Particulièrement caractéristique de cette diversité est l'ouvrage par lequel des internationalistes ont été invités à exprimer brièvement quelle était leur vision du droit international, avec pour résultat un tableau très varié, à la fois sur le fond mais aussi – et peut-être surtout – sur le plan méthodologique; E. Jouannet, H. Ruiz Fabri et J.M. Sorel (dir.), *Regards d'une génération sur le droit international*, Paris, Pedone, 2008, 464 p.

plus bas, une approche fondée sur la technique juridique sera essentiellement analytique et descriptive: il s'agira de se demander quel est le contenu de la règle de droit, et d'en préciser les contours. Toute différente se révélera une approche de type philosophique, qui consistera moins à se demander quel est le contenu de la règle qu'à se prononcer sur ce qu'elle devrait être. L'optique est alors moins analytique ou descriptive que normative ou prescriptive: il ne s'agit pas de se prononcer sur ce qui est mais sur ce qui doit être.

Choix n° 2

Quel est le courant théorique (ou l'école) privilégié(e) qui encadre la recherche? Une méthode est aussi définie par rapport au courant théorique qui inspire la pensée de l'auteur concerné, et ce alors même que l'on se trouve peut-être dans le cadre d'une même science juridique (retenue en application du choix n° 1). Ainsi, deux auteurs qui optent pour la technique juridique peuvent appartenir à des courants théoriques différents. Il se peut ainsi que le premier soit volontariste (le droit est fondé sur la volonté des Etats) et que le second soit objectiviste (le droit est fondé sur les nécessités sociales), par exemple. Ainsi, même s'ils visent tous deux à décrire le droit international existant, et se posent donc les mêmes questions générales, chacun suivra sa propre méthode, qui pourra aboutir à des résultats très différents.

Exemple. Le « droit à la sécession »

Choix n° 1

Une étude strictement technique de ce sujet pourra avoir pour objet de répondre à la question suivante: ce droit existe-t-il aujourd'hui en droit international positif? Peut-il être déduit du droit des peuples à disposer d'eux-mêmes(2)?

Une étude relevant de la philosophie du droit analysera ce droit en termes plus éthiques et tendra à répondre aux questions essentielles suivantes: ce droit à la sécession devrait-il exister? S'il devait exister, comment devrait-il être défini de manière à la fois à satisfaire les aspirations des peuples et à éviter les dérives menant à un démantèlement en cascade des Etats existants(3)?

(2) V. p. ex. Théodore Christakis, *Le droit à l'autodétermination en dehors des situations de décolonisation*, *op. cit.*, 676 p.

(3) V. p. ex. Lee C. Buchheit, *Secession: The Legitimacy of Self-Determination*, New Haven and London, Yale Univ. Press, 1978, 260 p.

Choix n° 2

A supposer que l'on soit dans la première hypothèse, celle d'une étude technique, on a déjà relevé que la méthodologie sera différente selon que l'on opte pour une approche volontariste (le droit à la sécession a-t-il été accepté par les Etats, par traité ou autrement ?) ou une approche objectiviste (ce droit s'impose-t-il objectivement par nécessité sociale ?).
A supposer que l'on soit dans la seconde hypothèse, celle d'une étude de type philosophique, il va de soi qu'un philosophe matérialiste ne suivra pas nécessairement la même méthode qu'un philosophe idéaliste, pour ne reprendre qu'un clivage particulièrement marquant en philosophie.

Les différents concepts et termes brièvement évoqués ici seront développés dans la suite de ce chapitre. A ce stade, on constate que plusieurs écoles ou approches peuvent co-exister dans les frontières d'une même science du droit. Ainsi, une étude relevant de telle science du droit international n'implique pas spécialement un rattachement à telle école ou approche théorique de droit international. Mais il peut aussi arriver qu'une école de droit international emprunte à plusieurs sciences du droit international. C'est le cas, comme on le verra, de l'école critique, qui présente des aspects qui relèvent de la technique juridique et d'autres qui sont plus sociologiques.

A ce stade, l'important est, d'une part, de mesurer la diversité des méthodes possibles (aucune méthode ne s'impose *a priori*) et, d'autre part, de bien comprendre que le choix d'une méthode suppose de se situer, au préalable, sur le plan théorique. Ce choix renvoie donc à la fois à une science particulière (section 1) et à une école ou une théorie spécifiques (section 2) du droit international, comme on le comprendra mieux en reprenant successivement ces deux éléments.

Section 1

La diversité des méthodes selon les sciences du droit

On commencera par exposer différentes sciences du droit, en montrant les liens qu'elles entretiennent avec certaines méthodes spécifiques (A). On se posera ensuite des questions sur les relations qui peuvent exister entre ces différentes sciences (B).

A. Sciences et méthodes d'analyse du droit international

Le droit est un objet d'étude qui peut être appréhendé à travers de multiples sciences: philosophie, histoire, sociologie, psychologie, linguistique, anthropologie, etc. On se concentrera ici sur quatre sciences du droit[4], qui sont sans doute le plus souvent utilisées par la doctrine[5], en tout cas dans le monde scientifique à dominante francophone[6]. Il s'agit de la technique juridique (1), de la théorie du droit (2), de la philosophie du droit (3) et de la sociologie du droit (4). Ce qui suit est valable pour le droit en général, et le droit international en particulier[7]. On reprendra d'ailleurs, pour illustrer le propos, deux exemples de recherches portant sur des objets très différents, qui montreront à chaque fois les spécificités de la science considérée. Avant d'entamer l'exposé, on insistera sur le caractère conventionnel des définitions proposées. Il ne s'agit pas de prétendre que la théorie ou la sociologie du droit, pour ne reprendre que ces deux exemples, ne puisse être définie que de la manière qui sera proposée. Au contraire, les définitions qui suivent ont une fonction didactique; elles doivent permettre de distinguer différences approches scientifiques du droit international et d'opérer un choix entre ces approches.

(4) La science du droit peut se définir comme une «activité cognitive visant à donner une représentation du phénomène juridique conforme au paradigme scientifique adopté»; A.J. Arnaud (dir.), *Dictionnaire encyclopédique de théorie et de sociologie du droit*, Paris, LGDJ, Bruxelles, Bruylant, 1988, p. 363.

(5) Même s'il existe d'autres approches encore, empruntant à la psychanalyse par exemple; v. p. ex. Nathaniel Berman, «Les ambivalences impériales» *in* E. Jouannet et H. Ruiz Fabri (dir.), *Impérialisme et droit international en Europe et aux Etats-Unis*, Paris, Société de législation comparée, 2007, p. 131-181; Nathaniel Berman, *Passions et ambivalences. Le colonialisme, le nationalisme et le droit international*, Paris, Pedone, 2008; David Kennedy, «Droit international et politique» *in Droit international 4*, Paris, Pedone, 2000, p. 10-178.

(6) Les approches scientifiques et méthodologiques prévalant dans le monde anglo-saxon, et plus spécifiquement aux Etats-Unis, présentent des différences importantes (v., pour illustration dans un domaine particulier, notre étude, «The controversies over the Customary Prohibition on the Use of Force: A Methodological Debate», *EJIL*, 2005, vol. 16, n° 5, p. 803-822), ce qui s'explique par une histoire et une culture différentes (v. Jean-Pierre Cot, «Tableau de la pensée juridique américaine», *RGDIP*, 2006, p. 537-593). V. aussi le symposium sur les méthodes du droit international publié dans l'*AJIL* en 1999, lequel reprend diverses approches dont peu se retrouvent dans la littérature francophone.

(7) On appliquera ici au droit international la grille théorique contenue dans une étude réalisée antérieurement, «Eléments de définition pour une sociologie politique du droit», *Droit et société*, 1998, n° 39, p. 347-370.

1. La technique juridique (ou dogmatique juridique)

La technique juridique – parfois aussi appelée «dogmatique juridique» – vise à déterminer le contenu d'une règle à partir de la prise en compte des sources formelles du droit international positif[(8)]. La technique juridique vise à exposer l'état du droit tel qu'il existe et à en déterminer le contenu. Il s'agit donc d'établir et d'interpréter une règle juridique, non de l'évaluer ou de la critiquer.

Exemple 1. Le «droit d'intervention humanitaire» – approche de technique juridique

Les questions que l'on se posera si l'on opte pour une étude relevant de la technique juridique sont les suivantes : un droit d'intervention humanitaire existe-t-il et, dans l'affirmative, à quelles conditions pourrait-il être exercé ? Est-il établi aujourd'hui ? Ces questions seront résolues sur la base du droit international positif, et non de considérations morales ou politiques. La méthode consistera dès lors à analyser et à interpréter la Charte des Nations unies, les résolutions de l'Assemblée générale, la jurisprudence de la Cour internationale de Justice et la doctrine, mais aussi les précédents dans lesquels ce droit d'intervention aurait été invoqué[(9)].

Exemple 2. Le «délai raisonnable» – approche de technique juridique

Les questions que l'on se posera au sujet de ce thème très différent seront du même ordre que dans le cas du droit d'intervention humanitaire. Que signifie un délai raisonnable ? Comment cette notion est-elle interprétée aujourd'hui ? Les sources auxquelles il sera fait référence seront conventionnelles (la Convention européenne des droits de l'homme, par exemple)

(8) La «dogmatique juridique» a été définie comme le «domaine de la science du droit consacré à l'interprétation et à la systématisation des normes juridiques» (*Dictionnaire encyclopédique de théorie et de sociologie du droit*, *op. cit.*, p. 106). Au sens où on l'entendra ici, la dogmatique ou la technique juridique se concentre surtout sur l'interprétation, et possède donc une vocation pratique affirmée par comparaison avec la «théorie du droit» qui, comme on le verra ci-dessous, vise plutôt la systématisation.

(9) Dans cette perspective, v. p. ex. Olivier Corten et Pierre Klein, *Droit d'ingérence ou obligation de réaction? Les possibilités d'action visant à assurer le respect des droits de la personne face au principe de non-intervention*, Bruxelles, Bruylant, 1992 et 2e éd., 1996 ; Olivier Corten, *Le droit contre la guerre. L'interdiction du recours à la force en droit international contemporain*, Paris, Pedone, 2008, p. 737-805 ; Sean D. Murphy, *Humanitarian Intervention. The United Nations in an Evolving World Order*, Philadelphia, Univ. of Philadelphia Press, 1996 ; Natalino Ronzitti, *Rescuing Nationals Abroad Through Military Coercion and Intervention on Grounds of Humanity*, Dordrecht, Martinus Nijhoff, 1985 ; Simon Chesterman, *Just War of Just Peace? Humanitarian Intervention and International Law*, Oxford, OUP, 2001.

ou jurisprudentielles (la jurisprudence de la Cour européenne des droits de l'homme, dans le même exemple) afin de définir l'interprétation qui est donnée de cette notion de délai raisonnable. On en conclura éventuellement que tel délai est, ou n'est pas, raisonnable, au sens de la Convention européenne des droits de l'homme (si du moins cet instrument est applicable dans le cas examiné)(10).

Dans les deux cas qui viennent d'être exposés, le but de la recherche est de déterminer et d'interpréter le droit international tel qu'il est, et non tel qu'on voudrait qu'il soit. C'est dans cette perspective que la méthode privilégiée renverra à une analyse qui se veut aussi objective et neutre que possible des sources formelles de l'ordre juridique existant(11). Comme on l'aura relevé, la technique juridique s'inscrit ainsi dans une perspective qui relève du positivisme juridique, ce qui est également le cas de la théorie (analytique) du droit.

2. La théorie (analytique) du droit

Le but de cette science n'est pas de déterminer le contenu d'une règle spécifique mais de s'interroger sur la place d'un concept déterminé dans l'ordre juridique international pris dans sa globalité. La théorie analytique du droit vise à préciser la manière dont la règle juridique fonctionne au sein du droit international(12).

Exemple 1. Le « droit d'intervention humanitaire » – approche de théorie (analytique) du droit

Un exemple d'hypothèse de travail que pourrait poser une étude de théorie (analytique) du droit consisterait à établir que les auteurs favorables au droit d'intervention humanitaire sont plutôt jusnaturalistes. On étudierait ainsi la

(10) Dans cette perspective, v. p. ex. l'approche suivie par les auteurs ayant participé au numéro spécial consacré au «délai raisonnable» par la *RTDH*, 1991, n° 5, numéro spécial, 160 p., ou l'interprétation de la notion de délai raisonnable exposée par Jacques Velu et Rusen Ergec, *La Convention européenne des droits de l'homme*, Bruxelles, Bruylant, 1990, p. 327 et s., ou encore par Jean-Claude Soyer et Michel de Salvia, «Article 6» *in* Louis-Edmond Pettiti, Emmanuel Decaux et Pierre-Henrio Imbert (dir.), *La Convention européenne des droits de l'homme*, Paris, Economica, 1995, p. 267-269.

(11) Cette neutralité constitue un idéal ou une vocation, et non une réalité ; v. p. ex. les critiques de Jean Salmon, «Le droit international à l'épreuve du tournant au XXIe siècle», *Cours euro-méditerranéens Bancaja*, vol. VI, 2002, p. 54-55.

(12) V. principalement Hans Kelsen, *Théorie pure du droit*, Bruxelles, Bruylant, Paris, LGDJ, 1999, sp. le titre VII consacré au droit international.

doctrine existante, en prenant un échantillon aussi représentatif que possible d'études portant sur ce sujet, pour le confronter au concept de jusnaturalisme, que l'on aurait préalablement défini. Les sources seront appréciées sous un autre angle que dans le cas de la technique juridique. La doctrine présentera ici une importance prépondérante par rapport aux traités, aux résolutions d'organisations internationales ou à la jurisprudence, par exemple(13).

Exemple 2. Le «délai raisonnable» – approche de théorie (analytique) du droit

Une étude de théorie (analytique) du droit pourra recourir aux mêmes sources juridiques que celles qui sont utilisées dans une perspective de technique juridique, mais dans une optique différente. Une approche théorique pourrait ainsi consister à analyser la jurisprudence de la Cour européenne des droits de l'homme relative au délai raisonnable, en vue de déterminer quelle est la méthode d'interprétation qui est suivie par la Cour lorsqu'elle appréhende cette notion. On pourra ainsi tenter de déterminer si ces méthodes d'interprétation relèvent plutôt de l'exégèse (interprétation se basant exclusivement sur la lettre, sur le texte) ou de l'interprétation téléologique (interprétation se basant plus essentiellement sur l'objet et le but du texte). L'examen de la jurisprudence ne servira donc pas ici à déterminer le contenu de la règle mais à confronter les décisions à des méthodes d'interprétation existantes. L'objet essentiel de l'analyse n'est pas non plus de se prononcer sur ces méthodes et de déterminer si ces méthodes sont valables ou non, mais plutôt de se demander quelle est la méthode qui est suivie(14).

Il faut rappeler ici que le choix entre ces différents courants et les différentes méthodes qui s'y rattachent est libre mais qu'une fois que ce choix est effectué, il s'agit de respecter une certaine cohérence relative à la méthode utilisée. Ainsi, si la théorie du droit a été choisie, il faut alors appliquer rigoureusement la méthode de cette science particulière en tenant compte de son objet principal, qui n'est pas de confronter un concept ou une règle juridique à un cas particulier – ce qui relèverait plutôt de la technique juridique – mais d'en définir les contours ou le fonctionnement et de le situer au sein du droit international. Comme pour la technique juridique, il s'agit de procéder à une analyse des sources formelles de l'ordre juridique international,

(13) Pour un exemple de ce type de perspective, on consultera mon étude, «The Controversies Over the Customary Prohibition on the Use of Force: A Methodological Debate», *loc. cit.*, p. 803-822.

(14) V., de manière plus générale au sujet de la jurisprudence de la Cour européenne des droits de l'homme, François OST et Michel VAN DE KERCHOVE, *Entre la lettre et l'esprit. Les directives d'interprétation en droit*, Bruxelles, Bruylant, 1989, 334 p.

mais dans un but fondamentalement différent. L'expression de théorie « analytique » (aussi parfois qualifiée de « pure ») du droit permet d'écarter d'autres types de théories (comme les théories « critiques »), qui ont des caractéristiques différentes, comme on le constatera ci-dessous[15].

3. La philosophie du droit

Une étude de philosophie du droit aborde une autre dimension du sujet traité en tentant généralement d'évaluer la règle juridique ou le concept juridique au regard de théories de la justice[16]. On se demandera ainsi si telle ou telle règle est juste ou injuste, ce qui suppose de se référer à telle ou telle définition de la justice, et donc à telle ou telle théorie particulière qui s'est développée à ce sujet[17].

Exemple 1. Le « droit d'intervention humanitaire » – approche de philosophie du droit

Le questionnement pourrait ici renvoyer au problème de la définition d'un « droit d'intervention humanitaire » apte à la fois à assurer une protection efficace des droits de la personne et à éviter les dérives interventionnistes. Il ne s'agit plus de se demander si un droit d'intervention existe, mais plutôt s'il devrait exister et, dans l'affirmative, quelle portée exacte il conviendrait de lui donner. On recourra dans ce contexte essentiellement à la doctrine, et plus spécialement à des philosophes qui proposeront leurs définitions d'un droit d'intervention en s'inscrivant eux-mêmes dans une filiation doctrinale particulière. Les sources formelles du droit international (comme la Charte des Nations unies ou des résolutions du Conseil de sécurité) ne seront pas nécessairement ignorées, mais le but de la recherche ne consistera pas à les interpréter, mais plutôt à les évaluer par rapport à telle ou telle conception du juste[18].

Exemple 2. Le « délai raisonnable » – approche de philosophie du droit

Qu'est-ce qu'un délai raisonnable? La question peut se poser en droit positif, mais aussi de manière plus fondamentale. De nombreux philosophes ont réfléchi sur la notion de raisonnable. Pour certains, la raison n'aurait pas

(15) *Infra*, section 2 du présent chapitre, ainsi que le clivage relatif au caractère intérieur ou extérieur de validité de l'énoncé scientifique, exposé plus bas.

(16) V. l'étude de référence de John RAWLS, *Théorie de la justice*, Paris, Seuil, 1997, 666 p.

(17) V. p. ex. Agnès LEJBOWICZ, *Philosophie du droit international. L'impossible capture de l'humanité*, Paris, PUF, 1999, 442 p.

(18) V. p. ex. Michael WALZER, *Guerres justes et injustes*, trad. fr., Paris, Gallimard, 2006.

de contenu déterminé, mais impliquerait plutôt le respect d'une procédure au cours de laquelle les différents protagonistes confronteraient leurs positions. Serait dès lors raisonnable ce qui est le fruit d'une discussion rationnelle[(19)]. Il est parfaitement possible de confronter ces théories à l'état du droit international existant, en se demandant dans quelle mesure ce concept de « raison procédurale » a déjà pénétré la jurisprudence existante. La démarche suppose certes de prendre en compte le droit positif, mais seulement en vue de le confronter à certaines théories philosophiques déterminées[(20)].

On perçoit bien ici les spécificités de ce qui n'apparaît en réalité que comme une manière de faire de la philosophie. En même temps, et sous peine de rester à un niveau abstrait difficile à tester empiriquement, une telle approche se doit de tester ses postulats au regard du droit international existant. L'aspect technique n'est donc pas nécessairement exclu de l'approche philosophique, même si cet aspect ne joue par définition qu'un rôle subsidiaire, voire marginal. La méthodologie propre à la philosophie, qui insiste en particulier sur un positionnement par rapport à la doctrine existante, restera cependant dominante et marquera la spécificité de cette approche.

4. La sociologie du droit

L'objet de la sociologie du droit est de confronter des règles juridiques ou des concepts de droit international à la réalité sociale existante[(21)]. On se demandera ainsi pourquoi telle règle a émergé à tel moment de l'histoire, ou encore pour quelles raisons telle règle est généralement appliquée alors que telle autre ne l'est pas. L'explication pourra se développer sur la base de théories de sociologie du droit ou, plus généralement, de théories des relations internationales.

(19) V. en particulier l'œuvre de Jürgen HABERMAS, et notamment *Raison et légitimité. Problèmes de légitimation dans le capitalisme avancé*, Paris, Payot, 1978; *Morale et communication*, Paris, Ed. du Cerf, 1986; *De l'éthique de la discussion*, Paris, Ed. du Cerf, 1992, ainsi que la synthèse de Jean-Marc FERRY, *Philosophie de la communication*, Tome 1, De l'antinomie de la vérité à la fondation ultime de la raison, Paris, Ed. du Cerf, 1994.

(20) V. la partie de mon ouvrage consacrée à ce thème, *L'utilisation du « raisonnable » par le juge international. Discours juridique, raison et contradictions*, Bruxelles, Bruylant, 1997, p. 396-403.

(21) Renato TREVES, *Sociologie du droit*, Paris, PUF, 1995, p. 21.

Exemple 1. Le « droit d'intervention humanitaire » – approche de sociologie du droit

La question qui peut être posée dans ce cadre par la science de sociologie du droit est la suivante: quel est le contexte politique qui permet d'expliquer l'émergence éventuelle d'un tel droit? Une étude de type sociologique pourrait envisager cette évolution comme suit. Au XIXe siècle, seuls quelques Etats dominaient la scène internationale. Ces Etats pouvaient recourir à la force à leur guise et justifiaient souvent ce recours par des motifs humanitaires. Ensuite, le contexte international a radicalement changé, et un certain équilibre s'est instauré entre Etats, non seulement plus nombreux mais aussi porteurs d'idéologies politiques différentes. L'interdiction du recours à la force a alors été perçue comme un élément du maintien de cet équilibre, avec pour conséquence une interprétation stricte de ses exceptions. Depuis quelques années, cet équilibre a été rompu, et une seule grande puissance domine la scène internationale. Cette grande puissance peut se permettre de remettre en cause la règle classique et soutient le droit d'intervention humanitaire comme une nouvelle exception dont elle sait qu'elle seule pourra pleinement profiter(22).

Exemple 2. Le « délai raisonnable » – approche de sociologie du droit

L'article 3 du premier Protocole additionnel de la Convention européenne des droits de l'homme stipule que des élections doivent se tenir à des « intervalles raisonnables ». Dans une optique relevant de la technique juridique, le juriste pourrait tenter d'interpréter cette notion en recherchant la volonté commune des Etats parties au traité. Une étude de sociologie du droit pourrait, en revanche, s'attacher à démontrer que cette formulation vague et imprécise ne reflète aucune volonté commune, mais que son ambiguïté est elle-même intentionnelle, et s'explique par le compromis auquel les Etats ont dû aboutir afin de conclure cette convention. On constatera alors qu'en réalité, les Etats n'avaient pas réussi à se mettre d'accord sur le contenu de la notion d'intervalle raisonnable et que, dès lors, la seule possibilité de permettre à la convention de voir le jour était de laisser cette question ouverte. Prétendre l'interpréter en recourant à la volonté commune des Etats est donc une fiction. Il serait plus adapté d'insister sur les fonctions remplies par de telles « notions à contenu variable »: permettre aux Etats de parvenir à un accord en mettant entre parenthèses leurs oppositions(23).

(22) C'est dans une perspective voisine que j'ai rédigé l'étude suivante: « Droit, force et légitimité dans une société internationale en mutation », *Revue interdisciplinaire d'études juridiques*, 1996, n° 37, p. 71-112; v. aussi Philippe MOREAU DEFARGES, *Droits d'ingérence dans le monde post-2001*, Paris, Presses de la fondation nationale des sciences politiques, 2006.

(23) Dans une perspective voisine, on consultera mon ouvrage, *L'utilisation du « raisonnable » par le juge international. Discours juridique, raison et contradictions*, *op. cit.*, p. 308-309.

Comme pour la philosophie du droit, la sociologie du droit ne peut être menée que moyennant certaines réflexions qui relèvent de la technique juridique. Le sociologue se demandera ainsi quand une règle a été établie quelle est la signification qui lui est donnée par la doctrine juridique classique. Mais il ne s'agira que de questionnements intermédiaires, qui serviront en définitive à répondre à des questions plus larges, questions qui renverront souvent à une explication politique ou sociologique. La méthode suivie sera, ici aussi, particulière, puisqu'elle supposera non seulement de recourir à de la doctrine spécialisée en la matière, mais aussi de procéder à une analyse de l'état des relations internationales.

B. Questions transversales

La présentation synthétique de ces différentes approches peut être réalisée à l'aide du tableau reproduit ci-dessous[24]. Celui-ci exprime les caractéristiques que nous venons d'évoquer. Bien entendu, ce schéma ne représente qu'une certaine manière de concevoir ces différentes disciplines, dont les définitions font elles-mêmes l'objet de débats[25]. L'avantage de ce tableau est toutefois de les distinguer clairement, en leur donnant des spécificités qui permettent de les identifier chacune comme science autonome.

	1. Définition proposée	*2. Objet privilégié*	*3. Critère de validité*	*4. Vocation privilégiée*
A. Technique juridique	« interprétation des normes juridiques »	Détermination du contenu du droit	Intérieur au droit (normes juridiques)	Prescriptive/ normative (évaluation en termes de licéité)
B. Théorie (analytique) du droit	« études des concepts fondamenteaux de l'ordre juridique et de leur articulation »	Compréhension de l'ordre juridique	Intérieur au droit (normes ou concepts juridiques)	Descriptive/ constative (compréhension)

[24] V. mon étude, « La sociologie du droit existe-t-elle ? », *Revue de droit pénal et de criminologie*, 1998, nº 9-10, p. 845-856.

[25] V. ainsi les différentes définitions de chacune de ces disciplines dans André-Jean Arnaud (dir.), *Dictionnaire encyclopédique de théorie et de sociologie du droit*, *op. cit.*

	1. Définition proposée	*2. Objet privilégié*	*3. Critère de validité*	*4. Vocation privilégiée*
C. Philosophie du droit	« étude des conditions de validité de normes juridiques ou d'un système juridique par rapport à des normes situées en dehors du droit positif »	Evaluation de la règle de droit ou de l'ordre juridique	Extérieur au droit (concepts ou théories philosophiques)	Prescriptive/ normative (évaluation en termes de légitimlité)
D. Sociologie du droit	« étude des rapports entre le droit et la société »	Explication de la création, de l'évolution ou de l'application de la règle de droit ou de l'ordre juridique	Extérieur au droit (réalités sociales et théories sociologiques)	Descriptive/ constative (explication)

Trois questions peuvent être posées à ce stade.

1° Quels sont exactement les éléments qui permettent de distinguer les quatre approches représentées?

2° Dans quelle mesure est-il possible de réaliser une étude qui combine deux ou plusieurs de ces approches?

3° Est-on réellement tenu d'opérer un choix entre ces approches?

1. Les éléments essentiels de distinction entre les quatre disciplines

Après avoir donné les caractéristiques générales de chacune des disciplines, le tableau reprend deux clivages dont la prise en compte donne quatre combinaisons possibles, chaque combinaison correspondant à une et une seule discipline. Il s'agit, d'une part, d'un clivage relatif à la validité de l'énoncé scientifique et, d'autre part, d'un clivage relatif à la vocation de l'énoncé scientifique.

a) **Le clivage relatif au caractère intérieur ou extérieur du critère de validité de l'énoncé scientifique**

Le premier clivage a trait au critère de validité de l'énoncé scientifique, qui peut être intérieur ou extérieur au droit. Une étude scientifique consiste en effet à défendre une proposition, sur la base d'une argumentation rationnelle. Cette proposition sera soumise à la critique de la communauté scientifique considérée, qui pourra la considérer comme valide, ou au contraire contester sa validité. La validité de l'énoncé s'opérera toujours par rapport à un cadre de référence donné(26). Lorsque ce cadre de référence renvoie à l'ordre juridique lui-même, on considérera que le critère de validité est intérieur au droit. Lorsque ce cadre de référence n'est pas celui de l'ordre juridique considéré, on considérera que le critère de validité est extérieur au droit.

Exemple 1. Le « droit d'intervention humanitaire » – critères de validité de l'énoncé scientifique

Si, dans une perspective qui relève de la technique juridique, une étude scientifique consiste à démontrer que ce droit d'intervention existe en droit international contemporain(27), comment pourra-t-elle être évaluée ? La validité de l'énoncé dépendra de sa mise en relation avec l'ordre juridique lui-même. Ceux qui défendront cette thèse le feront en prétendant qu'elle reflète la coutume, celle-ci pouvant être déduite de plusieurs précédents. Ceux qui contesteront cette même thèse prétendront que cette coutume n'existe pas, parce que l'*opinio juris* des Etats n'est pas établie(28). Dans les deux cas, le débat est centré sur la confrontation d'un énoncé scientifique (« le droit d'intervention humanitaire existe ») à un ordre juridique donné (le droit international positif contemporain). Le critère de validité est donc intérieur au droit.

Prenons à présent une étude scientifique, relevant cette fois de la philosophie du droit, qui a pour but de défendre le droit d'intervention humanitaire comme étant une norme juste, en particulier dans la mesure où elle correspond aux conceptions du « droit cosmopolitique » au sens donné à cette expression par plusieurs philosophes contemporains(29). La validité de l'énoncé scientifique (« le droit d'intervention est une norme juste qui correspond au droit cosmopolitique ») ne peut être évaluée que par rapport à un cadre de référence extérieur à l'ordre juridique international (les théories exposant la définition d'un droit cosmopolitique).

(26) V. André-Jean ARNAUD (dir.), *Dictionnaire encyclopédique de théorie et de sociologie du droit, op. cit.*, v° validité.

(27) V. la première partie de l'ouvrage de Fernando R. TESON, *Humanitarian Intervention. An Inquiry into Law and Morality*, New York, Transnational Publishers, 1st ed., 1988, 2nd ed., 1997.

(28) V. le chapitre VIII de mon ouvrage, *Le droit contre la guerre. L'interdiction du recours à la force en droit international contemporain, op. cit.*, ainsi que Simon CHESTERMAN, *Just War of Just Peace? Humanitarian Intervention and International Law, op. cit.*

(29) V. Jürgen HABERMAS, *La paix perpétuelle. Le bicentenaire d'une idée kantienne*, Paris, Ed. du Cerf, 1996, 121 p.

Exemple 2. Le « délai raisonnable » – critères de validité de l'énoncé scientifique

Telle étude relevant de la théorie du droit[30], consistant à démontrer que la Cour européenne des droits de l'homme suit un modèle téléologique d'interprétation lorsqu'elle interprète cette notion, est-elle valide? La question suppose de confronter l'énoncé, d'une part, au texte de la jurisprudence analysée et, d'autre part, aux caractéristiques de ce modèle juridique d'interprétation admis en droit international positif. Dans les deux cas, il s'agit de se prononcer par référence au droit existant. Le critère de validité est donc intérieur au droit.

Prenons à présent une autre étude, relevant plutôt de la sociologie du droit, selon laquelle la notion de « délai raisonnable » n'a pas de sens juridique univoque en raison des contradictions que cette formule recouvre, les Etats ne l'ayant acceptée que moyennant le maintien de leurs interprétations propres de ce qui est « raisonnable »[31]. La validité de l'énoncé s'évalue certes en prenant appui sur la jurisprudence de la Cour (élément intérieur au droit), mais dépend en définitive de sa confrontation avec une réalité sociale dans le cadre de laquelle le droit s'inscrit (élément extérieur au droit).

Si l'on reprend les différentes disciplines dans le tableau, on se rendra compte que:

- la technique juridique produit des énoncés scientifiques dont les critères de validité sont intérieurs au droit. Les affirmations selon lesquelles tel principe juridique existe, tel comportement est illicite ou telle interprétation juridique est correcte, renvoient toujours à une analyse de l'ordre juridique international lui-même;
- la théorie analytique du droit produit, elle aussi, des énoncés scientifiques, dont les critères de validité sont intérieurs au droit[32]. Les thèses selon lesquelles l'ordre juridique est un système complet et cohérent, ou la jurisprudence de telle juri-

(30) V. p. ex. François Ost et Michel van de Kerchove, *Entre la lettre et l'esprit. Les directives d'interprétation en droit, op. cit.*

(31) V. p. ex. Jean Salmon, « Le concept de raisonnable en droit international public », *in Mélanges Paul Reuter*, Paris, Pedone, 1982, p. 447-478.

(32) Il est vrai qu'une étude théorique prend plus de distance par rapport au droit qu'une étude technique, et semble à cet égard utiliser des concepts (comme par exemple ceux de « système juridique » ou de « modèle téléologique » d'interprétation) qui présentent une certaine extériorité par rapport au droit existant; v. François Ost et Michel van de Kerchove, *Jalons pour une théorie critique du droit*, Bruxelles, FUSL, 1987, p. 27 et s.; François Ost, « Questions méthodologiques à propos de la recherche interdisciplinaire en droit », *RIEJ*, 1981-6, p. 23-24. En réalité, dans la mesure où la théorie vise non pas à évaluer ou à critiquer le droit existant mais plutôt à en assurer une description et une compréhension, on peut considérer que cette discipline prend bien pour cadre de référence ultime l'ordre

diction suit tel modèle juridique d'interprétation, ne peuvent être appréciées qu'au regard de l'ordre juridique international lui-même. Par définition, une théorie *analytique* (et non pas «critique», terme qui sera précisé ci-dessous) du droit a pour prétention de décrire le droit tel qu'il est, sans y introduire des jugements de valeur de type philosophique ou des éléments d'explication de type sociologique ou politique[(33)];

- la philosophie du droit, quant à elle, a pour ambition d'évaluer le droit par rapport à des doctrines qui consistent manifestement à davantage qu'à décrire l'ordre juridique existant. La thèse selon laquelle telle règle est injuste, ou telle institution est juste, renvoie à une évaluation non en termes de conformité au droit positif mais en termes de justice, non en termes de légalité ou de licéité mais de légitimité[(34)];
- la sociologie du droit vise elle aussi à confronter le droit à des éléments qui lui sont extérieurs, et en particulier avec son contexte social et politique. L'affirmation selon laquelle telle règle n'est plus effectivement appliquée en raison d'un changement dans les rapports de force, ou selon laquelle telle règle émerge en raison des changements de la société internationale, ne peut être vérifiée qu'en confrontant la règle considérée avec les relations internationales existantes. Le critère de validité est donc bel et bien extérieur au droit[(35)].

A ce stade, on relève que la technique juridique et la théorie analytique du droit, d'un côté, la philosophie du droit et la socio-

juridique positif, et se caractérise à cet égard par un critère de validité de l'énoncé scientifique intérieur au droit.

(33) Cette caractéristique résulte directement de la «pureté» de la théorie comme critère de référence; v. Hans KELSEN, *Théorie pure du droit*, Neuchâtel, éd. de la Braconnière, 1988, p. 51 et s., *Théorie générale des normes*, Paris, PUF, 1996, p. 217-219 et «Qu'est-ce que la théorie pure du droit?», *Droit et Société*, n° 20-21, 1992, p. 552-554.

(34) L'ancienne distinction entre droit naturel et droit positif marquait bien la spécificité de la philosophie du droit comme une science se référant de manière fondamentale à un cadre de référence extérieur au droit existant. Si le vocabulaire a évolué, l'expression de «théorie de la justice» étant désormais préférée à celle de «droit naturel», cette spécificité reste parfaitement valable. V. p. ex. Alain RENAUT et Lukas SOSOE, *Philosophie du droit*, Paris, PUF, 1991, p. 15 et s.

(35) V. not. Georges GURVITCH, *Eléments de sociologie juridique*, Paris, Aubier, 1940, p. 262; Renato TREVES, «La sociologie du droit: un débat» *in Jean Carbonnier, Renato Treves et la sociologie du droit. Archéologie d'une discipline*, Paris, LGDJ, 1995, p. 167-168.

logie du droit, de l'autre, entretiennent des points communs. La prise en compte du deuxième clivage repris permet cependant de montrer quelles sont les différences qui caractérisent ces différentes approches.

b) Le clivage relatif à la vocation normative ou constative de l'énoncé scientifique

Une étude à vocation normative (ou évaluative) consiste à évaluer son objet par rapport à des normes. Il s'agit donc de se prononcer par rapport à ce qui devrait être. Au contraire, une étude à vocation constative (ou explicative, ou encore descriptive) vise à exposer, comprendre ou expliquer ce qui est, sans chercher à déterminer ce qui devrait être. Dans le premier cas, on juge et on prescrit; dans le second, on établit et on décrit.

Exemple 1. Le « droit d'intervention humanitaire » – vocation de l'énoncé scientifique

Si le but de l'étude est de prétendre que ce droit devrait être reconnu en droit international, sa vocation est clairement normative. Si l'objet est plutôt de montrer que son émergence est due à une évolution des rapports de forces sur la scène internationale, la vocation est clairement explicative(36).

Exemple 2. Le « délai raisonnable » – vocation de l'énoncé scientifique

Si le but de l'étude est de critiquer un délai en le qualifiant de déraisonnable et donc de contraire à la Convention européenne des droits de l'homme, la vocation est normative, puisqu'il s'agit d'évaluer une situation par rapport à une norme, et en définitive de se prononcer sur ce qu'il faut faire. Si, en revanche, le but d'une étude est de montrer que la Cour de Strasbourg utilise tel modèle d'interprétation de préférence à un autre, sa vocation est clairement descriptive, dans la mesure où aucune évaluation n'est opérée en termes de licéité ou de légitimité.

Si l'on reprend encore une fois les différentes disciplines sélectionnées dans le tableau, on en déduira les enseignements suivants.

- La technique ou la dogmatique juridique est plutôt une discipline à vocation normative, dans la mesure où il s'agit non de constater mais de juger ou d'évaluer des faits. La question reviendra en effet à se demander si tel ou tel comportement est licite ou illicite, c'est-à-dire s'il est conforme à telle ou telle

(36) Pour des exemples concrets d'études de ce type, v. ci-dessus.

norme juridique établie. On affirmera ainsi que tel comportement est contraire au droit ou – ce qui revient au même – que, en droit, il faut se comporter de telle ou telle manière. Si l'étude reste abstraite, et s'attache plutôt à interpréter une règle juridique sans la confronter à des faits, la vocation reste normative dans la mesure où, en précisant le contenu d'une norme, on précise en définitive ce qu'il faut faire(37).

- La théorie analytique du droit est une discipline qui ne vise ni à évaluer la licéité d'un comportement, ni à établir ce qu'il faut faire en droit. Son but est plutôt d'assurer une bonne compréhension de l'ordre juridique en en décrivant les mécanismes les plus fondamentaux. La vocation est donc constative ou explicative, et non pas normative(38).
- La philosophie du droit affiche en revanche clairement sa vocation normative, dans la mesure où la discipline comprend une évaluation du droit existant en le confrontant à des ordres normatifs qui lui sont extérieurs. Le cadre de référence philosophique est en principe conçu en termes de devoir-être. Il ne vise pas (seulement) à décrire la réalité, mais (aussi) à l'évaluer en fonction de critères de justice qui s'émancipent du droit positif. La philosophie du droit se rapproche donc de la technique juridique, dans la mesure où les deux disciplines ont une vocation normative. Mais là où

(37) L'obligation ainsi précisée est certes une obligation selon le droit existant, et non une obligation valable de manière absolue. En d'autres termes, affirmer que le droit interdit ou prescrit tel ou tel comportement ne revient pas à se prononcer soi-même en faveur ou à l'encontre de la règle, la technique juridique se développant dans une perspective positiviste et, en ce sens, revêtant un aspect descriptif. Il n'en reste pas moins que, en décrivant le droit existant, on se prononce en termes de devoir-être, ce qui renvoie à l'aspect «normatif» de la discipline. L'adjectif «normatif» ne doit pas être confondu avec le «normativisme», doctrine élaborée par Hans Kelsen selon laquelle le droit est un système de normes (Jean SALMON (dir.), *Dictionnaire de droit international public*, Bruxelles, Bruylant, AUF, 2001, v° normativisme, p. 750-751). Le normativisme est une théorie du droit et, à ce titre, prétend moins déterminer ce qu'il faut faire que d'assurer une compréhension de l'ordre juridique existant (v. Hans KELSEN, *Théorie pure du droit*, rééd. 1999, *op. cit.*, p. 201-206).

(38) Certes, on pourrait ici encore nuancer le propos car, en assurant une meilleure compréhension de l'ordre juridique positif, peut-être la théorie analytique du droit en promeut-elle indirectement l'obéissance (v. à ce sujet Danièle LOCHAK, «La neutralité de la dogmatique juridique: mythe ou réalité?» *in* P. AMSELEK (dir.), *Théorie du droit et science*, Paris, PUF, 1994, p. 293-309). Il n'en reste pas moins que son propos essentiel vise, non pas à déterminer ce qu'il faut faire ou ce qu'il est interdit de faire, mais à expliquer le fonctionnement de l'ordre juridique.

la dogmatique juridique reste confinée à une évaluation en termes de licéité (question de la conformité au droit positif, avec pour conséquence un critère de validité intérieur au droit), la philosophie du droit élargit la perspective en termes de légitimité (question de la conformité à des théories de la justice ou, selon une terminologie plus ancienne, à du «droit naturel», avec pour conséquence un critère de validité extérieur au droit)[39].

– Quant à la sociologie du droit, son ambition est plutôt d'expliquer l'évolution de la règle de droit par des déterminants politiques ou sociaux[40]. Le but n'est pas d'évaluer cette évolution en la qualifiant de licite (ou d'illicite) ou encore de légitime (ou d'illégitime). En ce sens, la vocation n'a rien de normatif[41]. A l'instar de la théorie (analytique) du droit, le but est ici de décrire la réalité telle quelle est[42]. Mais, alors que la théorie analytique reste confinée à une description du droit existant (critère de validité intérieur au droit), la sociologie du droit vise à replacer ce droit dans son contexte social (critère de validité extérieur au droit).

A ce stade, on peut clairement faire la distinction entre les quatre disciplines sélectionnées. L'encadré ci-dessous synthétise cette distinction en reprenant quatre affirmations qui correspondent manifestement aux quatre approches scientifiques exposées plus haut, affirmations qui visent toutes le même objectif, celui de commenter une décision rendue par une juridiction interna-

(39) Pour une analyse des différences entre ces notions, v. notre étude, «Réflexions épistémologiques et méthodologiques sur les spécificités d'une étude politologique de la légitimité», *Cahiers européens de Bruxelles/Brussels European Papers*, 2000, n° 1.

(40) Max WEBER, *Economie et société. Tome 2. L'organisation et les puissances de la société dans leur rapport avec l'économie*, Paris, Plon, coll. Agora, 1995, p. 11.

(41) Cette spécificité de la sociologie suppose que l'on retienne une définition relativement classique de la discipline, en restant dans une perspective positiviste. Bien entendu, on pourrait aussi retenir une autre définition de cette science, au risque de lui enlever une spécificité par rapport notamment à la philosophie. V. les réflexions de Donald BLACK, «The Boundaries of Legal Sociology» *in* Ch. E. REASONS & Robert M. RICH (ed.), *The Sociology of Law. A Conflict Perspective*, Toronto, Butterworths, 1978, p. 97 et de André-Jean ARNAUD, *Critique de la raison juridique. 1. Où va la sociologie du droit?*, Paris, LGDJ, 1981, p. 431 et s.

(42) Une étude de sociologie du droit ne prétendra cependant produire un énoncé scientifique dont la validité ne vaudra que dans le cadre d'une société donnée, voire pour un droit donné; v. Lawrence M. FRIEDMAN, «La sociologie du droit est-elle vraiment une science?», *Droit et Société*, n° 2, janvier 1986, p. 91 et s.

tionale. Il sera sans doute aisé au lecteur de les rattacher aux approches concernées.

« que l'on soit d'accord ou non avec ses conclusions, force est de constater que la Cour a appliqué rigoureusement le droit positif: elle ne peut donc certainement pas être critiquée » ;
« on peut regretter que la Cour soit restée cantonnée à une vision légaliste étroite en refusant de traduire en droit international le progrès des idées démocratiques qui, au-delà de la souveraineté, font prévaloir les valeurs de liberté et de dignité de l'homme » ;
« en rejetant tout interventionnisme à prétention légitimiste, l'arrêt peut être interprété comme le signe du maintien d'une conception moderne de la société internationale basée sur l'équilibre des puissances » ;
« l'arrêt révèle la prégnance d'un modèle positiviste volontariste dans le droit international contemporain ».

Un autre exercice, peut-être plus délicat, est de relier chacune de ces citations relatives à l'équité aux quatre sciences du droit précédemment exposées.

« (...) la réflexion sur l'équité confirme la vraie nature du droit : expression des rapports de force à un moment historique donné »(43) ;
« L'exigence d'équité. Cette exigence requiert que chacune des parties au procès puisse soutenir sa cause – civile ou pénale, mais relevant de l'article 6 – dans des conditions qui ne la désavantagent pas substantiellement, au total du procès, par rapport à la partie adverse »(44) ;
« (...) le droit des gens pourrait être construit à partir de la conception de la justice comme équité, dans le but limité de résoudre plusieurs questions liées au problème de la guerre juste »(45) ;
« (...) l'équité se perçoit normalement dans une situation concrète, alors que la règle de droit, dont le raisonnement juridique ne peut se passer, se réfère à des situations abstraites, seules susceptibles d'être saisies par sa généralité »(46).

On constate que, lorsqu'on souhaite mener une « étude de droit international », expression extrêmement large qui laisse la voie ouverte à une grande variété d'options, il importe de se positionner par rapport aux deux clivages exposés ci-dessus. Si

(43) Monique CHEMILLIER-GENDREAU, « L'équité » *in* M. BEDJAOUI (dir.), *Droit international. Bilan et perspectives*, tome I, Paris, Pedone, 1991, p. 292.

(44) Jean-Claude SOYER, « Article 6 » *in* Louis-Edmond PETTITI, Emmanuel DECAUX et Pierre-Henri IMBERT (dir.), *La Convention européenne des droits de l'homme. Commentaire article par article*, 2e éd., Paris, Economica, 1999, p. 265.

(45) John RAWLS, *Le droit des gens*, Paris, L'esprit, 1996, p. 40.

(46) Michel VIRALLY, « L'équité dans le droit » *in Le droit international en devenir. Essais écrits au fil des ans*, Paris, PUF, 1990, p. 407.

l'objectif est de rester confiné au cadre de référence de l'ordre juridique lui-même, on optera soit pour la technique juridique (s'il s'agit d'interpréter une norme ou d'évaluer la conformité d'un comportement par rapport à cette norme), soit pour la théorie du droit (s'il s'agit d'expliquer les mécanismes ou la logique qui caractérise cet ordre juridique). Si l'étude a pour ambition de situer l'ordre juridique existant dans un cadre plus large, on optera soit pour une approche philosophique, qui fera appel à des critères de légitimité à vocation normative, soit pour une approche sociologique, qui intégrera la prise en compte de facteurs sociaux ou politiques, dans une perspective explicative.

Enfin, et il faut insister sur ce point, le choix de la discipline scientifique de référence est fondamental sur le plan méthodologique, puisque c'est ce choix qui déterminera la méthode à suivre. Chaque discipline a en effet ses méthodes propres, ce qui implique d'ailleurs qu'il est extrêmement difficile de recourir à différentes sciences, dans la mesure où cela suppose de connaître et de maîtriser chacune des méthodes scientifiques considérées.

Tout cela implique-t-il un cloisonnement étanche entre ces différentes méthodes? Certainement pas, dans la mesure où certaines recherches pourront être menées à partir de l'analyse d'objets ou de documents similaires, que l'on se situe dans une optique technique ou une optique sociologique, par exemple. Les travaux préparatoires peuvent être ainsi soigneusement étudiés dans les deux cas. Dans le premier, le but est de déterminer le sens d'une notion juridique. Dans le second, il pourra plutôt s'agir d'expliquer les ambiguïtés de cette notion, en montrant comment son introduction dans un texte juridique reflète un rapport de forces existant à un moment historique donné. L'important est donc de déterminer dans quel but on recourt à telle ou telle source particulière. Le choix des sources peut donc être un élément décisif, lorsqu'il est essentiellement relié à une science: la référence à la doctrine, et plus spécialement à la doctrine philosophique, est caractéristique de la philosophie du droit, par exemple[47]. Mais plusieurs sciences peuvent aussi recourir à des sources similaires, voire identiques. Dans la mesure où toutes les disciplines analysées ont pour objet l'étude du droit, il va de soi qu'elles ne pourront, à un stade

(47) V., à titre illustratif, Alain Renaut et Lukas Sosoe, *Philosophie du droit*, *op. cit.*

ou un autre, faire l'économie d'une prise en compte de sources de l'ordre juridique considéré, qu'il s'agisse de traités, de résolutions d'organisations internationales, de jurisprudence, ...[48].

2. La possibilité de réaliser une étude combinant deux ou plusieurs approches scientifiques différentes

Le cloisonnement entre les différentes disciplines qui résulte de la prise en compte de notre tableau ne doit pas être surestimé. En pratique, il est parfaitement possible de développer une étude qui fera successivement appel à deux ou plusieurs disciplines scientifiques différentes. On distinguera à cet effet les cas de multidisciplinarité et d'interdisciplinarité.

Une étude *multidisciplinaire* (ou *pluridisciplinaire*) consiste en une succession d'étapes, chacune d'entre elles envisageant un même objet sous un angle différent[49]. Il est ainsi possible d'étudier le droit d'intervention humanitaire d'abord en se demandant quel est l'état du droit positif (ce qui suppose de suivre une méthode relevant de la technique juridique), puis en s'interrogeant sur les liens entre les défenseurs de ce droit et les doctrines jusnaturalistes (ce qui suppose de suivre une méthode relevant de la théorie du droit), pour ensuite proposer une définition d'un nouveau droit d'intervention basée sur certaines théories contemporaines de la justice (ce qui suppose de suivre une approche relevant de la philosophie du droit), pour finir par s'interroger sur les raisons de l'émergence de ce débat dans la société internationale actuelle (ce qui suppose de suivre une méthode relevant de la sociologie du droit). La démarche intègre plusieurs disciplines et, en changeant de discipline, on est en même temps amené à changer de méthode. La difficulté de l'exercice peut d'ailleurs dicter une séparation des tâches dans le cadre d'un ouvrage collectif, un technicien, un théoricien, un philosophe et un sociologue étant chacun chargé de la concep-

[48] François OST et Michel VAN DE KERCHOVE, «De la scène au balcon. D'où vient la science du droit?», *loc. cit.*, p. 75; François OST et Michel VAN DE KERCHOVE, *Jalons pour une théorie critique du droit*, *op. cit.*, p. 86 et s.

[49] Sur la distinction entre multidisciplinarité et interdisciplinarité, v. François OST et Michel VAN DE KERCHOVE, «De la scène au balcon. D'où vient la science du droit?», *loc. cit.*, p. 77; *De la pyramide au réseau? Pour une théorie dialectique du droit*, Bruxelles, FUSL, 2002, p. 467-478, ainsi que François OST, «Questions méthodologiques à propos de la recherche interdisciplinaire en droit», *RIEJ*, 1981-6, p. 5; v. encore Madeleine GRAWITZ, *Méthodes des sciences sociales*, Paris, Dalloz, 9e éd., 1993, p. 290-291.

tion et de la réalisation d'une étape. C'est dans cette perspective que certains ouvrages sont divisés en chapitres distincts, dans une optique résolument multidisciplinaire.

Exemples. Approches multidisciplinaires

Dans son ouvrage intitulé *Humanitarian Intervention. An Inquiry into Law and Morality*, Fernando Teson consacre une première partie à l'étude du droit positif puis, dans sa seconde partie, se livre à une réflexion qui relève plutôt de la philosophie du droit(50).

Dans un ouvrage intitulé *Lutte contre le terrorisme et droits fondamentaux*, on retrouve différentes contributions relevant de la technique juridique, mais aussi une étude d'un philosophe qui apporte son point de vue particulier sur cette institution juridique(51).

Dans le cadre d'une approche *interdisciplinaire*, on fait également appel à deux ou plusieurs disciplines mais, plutôt que de développer des points de vues successifs et parallèles, on intègre l'utilisation de ces disciplines dans une perspective unique qui les relie de manière cohérente. Ainsi, si un auteur souhaite critiquer le droit positif au regard d'une théorie philosophique, il ne pourra le faire efficacement qu'en prenant en compte les règles juridiques existantes, et en les interprétant. Il sera donc amené, à un stade préalable ou intermédiaire de son raisonnement, à développer un raisonnement qui relève de la technique juridique. La technique est cependant utilisée dans un objectif bien précis puisque, en définitive, le propos renvoie plutôt à une approche relevant de la philosophie du droit. On a donc deux disciplines qui sont utilisées mais, puisque la perspective est interdisciplinaire (et non pas simplement multidisciplinaire), ces deux disciplines sont intégrées dans un schéma intégré et cohérent. Par définition, l'interdisciplinarité suppose que l'on choisisse une «discipline maîtresse», qui encadre l'ensemble du raisonnement scientifique. Dans l'exemple qui vient d'être mentionné, il s'agit de la philosophie du droit, mais il se peut évidemment qu'on en choisisse une autre. Il est par exemple parfaitement envisageable

(50) Fernando R. Teson, *Humanitarian Intervention. An Inquiry into Law and Morality*, *op. cit.*

(51) Emmanuelle Bribosia et Anne Weyembergh (dir.), *Lutte contre le terrorisme et droits fondamentaux*, Bruxelles, Nemesis, 2002. Pour un autre exemple encore, v. le numéro spécial consacré à «La compétence universelle» par les *Annales de droit de Louvain*, vol. 64, 2004, n° 1-2 et la *Revue de droit de l'ULB*, vol. 30, 2004-2.

de s'interroger sur la philosophie qui sous-tend une règle particulière, dans le seul but d'interpréter celle-ci en droit positif. La technique juridique est alors la discipline maîtresse, la philosophie du droit n'étant mobilisée que de manière accessoire.

Exemples. Approches interdisciplinaires

Dans son ouvrage intitulé *La bonne foi en droit international public. Contribution à l'étude des principes généraux de droit*(52), Robert Kolb suit plutôt une approche théorique, qui consiste à envisager la bonne foi comme un concept fondamental de l'ordre juridique international. Dans le cours de sa démonstration, il passe fréquemment par des réflexions qui relèvent tantôt de la philosophie du droit, tantôt de la technique juridique.

Dans un ouvrage intitulé *Droit, légitimation et politique extérieure. L'Europe et la guerre du Kosovo*(53), les auteurs visent à expliquer pourquoi, au regard du contexte politique de l'époque, le droit a souvent été confondu avec la morale et la politique lorsqu'il s'est agi de légitimer cette guerre. La perspective générale de l'ouvrage renvoie donc plutôt à la sociologie du droit, mais la démonstration passe par plusieurs études qui ont une vocation plus technique(54), plus théorique(55) ou plus sociologique(56).

On constate donc que la variété de choix est très large, puisque non seulement on peut choisir une, deux ou plusieurs disciplines, mais on peut aussi les juxtaposer ou les associer selon des combinaisons diverses(57). Rappelons à ce stade qu'aucun choix ne s'impose scientifiquement, ni n'est par conséquent, en tant que tel, meilleur que d'autres.

Il faut cependant ajouter que certains sujets se prêtent davantage à une approche multi- ou interdisciplinaire que d'autres. Etudier la largeur de la zone économique exclusive se prête sans doute davantage à une approche technique que si l'on choisit d'analyser le concept d'équité. Si chaque sujet donne, en théorie,

(52) Paris, PUF, 2000.

(53) O. Corten et B. Delcourt (dir.), Bruxelles, Bruylant, 2001.

(54) François Dubuisson, «La problématique de la légalité de l'opération «Force alliée» contre la Yougoslavie: enjeux et questionnements» *in ibid.*, p. 149-206.

(55) Nicolas Angelet, «Brouillage institutionnel et légitimation procédurale dans la gestion de la crise du Kosovo» *in ibid.*, p. 207-221.

(56) Olivier Corten, «Les ambiguïtés de la référence au droit international comme facteur de légitimation. Portée et signification d'une déformalisation du discours légaliste» *in ibid.*, p. 223-259.

(57) Certains auteurs évoquent encore une approche «transdisciplinaire», qui intégrerait différentes disciplines dans le cadre d'une science originale, construite par un auteur; François Ost et Michel van de Kerchove, *De la pyramide au réseau? Pour une théorie dialectique du droit*, *op. cit.*, p. 468.

lieu à une gamme élargie d'approches, certains induisent donc davantage une approche complexe intégrant plusieurs disciplines distinctes, voire suggèrent le choix d'une discipline à l'exclusion d'autres. Il est ainsi particulièrement difficile, voire tout simplement impossible, de s'attaquer à des sujets comme la bonne foi, la souveraineté, l'équité, le raisonnable, les lacunes en droit international, ... sans se référer à de la théorie du droit international[(58)].

Il faut enfin préciser que, à partir du moment où l'on a choisi de faire appel à plus d'une discipline, il est fortement conseillé, dans le cadre en tout cas d'une étude unique, d'opter pour l'interdisciplinarité par préférence à la multidisciplinarité. La simple juxtaposition de points de vue différents se prête sans doute bien à des ouvrages collectifs, mais pose problème pour un ouvrage, un article ou un travail unique. Comme on le verra ultérieurement, toute étude se doit de définir précisément sa méthode, ce qui suppose une certaine cohérence qui impliquera, dans le cas de la prise en compte de deux ou plusieurs disciplines, que l'on précise quelle est la discipline maîtresse, celle qui encadre les autres et qui détermine l'ensemble du raisonnement scientifique.

3. La liberté et la nécessité d'un choix entre différentes approches scientifiques

Le choix entre ces différentes options est en principe libre, dans le sens où aucune approche ne s'impose *scientifiquement* aux autres[(59)]. Il se peut néanmoins que telle ou telle approche

[(58)] On consultera plus généralement les travaux publiés sous la direction de Chaïm Perelman dans les années 1960, 1970 et 1980 (tels Chaïm PERELMAN (dir.), *Les antinomies en droit*, Bruxelles, Bruylant, 1965; *Le problème des lacunes en droit*, Bruxelles, Bruylant, 1968; *La règle de droit*, Bruxelles, Bruylant, 1971; Chaïm PERELMAN et Paul FORIERS (dir.), *Les présomptions et les fictions en droit*, Bruxelles, Bruylant, 1974; *La motivation des décisions de justice*, Bruxelles, Bruylant, 1978; *La preuve en droit*, Bruxelles, Bruylant, 1981; Chaïm PERELMAN et Raymond VAN DER ELST (dir.), *Les notions à contenu variable en droit*, Bruxelles, Bruylant, 1984). Même si plusieurs des contributions qui composent ces ouvrages présentent une dimension technique importante, cette dimension est toujours doublée d'une dimension relevant de la théorie du droit. Il en va notamment ainsi des articles rédigés, dans le domaine du droit international, par Jean Salmon (v. nos développements dans «Jean Salmon et l'héritage de l'«école de Bruxelles»» *in Droit du pouvoir, pouvoir du droit. Mélanges offerts à Jean Salmon*, Bruxelles, Bruylant, 2007, p. 3-18).

[(59)] V. p. ex., René SÈVE, «L'épistémologie contractualiste de Karl Popper» *in* P. AMSELEK (dir.), *Théorie du droit et science*, Paris, PUF, 1994, p. 49-61.

soit imposée dans un contexte donné[60]. Un même auteur peut, par exemple, adopter une approche très critique dans un cadre académique, puis se conformer à une méthode positiviste très classique lorsqu'il agit comme praticien, par exemple comme avocat devant la Cour internationale de Justice[61]. Si l'on suit un cours de philosophie ou si l'on écrit pour une revue de philosophie, il est fort probable que l'on soit tenu d'opter pour une approche philosophique. A l'inverse, beaucoup de facultés de droit privilégient souvent la technique juridique, en écartant d'emblée toute autre science du droit, voire en considérant toute autre approche comme non scientifique. Cette dernière tendance ne se justifie pas sur un plan méthodologique. L'imposition d'une approche est parfaitement possible, mais ne peut s'expliquer que par une orientation politique ou pédagogique donnée, pas par une vérité de type scientifique.

A moins d'y être contraint en raison des spécificités d'un cours ou d'une publication, il est donc parfaitement possible de choisir librement une approche théorique, philosophique ou sociologique. Il est cependant fondamental, dans cette hypothèse, de respecter l'impératif de cohérence lorsqu'on définira la méthodologie qui sera suivie. Il ne saurait par exemple être question d'introduire des jugements en termes de légitimité si l'on a opté pour une démarche relevant de la technique juridique[62]. Ces jugements, souvent avancés à l'emporte-pièce, non seulement n'auront aucune valeur scientifique (car ils s'appuieront presque toujours sur le sentiment, et non sur l'argumentation), mais ils seront susceptibles de susciter la critique sur l'ensemble de l'étude, l'auteur étant suspecté de subjectivité dans la réalisation de son travail. Il est donc essentiel, une fois qu'une science a été choisie, de respecter le plus rigoureusement possible la méthodologie propre à cette science. On ne s'improvise pas théoricien du droit, philosophe du droit ou sociologue du droit, pas plus qu'on ne s'improvise technicien. Dans chacun de ces cas, il importe de rester aussi rigoureux que possible, ce qui ne va pas sans difficultés lorsque l'on cherche, comme

(60) Martti Koskenniemi, « Le style comme méthode. Lettre aux organisateurs du symposium », *loc. cit.*, p. 399-401.

(61) *Ibid.*, p. 399.

(62) V. *infra*, les développements consacrés à la notion de « neutralité axiologique » au sein du chapitre II.

c'est parfaitement possible par ailleurs, à combiner différentes approches dans le cadre d'une même étude.

En d'autres termes, il est plus facile de se concentrer sur une et une seule discipline, que de prétendre en combiner deux ou plusieurs, au risque de tomber dans une sorte de syncrétisme méthodologique qui suscitera la critique des spécialistes de chacune des sciences mobilisée. A moins que le sujet ne s'y prête tout particulièrement – et on a vu que cela pouvait être le cas –, il est donc sans doute préférable de rester dans le cadre d'une discipline unique.

Cela étant, est-on réellement tenu d'opérer un choix entre telle ou telle discipline ? Ne pourrait-on pas définir une approche originale transcendant les catégories traditionnelles, et qui ne relèverait par conséquent ni de la technique, ni de la théorie, de la philosophie, ou de la sociologie du droit ?

En théorie, rien n'empêche un auteur de se forger une méthode originale, qui s'appuie sur une démarche interdisciplinaire propre[(63)]. Il reste que, quoi qu'il en soit, il est impératif de se positionner par rapport à certains grands clivages à l'égard desquels on est contraint de faire un choix, consciemment ou non. Une étude pourra ainsi avoir une vocation normative, ou au contraire descriptive, et il est important de préciser comment on se positionne à cet égard. A défaut, par exemple, d'assumer l'introduction d'évaluations normatives dans une étude scientifique, celle-ci pourra être critiquée sur le plan méthodologique. De la même manière, s'il est tout aussi rigoureux de s'émanciper du droit positif que d'y rester confiné, l'absence totale d'indication à ce sujet n'est pas satisfaisante. Il est d'ailleurs d'autant plus impératif de se positionner clairement si l'on a opté pour une démarche interdisciplinaire originale.

*

En définitive, il est essentiel de se poser les questions suivantes lorsqu'on envisage la réalisation d'une recherche en droit international.

1. Quelle est la ou quelles sont les discipline(s) scientifique(s) qui va ou vont être utilisée(s) pour mener l'étude ?

(63) V. les réflexions de Martti Koskenniemi, « Le style comme méthode. Lettre aux organisateurs du symposium », *loc. cit.*, p. 391-394.

2. Dans l'hypothèse où deux ou plusieurs disciplines scientifiques sont choisies, quelle est la discipline de référence, celle qui encadrera l'ensemble de l'étude?
3. Quelle est la méthode spécifique que dicte le choix de telle ou telle discipline?

Parallèlement, il importe de se poser les questions suivantes:

1. Le choix de telle ou telle discipline est-il, explicitement ou implicitement, imposé?
2. Le choix opéré est-il adapté à l'objet d'étude?
3. Le choix opéré est-il adapté à la formation et à la personnalité de l'auteur de l'étude (64)?

Section 2

La diversité des méthodes selon les courants théoriques

Chacun sait que tous les philosophes du droit ne suivent pas nécessairement la même approche, ni n'adoptent nécessairement la même méthode. Il en va de même pour les sociologues du droit, les théoriciens du droit, et même pour les techniciens du droit(65). Toute étude repose non seulement sur le choix d'une science de référence, mais aussi sur certains postulats théoriques qui, sans être nécessairement explicités, sont pourtant sous-jacents à l'ensemble du raisonnement scientifique. Le clivage le plus courant est sans doute celui qui oppose le positivisme juridique et le jusnaturalisme(66). Un positiviste et un jusnaturaliste ne feront pas de la technique juridique de la même façon. Ces différences ne seront pas développées ici: elles sont généralement bien connues et renvoient essentiellement à l'opposition entre les critères de validité interne (pour le positivisme juridique) et externe (pour le jusnaturalisme) au droit(67). On peut

(64) V. Simone DREYFUS, *La thèse et le mémoire de doctorat. Etude méthodologique*, 2e éd., *op. cit.*, p. 81-82.

(65) V. p. ex. la diversité des contributions à l'ouvrage *Méthode sociologique et droit*, Paris, Dalloz, 1958.

(66) V. p. ex. la remarquable anthologie réalisée par Christophe GRZEGORCZYK, Françoise MICHAUT et Michel TROPER (dir.), *Le positivisme juridique*, Bruxelles, Story Sciencia, Paris, LGDJ, 1992.

(67) V. la définition de ces termes dans André-Jean ARNAUD, *Dictionnaire encyclopédique de théorie et de sociologie du droit*, *op. cit.*, p. 116-118 et p. 306-308.

en revanche exposer brièvement trois clivages entre approches théoriques qui sont particulièrement intéressantes en droit international, en distinguant les oppositions entre volontarisme et objectivisme (A), entre approches formaliste et critique (B) et entre courants idéaliste et réaliste (C). L'exposé succinct de ces grands clivages ne prétend pas refléter la considérable diversité des approches théoriques susceptibles d'être suivies en droit international public. De tels clivages peuvent cependant donner un aperçu de cette diversité et des difficultés qu'elle peut susciter sur le plan méthodologique.

A. Volontarisme et objectivisme : des approches théoriques différentes, des méthodes distinctes

L'un des clivages les plus fondamentaux dans les différentes manières de concevoir le droit international est celui opposant le volontarisme à l'objectivisme (1). Un positionnement par rapport à ce clivage est important, dans la mesure où il induit un choix de méthodes différentes, voire parfois opposées (2).

1. Le clivage théorique entre volontarisme et objectivisme

Il s'agit d'un clivage très ancien, qu'on se contentera d'exposer ici de manière générale, aux seules fins d'expliquer la diversité des méthodes qui résulte de sa prise en compte.

a) **Le volontarisme**

Selon le *Dictionnaire de droit international public*, le volontarisme est une « doctrine juridique selon laquelle le droit international est fondé sur la volonté des Etats »(68). La Cour permanente de Justice internationale a exprimé cette doctrine dans l'affaire du *Lotus* :

> « Les règles de droit liant les Etats procèdent de la volonté de ceux-ci, volonté manifestée dans des conventions ou dans des usages acceptés généralement comme consacrant des principes de droit et établis en vue de régler la coexistence de ces communautés indépendantes en vue de la poursuite de buts communs »(69).

(68) Jean Salmon (dir.), Bruxelles, AUF, 2001, p. 1140.
(69) CPJI, affaire du *Lotus*, arrêt du 7 septembre 1927, *Série A*, n° 10, p. 18.

Un grand nombre d'auteurs considèrent ainsi que le droit international est le produit de la volonté des Etats. Dans leur optique, chacune des sources formelles du droit ne renvoie qu'à un accord entre Etats souverains: accord écrit et explicite (traités, droit dérivé des organisations internationales), ou accord informel (coutume, principes généraux de droit):

> «(...) le droit international se constitue par le moyen d'accords entre les Etats qui tirent leur valeur obligatoire de la règle *pacta sunt servanda* et il existe seulement dans les limites où un accord de ce genre est intervenu»(70).

On ne peut, dans cette perspective, jamais opposer à un Etat une règle qu'il ne souhaiterait pas accepter. Le droit international serait un ordre juridique de type contractuel, à défaut d'un super-Etat susceptible de légiférer sur l'ensemble de la scène mondiale. Pour reprendre un texte de référence de cette tendance,

> «Nous appelons droit, dans le sens objectif, un ensemble de règles juridiques. Or une règle juridique est le contenu d'une volonté supérieure aux volontés individuelles, manifestée en vue de limiter les sphères des volontés humaines qui lui sont soumises. La formation de la règle juridique est ainsi une déclaration de volonté, déclaration d'après laquelle quelque chose doit devenir un droit. Nous nommons source juridique la volonté dont la règle juridique dérive. Dans le droit interne la source de droit est en premier lieu la volonté de l'Etat lui-même. De même dans la sphère des relations entre Etats, la source de droit ne peut être qu'une volonté émanant d'Etats. Mais il est évident que cette volonté, qui doit être obligatoire pour une pluralité d'Etats, ne peut pas appartenir à un seul Etat. Ni la loi d'un Etat par elle seule, ni des lois concordantes de plusieurs Etats, n'ont qualité pour imposer aux membres égaux de la communauté internationale des règles obligatoires de conduite. Mais si la volonté d'aucun Etat particulier ne peut créer un droit international, on ne peut imaginer qu'une seule chose: c'est qu'une volonté commune, née de l'union de ces volontés particulières, se trouve capable de remplir cette tâche. Peut être source de droit international une volonté commune de plusieurs ou nombreux Etats»(71).

(70) Dionisio ANZILOTTI, *Cours de droit international*, rééd., Paris, LGDJ, 1999, p. 67.

(71) H. TRIEPEL, «Les rapports entre le droit international et le droit interne», *RCADI*, 1923, tome 1, p. 82-83.

La doctrine volontariste part du constat que la société internationale est composée d'Etats fondamentalement différents, tant en ce qui concerne leurs puissances militaires ou économiques que sur le plan de leurs systèmes politiques et de leurs cadres de référence culturels. Dans ce contexte, seul un droit international fondé sur l'accord de tous les Etats, quels qu'ils soient, est susceptible d'assurer une coexistence pacifique. C'est grâce à ce droit international fondé sur l'égalité souveraine de tous les Etats que pourra se développer la coopération. Toute autre conception, qui reviendrait à se passer de la volonté d'un Etat, ne pourrait qu'aboutir à des phénomènes de domination qui sont incompatibles avec les caractéristiques essentielles de l'ordre juridique international[(72)].

b) **L'objectivisme**

Pour reprendre les termes du *Dictionnaire de droit international public*, l'objectivisme est une «doctrine juridique selon laquelle le droit international est le produit des solidarités sociales découlant des nécessités de la «communauté internationale» et de son évolution»[(73)]. L'idée est exprimée par le juge Bedjaoui :

> «A l'approche résolument positiviste, volontariste du droit international qui prévalait encore au début du siècle (...) s'est substituée une conception objective du droit international, ce dernier se voulant plus volontiers le reflet d'un état de conscience juridique collective et une réponse aux nécessités sociales des Etats organisés en communauté»[(74)].

Au-delà de la volonté des Etats, ce seraient donc les nécessités et les solidarités sociales qui détermineraient la création du droit international. Les Etats sont en effet, par définition, obligés de coexister. Qu'ils le veuillent ou non, et en particulier dans le cadre du phénomène de mondialisation que nous connaissons

(72) V. p. ex. Jean SALMON, «Le droit international à l'épreuve au tournant du XXIe siècle», *op. cit.*, p. 278 ; Charles CHAUMONT, «Cours général de droit international public», *RCADI*, 1970-I, tome 129, p. 439 ; v. aussi, de manière générale, l'étude de référence de Prosper WEIL, «Vers une normativité relative en droit international ?», *RGDIP*, 1982, p. 5-47.

(73) Jean SALMON (dir.), *op. cit.*, p. 764.

(74) CIJ, affaire de la *Menace ou de l'emploi de l'arme nucléaire*, *Recueil 1996*, Déclaration, p. 270-271.

aujourd'hui, ils dépendent les uns des autres et sont, de ce point de vue, solidaires. Les Etats sont donc tenus de respecter certaines règles minimales «objectives», dans le sens où elles ne découlent pas de telle ou telle prise de position particulière et subjective. Lorsqu'ils concluent un traité ou manifestent leur adhésion à une règle coutumière, les Etats ne font en ce sens que suivre un mouvement sociologique auquel ils ne peuvent se soustraire. Ce qui implique d'ailleurs que le droit international général évolue et s'impose même aux quelques Etats qui s'y opposeraient. On peut ici aussi illustrer ce schéma en citant un extrait d'un auteur classique qui incarne ce courant:

> «Toute norme sociale ou intersociale dérive d'une *contrainte* qui s'impose d'elle-même aux individus. Si elle n'est pas respectée, s'il n'y a pas de réalisation de la solidarité dans le groupe, celui-ci s'évanouit et disparaît. La source du Droit international découle des rapports internationaux, comme la source du Droit des rapports individuels. *Son caractère obligatoire* dérive de la nécessité de ces rapports, qu'ils soient originairement indispensables à la vie de chaque groupe, ou qu'ils acquièrent, par la division du travail, la force d'une nécessité biologique. A cette conscience de la nécessité pourront sans doute s'ajouter des jugements de morale ou de justice, mais ce ne seront toujours là que des éléments adventices»[75].

Georges Scelle donne l'exemple suivant pour illustrer cette doctrine. Des navigateurs égyptiens prennent l'habitude d'acquérir auprès de trafiquants syriens du bois précieux, en échange de quoi ils fournissent des étoffes. Se sentant en position de force, les Egyptiens décident un jour de prendre le bois sans plus fournir de contrepartie. A partir de ce moment, les Syriens les accueilleront avec des flèches, et ils ne pourront plus acquérir leur bois. Les Egyptiens seront donc tenus de rétablir la confiance, et de faire la preuve qu'ils respecteront désormais leurs engagements. Ainsi,

> «La nécessité du commerce engendrera une première norme importante du Droit international: *Pacta sunt servanda*, et prouvera l'existence d'une solidarité intersociale avec laquelle il est impossible de ruser. Le Droit international sera né (...)»[76].

(75) Georges SCELLE, *Précis du droit des gens*, première partie, Paris, Sirey, 1932, p. 31.
(76) *Ibid.*, p. 30.

On voit comment des mécanismes de solidarité s'imposent objectivement aux acteurs, et déterminent la création de règles juridiques spécifiques. Dans l'exemple qui vient d'être mentionné, les Egyptiens et les Syriens sont objectivement tenus de s'entendre dans la mesure où le commerce constitue une activité dont ils ne peuvent se passer. Le principe *pacta sunt servanda*, et les accords particuliers qui en découlent, ne résultent donc pas de leur acte de volonté.

Exemple 1. La prohibition du recours à la force

Dans une optique volontariste, on considérera que le recours à la force est interdit en droit international parce que les Etats l'ont décidé conventionnellement, notamment dans la Charte des Nations unies. En dehors des sources conventionnelles existantes, la règle pourrait par ailleurs s'appuyer sur l'existence d'une coutume générale, acceptée par tous les Etats de la société internationale(77).

Dans une optique objectiviste, on n'écartera pas l'existence des sources conventionnelles et coutumières prohibant le recours à la force. On considérera néanmoins que ces sources se fondent, au-delà de la volonté des Etats, sur une nécessité et une solidarité sociales. Ce sont ainsi ces nécessités qui, au-delà des textes existants, dictent une adaptation de la règle, notamment au regard des impératifs de la lutte contre le terrorisme(78).

Exemple 2. La « légitime défense préventive »

Pour déterminer si cette institution peut être valablement invoquée par un Etat donné à l'encontre d'un autre, un volontariste interprétera les sources conventionnelles et coutumières pour déterminer si la légitime défense préventive a été admise en droit international, puis vérifiera que les deux Etats concernés ont accepté cette règle spécifique(79).

Sans négliger la prise en compte de la pratique existante, un objectiviste se demandera si l'on ne peut pas considérer que la « légitime défense préventive » résulterait d'une nécessité objective, selon laquelle, par exemple, il serait évident qu'un Etat sur le point de se faire agresser aurait le droit, pour assurer sa survie, de « riposter préventivement »(80).

(77) C'est l'optique qui a été privilégiée dans mon ouvrage précité, *Le droit contre la guerre*.

(78) V. p. ex. Michael N. SCHMITT, *Counter-Terrorism and the Use of Force in International Law*, Garmisch-Partenkirchen, The Marshall Center Papers, n° 5, 2002.

(79) V. p. ex. l'étude de Théodore CHRISTAKIS, « Existe-t-il un droit de légitime défense en cas de simple « menace » ? Une réponse au « groupe de personnalités de haut niveau » de l'ONU » *in* SFDI, *Les métamorphoses de la sécurité collective*, Paris, Pedone, 2005, p. 197-222.

(80) V. p. ex. Thomas FRANCK, *Recourse to Force. State Action Against Threats and Armed Attacks*, Cambridge, CUP, Hersch Lauterpacht Memorial Lectures, 2002, p. 98.

Ces exemples montrent les différences d'approches induites par le positionnement que chacun peut être amené à opérer sur ce clivage entre volontarisme et objectivisme. Ils suggèrent aussi que le choix de l'une ou l'autre de ces approches implique celui d'une méthode différente, en particulier dans la manière dont sont appréhendées les sources de droit international.

2. Méthode volontariste, méthode objectiviste

La différence entre les approches méthodologiques relevant respectivement du volontarisme et de l'objectivisme peut être schématisée à l'aide du tableau reproduit ci-dessous.

	Méthode volontariste	*Méthode objectiviste*
Objectif	Etablissement et interprétation de la règle en se fondant sur la volonté des Etats	Etablissement et interprétation de la règle en se fondant sur les nécessités et les solidarités sociales
Moyen	Prise en compte des sources formelles du droit international au sens strict (traités, coutume, droit dérivé des organisations internationales, ...)	Prise en compte des sources du droit international au sens large (formelles et, dans une certaine mesure, matérielles)
Conséquence	Prise en compte des méthodes du positivisme juridique formaliste	Prise en compte de méthodes du positivisme juridique et de certaines autres relevant de l'analyse sociologique voire de la philosophie du droit

La première ligne de ce tableau renvoie directement aux caractéristiques essentielles des deux théories, et en déduit, sur le plan méthodologique, l'objectif principal de chacune d'entre elles.

- Le volontariste s'attachera ainsi à déceler, au-delà de la variété des sources formelles du droit international, quelle est la volonté des Etats concernés(81). La source de référence est ainsi le traité, qui exprime par écrit l'échange de volonté(82), et qui peut générer des obligations de manière directe ou

(81) V. p. ex. Stelos Séfériadès, «Principes généraux du droit international de la paix», *RCADI*, 1930, IV, tome 34, p. 205.

(82) Ainsi, selon Karl Strupp, «si les Etats sont égaux entre eux et qu'il n'existe pas de pouvoir supérieur qui leur dicte les lois, et pas davantage de pouvoir majoritaire, une seule conclusion est possible: il ne peut pas exister de droit international sans coïncidence de volontés, sans traité» («Règles générales du droit de la paix», *RCADI*, 1934, tome 47, p. 301).

indirecte (dans l'hypothèse du droit dérivé des organisations internationales). La coutume est quant à elle conçue comme un accord informel, l'*opinio juris* occupant une place déterminante dans l'établissement de la règle, et un Etat ne pouvant par conséquent se voir opposer une règle coutumière s'il s'est constamment comporté en «objecteur persistant»[(83)]. Les «principes généraux» de droit pourraient être envisagés, eux aussi, par référence à la volonté des Etats: si tel ou tel principe se retrouve dans les systèmes juridiques de l'ensemble des Etats, c'est que ceux-ci ont accepté la validité de ce principe. L'existence de tels principes est cependant souvent contestée par les volontaristes[(84)]. Dans la réalité, ils estiment en effet que chaque Etat interprétera un «principe général» selon ses propres valeurs, ce qui rend illusoire l'utilisation d'une telle source[(85)].

– L'objectiviste pourra lui aussi prendre en compte la volonté des Etats, mais s'estimera habilité à aller au-delà en s'interrogeant sur les nécessités sociales qui peuvent déterminer la règle de droit. Si le traité reflète un échange de volonté, celui-ci est davantage conçu comme un mode d'expression d'un droit objectif préexistant que comme l'élément fondateur de

[(83)] V. p. ex. Karl STRUPP, *ibid.*, p. 305-306; Prosper WEIL, «Cours général de droit international public: le droit international en quête de son identité», *RCADI*, 1992, VI, tome 237, p. 175-179; Philippe CAHIER, «Cours général de droit international public: changements et continuités du droit international», *RCADI*, 1985, VI, tome 195, p. 223-243; Gennady M. DALINENKO, *Law-Making in the International Community*, Dordrecht/Boston/London, Martinus Nijhoff, 1993, p. 109-113. Un «objecteur persistant» est un «Etat qui prétend à l'inopposabilité à son égard du caractère obligatoire d'une coutume en cours de cristallisation» (*Dictionnaire de droit international public, op. cit.*, v° objecteur persistant, p. 762). V. aussi Pierre-Marie DUPUY, «A propos de l'opposabilité de la coutume générale: enquête brève sur l'«objecteur persistant»» *in Le droit international au service de la paix, de la justice et du développement. Mélanges Michel Virally*, Paris, Pedone, 1991, p. 257-272; Olivier BARSALOU, «La doctrine de l'objecteur persistant en droit international», *RQDI*, 2006, disponible sur http://www.sqdi.org

[(84)] V. p. ex. Grigory TUNKIN, «Co-existence and International Law», *RCADI*, 1958, III, tome 95, p. 25. Cet auteur estime que le concept de «principes généraux de droit» est inutile (dans la mesure où d'autres sources peuvent servir plus aisément à établir la volonté de l'Etat), voire dangereux (dans la mesure où il peut servir à contourner l'exigence du respect de la volonté de l'Etat); v., du même auteur, «International Law and the International System», *RCADI*, 1975, IV, tome 147, p. 102. V. par ailleurs Karl STRUPP, *Eléments du droit international public universel, européen et américain*, tome I, Paris, Editions internationales, 1930, p. 17-18.

[(85)] Grigory TUNKIN, *Droit international public. Problèmes théoriques*, Paris, Pedone, 1965, p. 119-127.

la règle[86]. Mais les spécificités de l'approche objectiviste se marqueront surtout dans la manière dont sera perçue la règle coutumière, la pratique étant envisagée à l'aune de l'*opinio juris sive necessitatis*, et une règle objectivement nécessaire pouvant être appliquée à tous les Etats, y compris à un éventuel «objecteur persistant»[87]. Les principes généraux de droit sont eux aussi interprétés en fonction des nécessités sociales: si on les retrouve dans différents systèmes juridiques, c'est précisément parce qu'il s'avèrent objectivement nécessaires au fonctionnement d'un système juridique[88].

La deuxième ligne du tableau insiste sur la différence de statut des sources sur lesquelles s'appuient les deux doctrines.

- Dans une optique volontariste, seules les sources formelles de l'ordre juridique international sont susceptibles d'exprimer la volonté de l'Etat: il n'est pas question de recourir aux déterminants politiques et sociaux d'une règle pour en déterminer le contenu sauf, peut-être, dans la seule mesure où il s'agirait d'interpréter par ce biais la volonté des Etats[89]. Les circonstances de création d'une règle sont alors utilisées comme moyen complémentaire d'interprétation d'un traité, ou d'une coutume, conformément aux principes codifiés aux articles 31 et 32 de la Convention de Vienne de 1969 sur le droit des traités[90].
- Dans une optique objectiviste, il est possible de recourir plus librement aux sources matérielles d'une règle juridique déterminée[91]. La prise en compte des mécanismes de nécessité ou de solidarité sociale ouvre la voie à une approche à connotation sociologique qui s'émancipe, au moins en partie, des

[86] Nicolas POLITIS, *Les nouvelles tendances du droit international*, Paris, Hachette, 1927, p. 49.

[87] V. p. ex. Christian TOMUSCHAT, «Obligations Arising for States Without or Against Their Will», *RCADI*, 1993, IV, tome 241, p. 284-290; Patrick DAILLIER et Alain PELLET, NGUYEN QUOC DINH, *Droit international public*, 7e éd., Paris, LGDJ, 2002, p. 324 (v. toutefois p. 333).

[88] Christian TOMUSCHAT, «Obligations Arising for States Without or Against Their Will», *op. cit.*, p. 319-321.

[89] V. p. ex. Arrigo CAVAGLIERI, «Règles générales du droit de la paix», *RCADI*, 1929, I, tome 26, p. 322-330.

[90] *Infra*, chapitre III, section 1.

[91] V. l'assimilation des sources à des «[c]auses économiques et sociales du droit» dans André-Jean ARNAUD, *Dictionnaire encyclopédique de théorie et de sociologie du droit*, *op. cit.*, v° sources du droit, p. 392-395.

sources formelles classiques du droit international[92]. Dans la mesure où l'objectif est de se prononcer en termes de devoir-être, et où l'on se détache en partie des sources classiques de l'ordre juridique, on pourrait même évoquer une certaine connotation de philosophie du droit[93].

La troisième et dernière ligne de ce tableau schématique tire les conséquences de ce qui précède sur un plan méthodologique général.

- En s'attachant à déterminer l'existence et à évaluer la portée de la volonté des Etats par le biais de l'analyse des sources formelles[94], le volontarisme est souvent associé à un certain formalisme, et en même temps à un positivisme juridique au sens strict de l'expression[95]. Certains volontaristes estimeront ainsi que la seule manière de se cantonner à l'observation des faits consiste à refuser de se livrer à des spéculations incertaines sur des «nécessités» ou des «solidarités sociales» qui, en pratique, semblent parfois renvoyer à des conceptions à connotation jusnaturaliste[96].
- Les objectivistes rétorqueront que leur méthode reste positiviste, puisque la détermination de l'existence de nécessités sociales s'opère sans évaluation ou jugements de valeurs personnels[97]. L'idée est en effet d'interpréter le droit existant au regard de nécessités objectives, sans nécessairement adhérer personnellement, sur le plan moral ou politique, à la solution retenue[98]. On peut, par exemple, parfaitement

(92) Georges Scelle, *Précis du droit des gens*, *op. cit.*, deuxième partie, p. 4. V. les commentaires de Robert Kolb, *Les cours généraux de droit international public de l'Académie de La Haye*, Bruxelles, Bruylant, 2003, p. 98-100.

(93) Au sens de la définition reprise *supra*, section 1.

(94) V. p. ex. Dinos Anzilotti, *Cours de droit international*, *op. cit.*, p. 67.

(95) V. p. ex. l'assimilation du volontarisme et du formalisme opérée par Patrick Daillier et Alain Pellet, Nguyen Quoc Dinh, *Droit international public*, 7e éd., *op. cit.*, p. 98-103, ou par Pierre-Marie Dupuy, *Droit international public*, 9e éd., Paris, Dalloz, 2008, p. 8-9; v. aussi Juan Antonio Carillo-Salcedo, «Droit international et souveraineté des Etats», *RCADI*, 1996, tome 257, p. 211.

(96) En ce sens, Grigory Tunkin, *Droit international public. Problèmes théoriques*, *op. cit.*, p. 140-143. Pour un exemple de doctrine où objectivisme et jusnaturalisme semblent se côtoyer, v. Maurice Bourquin, «Règles générales du droit de la paix», *RCADI*, 1931, tome 35, not. p. 79.

(97) Georges Scelle, «Règles générales du droit de la paix», *RCADI*, 1933, IV, tome 46, p. 348-349.

(98) Georges Scelle, *Précis du droit des gens*, *op. cit.*, deuxième partie, p. 2-4; v. aussi Frede Castberg, «La méthodologie du droit international public», *loc. cit.*, not. p. 337-340.

estimer que la légitime défense préventive est une institution nécessaire à la préservation de l'Etat, tout en s'opposant personnellement à sa mise en œuvre sur un plan éthique.

Approche volontariste des sources du droit international

«La source directe, ou source *dans le sens formel*, des normes juridiques est constituée par les manifestations de volonté [qui] traduisent en normes positives, en éléments du système juridique, les critères et les exigences qui jaillissent de la réalité des choses de la conscience sociale; mais le droit, comme système de normes, existe seulement quand cette traduction est un fait accompli et dans les limites où elle est un fait accompli. Les accords entre les Etats résultent généralement, ou bien des déclarations explicites de leur volonté concordante d'observer certaines normes, ou du fait qu'ils les observent comme des normes obligatoires. La déclaration expresse est, en règle, accompagnée par l'énoncé des normes, tandis que, si l'accord résulte seulement des faits, le contenu de ces normes doit être tiré de ces faits et spécialement de leur répétition (usage). La déclaration explicite de la volonté concordante de deux ou plusieurs Etats d'observer une manière donnée de se conduire à l'égard des autres prend le nom de *traité international*. L'accord tacite se manifeste spécialement dans la *coutume*»(99).

Approche objectiviste des sources du droit international

«La coutume et les traités législatifs (Droit conventionnel) ayant la *même fonction juridique* ont la même *nature intrinsèque*. Ce sont des *modes de constatation et d'expression du Droit objectif* préexistant, qui se trouve ainsi traduit en règles normatives ou constructives de droit positif. La valeur obligatoire de la *coutume*, aussi bien que de la *législation*, ne dérive donc à aucun degré de la volonté des sujets de droit qui ont compétence pour l'élaborer. Ils ne font autre chose que remplir une fonction sociale. La validité du droit positif réside fondamentalement *dans sa conformité avec la règle de droit objective*»(100).

On pressent, à travers le tableau reproduit ci-dessus et au vu de ces citations de «classiques», toutes les différences de méthode qui opposent volontaristes et objectivistes. Ces différences ne doivent cependant pas mener à penser que l'on est en présence de deux courants radicalement opposés sur le plan méthodologique. Les oppositions entre conceptions théoriques n'empêchent en effet pas qu'un volontariste et un objectiviste seront parfaitement aptes à dialoguer sur le terrain du droit positif, dans la mesure où ils partageront un certain nombre de principes méthodologiques communs, liés au positivisme juri-

(99) Dionisio Anzilotti, *Cours de droit international*, *op. cit.*, p. 67-68.

(100) Georges Scelle, *Précis du droit des gens*, deuxième partie, Paris, Sirey, 1934, p. 298.

dique, défini de manière générale[101]. En droit des traités, par exemple, les tenants des deux tendances suivront des méthodes fort proches : les objectivistes ne prétendront pas éluder l'applicabilité d'un instrument conventionnel, ou opposer cet instrument à un Etat qui n'y est pas formellement lié, au nom de nécessités sociales, même si ces dernières peuvent jouer un certain rôle dans l'interprétation de ce traité[102]. Les divergences d'approche se marqueront sans doute davantage dans le cas de l'établissement de sources que les objectivistes qualifient de « spontanées », comme les principes généraux de droit et la coutume[103]. Même dans cette hypothèse, cependant, volontaristes et objectivistes prendront tous soin d'identifier et d'analyser les précédents existants, et d'interpréter quelle a été la position des Etats à cette occasion. Les divergences d'approche n'éclateront véritablement qu'au sujet de certains cas particulièrement délicats, comme celui de l'« objecteur persistant ».

Finalement, cette opposition classique, et toujours contemporaine, entre volontarisme et objectivisme, mérite toute l'attention du chercheur en droit international[104]. Pour qu'une méthodologie soit bien comprise, il convient autant que possible d'apporter des indications sur l'approche qui sera privilégiée. Il faut préciser que, à l'instar de ce qu'on a pu observer au sujet des différentes sciences du droit, ni l'école volontariste ni l'école objectiviste ne peuvent prétendre représenter la seule approche valable pour aborder le droit international. Il semble par ailleurs difficile de démontrer que telle ou telle approche est dominante dans la jurisprudence ou dans la doctrine[105], une grande variété pouvant être observée dans la pratique. En définitive, le choix opéré en faveur de l'une ou de l'autre résulte plus d'un acte de foi que du résultat d'une recherche scientifique. Ce choix mérite en revanche d'être explicité, dans la mesure où il détermine certaines options méthodologiques à l'aune desquelles le

(101) V. p. ex. Bruno SIMMA and Andreas L. PAULUS, « The responsibility of Individuals for Human Rights Abuses in Internal Conflicts : A Positivist View » (« Symposium on Method in International Law »), *AJIL*, 1999, p. 304-305.

(102) V. *infra*, chapitre III, section 1.

(103) *Infra*, chapitre III, section 1.

(104) Selon les termes de Prosper WEIL, « sur le plan scientifique, la querelle opposant volontarisme et objectivisme traverse toute l'histoire du droit international » (« Cours général de droit international public », *op. cit.*, p. 71).

(105) Comme tentait par exemple de le faire Serge SUR en faveur du volontarisme ; *L'interprétation en droit international public*, Paris, LGDJ, 1974, p. 291-294.

travail scientifique pourra être évalué. La même remarque vaut d'ailleurs pour ce qui concerne d'autres clivages théoriques classiques, comme on le constatera à présent en examinant celui opposant les approches formaliste et critique.

B. Approche formaliste et approche critique : des théories différentes, des méthodes distinctes

Un autre clivage essentiel dans les différentes manières de concevoir le droit international est celui opposant approche formaliste et approche critique (1). Un positionnement par rapport à ce clivage est important, dans la mesure où il induit un choix de méthodes différentes, voire parfois opposées (2).

1. Le clivage théorique entre approche formaliste et approche critique

Pour exposer le clivage théorique entre approche formaliste et approche critique, on peut repartir de celui opposant les critères de validité interne ou externe à l'ordre juridique international. Le terme d'«approche» sera ici préféré à celui d'«école» ou de «doctrine», ces deux derniers termes désignant une théorie particulièrement cohérente ou aboutie, comme dans le cas du volontarisme ou de l'objectivisme, alors qu'une «approche» désigne davantage une sensibilité générale, comme on le constatera ci-dessous.

a) **L'approche formaliste**

L'approche formaliste se caractérise en effet par un refus de prendre en compte des facteurs extérieurs au droit international positif existant. On l'a définie comme une :

> «approche doctrinale du droit international selon laquelle la tâche du juriste (et du juge en particulier) est d'assurer une compréhension de l'ordre juridique positif, notamment en interprétant les règles juridiques existantes et en mettant en évidence les relations logiques existant entre ces règles. Le juriste n'est en revanche pas qualifié pour émettre un jugement portant sur la légitimité, le rôle ou les fonctions du droit positif dans la société internationale»(106).

(106) *Dictionnaire de droit international public*, *op. cit.*, sens B, p. 516.

On aura relevé que, ainsi définie, l'approche formaliste semble incompatible avec le courant objectiviste, dans la mesure où ce dernier intègre une prise en compte des facteurs sociaux. On pourrait, *a contrario*, être tenté d'associer le formalisme avec la doctrine volontariste, d'autant que, en pratique, de nombreux auteurs volontaristes suivent par ailleurs une approche formaliste[107].

Il est cependant parfaitement concevable de suivre une approche formaliste sans appartenir au courant volontariste. On peut en ce sens citer un auteur classique comme Hans Kelsen, qui a exprimé l'approche formaliste par le biais de sa théorie pure du droit :

> «La théorie pure du droit est une théorie générale du droit positif. Elle n'ignore pas que le contenu de tout ordre juridique positif, qu'il s'agisse du droit international ou d'un droit national, est déterminé par des facteurs historiques, économiques, moraux et politiques, mais elle cherche à comprendre le droit dans son sens immanent, dans sa signification normative spécifique, telle qu'elle se présente aux sujets qui lui sont soumis. Elle laisse aux sciences historiques, économiques ou politiques, à la sociologie ou à l'éthique, le soin d'expliquer pourquoi tel ordre juridique positif a tel contenu et non pas tel autre. Elle se borne à analyser les ordres sociaux qui sous le nom de droit sont constitués par des prescriptions obligatoires et qui par leur signification normative spécifique se distinguent de leurs causes historiques, économiques, morales ou politiques, c'est-à-dire des motifs subjectifs de leurs auteurs»[108].

Le formalisme est alors associé à ce qu'on a appelé le «normativisme», école selon laquelle «le droit doit être considéré comme un système de normes et (...) une norme générale ou individuelle ne peut être considérée comme une norme juridique qu'autant qu'elle appartient à un tel système»[109]. Dans cette perspective, le normativisme vise à décrire les normes existantes, et non à élaborer de nouvelles normes ou à remettre en cause des normes existantes. Par ailleurs, et toujours si l'on se place dans le cadre de cette doctrine, le fondement du droit international ne renvoie nullement à la volonté des Etats mais à une norme supérieure qui fonde l'ensemble de l'ordre juridique, norme

(107) V. les exemples de Triepel, Cavaglieri ou Anzilotti, cités plus haut.
(108) «Théorie du droit international public», *RCADI*, 1953, tome 84, p. 3.
(109) *Dictionnaire de droit international public*, *op. cit.*, p. 750.

hypothétique selon laquelle la coutume est un mode de création du droit[110].

Le formalisme peut donc s'articuler tantôt avec une doctrine volontariste, tantôt avec une doctrine normativiste. Dans les deux cas, cette approche se caractérise donc par le refus absolu de confondre le droit avec ce qui lui est extérieur, qu'il s'agisse de valeurs (approches philosophiques ou jusnaturalistes du droit) ou de faits (approches sociologiques ou politologiques, voire économiques ou psychologiques du droit).

b) **L'approche critique**

C'est bien en ce sens qu'une approche formaliste s'oppose radicalement à une approche critique, laquelle peut être définie comme une:

> «approche doctrinale du droit international caractérisée par le souci de dépasser le formalisme juridique au profit d'une mise en relation du phénomène juridique avec la réalité sociale et, en particulier, avec les contradictions qui la caractérisent»[111].

A l'instar de l'école objectiviste, l'approche critique insiste sur la prise en compte des phénomènes politiques et sociaux pour appréhender la règle de droit[112]. Mais au lieu d'insister sur les facteurs de solidarité ou de nécessités sociales – qui ne sont pas pour autant niés –, le courant critique s'intéressera aux contradictions qui président à la création d'une règle, comme à celles qui dictent son interprétation. Ainsi,

> «en face de la vision abstraite du droit international conçu comme l'harmonisation de la société internationale par une solidarité et une coopération apparentes, se place la prise de conscience des données immédiates des relations internationales qui sont d'abord formées de contradictions. Cela ne signifie pas qu'il n'y ait pas de progrès: la simple observation de l'histoire permet de

(110) Hans KELSEN, *Théorie pure du droit*, Neuchâtel, Ed. de la Baconnière, 1988, p. 177-178.

(111) *Dictionnaire du droit international public*, *op. cit.*, p. 290.

(112) V. à ce égard les deux exposés relatifs à Charles Chaumont, chef de file du courant critique francophone dans les années 1970-1980, le premier d'une auteure extérieure à cette approche, le second d'une auteure qui en a fait partie; Emmanuelle JOUANNET, «La pensée juridique de Charles Chaumont», *RBDI*, 2004, p. 259-289; Monique CHEMILLIER-GENDREAU, «Actualité de la pensée de Charles Chaumont et perspectives du droit international», *RBDI*, 2004, pp 290-308.

> constater l'existence d'un tel progrès. Seulement ce progrès ne résulte pas de l'ordre formel mais doit partir du désordre réel, dans la mesure où ce dernier peut être dépassé»(113).

L'idée de «communauté internationale», chère aux objectivistes, est ici déconstruite comme une expression tendant à légitimer le pouvoir des Etats puissants derrière une apparence d'universalité(114). Quant au concept de volonté de l'Etat, s'il peut être admis comme étant à la base des sources formelles du droit international, il doit aussi être interrogé par la prise en compte des rapports de force qui interviennent à l'intérieur même des sociétés étatiques(115).

En d'autres termes, l'«approche» critique (car, à l'instar du formalisme, il s'agit plus d'une approche générale, qui peut être suivie par des écoles différentes, que d'une véritable école, à l'instar de ce que peuvent représenter le volontarisme, l'objectivisme ou le normativisme) s'oppose à la fois à l'approche formaliste et à l'école objectiviste(116). Elle est en revanche compatible avec un point de vue volontariste des sources formelles, pourvu que ce point de vue soit, à un moment où l'autre, complété par une prise en compte des rapports de force qui caractérisent la réalité sociale(117).

(113) Charles CHAUMONT, «Cours général de droit international public», *op. cit.*, p. 346.

(114) V. à ce sujet l'étude de Pierre KLEIN, «Les problèmes soulevés par la référence à la «communauté internationale» comme facteur de légitimité» *in Droit, légitimation et politique extérieure. L'Europe et la guerre du Kosovo*, *op. cit.*, p. 261-297.

(115) V. p. ex. Gérard CAHIN, «Apport du concept de mythification aux méthodes d'analyse du droit international» *in Mélanges Chaumont*, Paris, Pedone, 1984, p. 96-97; Grigory TUNKIN, *Droit international public. Problèmes théoriques*, *op. cit.*, p. 132-133; Monique CHEMILLIER-GENDREAU, «Quelle méthode pour l'analyse des développements récents du droit international» *in* Rafâa BEN ACOUR et Slim LAGHMANI (dir.), *Les nouveaux aspects du droit international*, Paris, Pedone, 1994, p. 18.

(116) V. p. ex. M. BENCHIKH, R. CHARVIN et F. DEMICHEL, *Introduction critique au droit international*, Lyon, Presses universitaires, 1986. Il existe de multiples manières de s'inscrire dans une approche critique. Aux Etats-Unis, on mentionnera en particulier le courant dit des *Critical Legal Studies* (v. le deuxième sens du terme «critique» dans André-Jean ARNAUD, *Dictionnaire encyclopédique de théorie et de sociologie du droit*, *op. cit.*, p. 86); pour une application au droit international, v. Olivier DE SCHUTTER, «Les Critical Legal Studies au pays du droit international», *Droit et société*, 1992, p. 585-608.

(117) Emblématique à cet égard est l'étude de Jean SALMON, «Le droit international à l'épreuve au tournant du XXIe siècle», *op. cit.*, le chapitre I (qui illustre la théorie volontariste) étant complété par plusieurs chapitres d'inspiration critique.

Exemple 1. La définition de l'agression – approches formaliste et critique

On sait que, en 1974, l'Assemblée générale des Nations unies a adopté sa résolution 3314 (XXIX) portant définition de l'agression. Un formaliste pourra, en vue de définir cette notion, partir du texte de cette définition et le compléter par d'autres sources formelles. Dans son optique, il existe en tout cas une définition fondée sur la volonté commune des Etats (s'il est aussi volontariste)[118]. Si l'on suit une approche critique, on mettra plutôt l'accent sur les contradictions qui ont présidé à l'adoption, après de longues années de débats, de la résolution 3314 (XXIX). On pourrait ainsi prétendre que les Etats n'ont accepté les formules retenues que dans la mesure où celles-ci laissaient intactes leurs marges respectives d'appréciation et d'interprétation. Dans cette optique critique, aucune volonté commune n'aurait jamais aplani ces divergences[119]. Les contradictions, si elles n'ont pas disparu, se manifesteront de manière différente une fois le texte adopté : c'est dans le domaine de son interprétation et de son application dans des cas particuliers que ces contradictions apparaîtront.

Exemple 2. Le droit des peuples à disposer d'eux-mêmes – approches formaliste et critique

En 1945, l'ONU était encore dominée par des puissances coloniales peu enclines à accorder l'indépendance à leurs territoires d'outre-mer. L'inscription du droit des peuples à disposer d'eux-mêmes dans la Charte n'a dès lors, si on excepte le cas particulier du régime de tutelle, entraîné que des obligations très limitées à la charge de ces Etats. Le rapport de forces a cependant considérablement évolué dans les années suivantes, ce qui a entraîné un changement de signification de cette règle, désormais synonyme de droit à l'indépendance pour les territoires non-autonomes, sous occupation étrangère et sous régime raciste. C'est ainsi que plusieurs résolutions ont été adoptées dans les années 1960 et 1970 qui, sous couvert d'interprétation, ont en réalité profondément modifié le sens initial du texte de la Charte[120]. Ces résolutions seront ensuite interprétées elles-mêmes différemment selon la position des Etats concernés. Une approche critique prendra tout particulièrement en compte ces évolutions pour expliquer le sens de la règle et son utilisation sélective[121]. Dans une optique formaliste, en revanche, il conviendrait de se limiter à l'interprétation des sources formelles telles que la Charte de l'ONU et, le cas échéant, les résolutions pertinentes

(118) Cette optique est privilégiée dans mon ouvrage, *Le droit contre la guerre. L'interdiction du recours à la force en droit international contemporain*, *op. cit.*

(119) V. p. ex. Martti KOSKENNIEMI, « « La dame fait trop de serments » : le Kosovo, et le tournant vers l'éthique en droit international » *in La politique du droit international*, Paris, Pedone, 2007, p. 159-160.

(120) V. les résolutions 1514 (XV) et 1541 (XV) adoptées par l'Assemblée générale des Nations unies.

(121) V. mon étude, « Droit, force et légitimité dans une société internationale en mutation », *loc. cit.*, par. 26.

de l'Assemblée générale des Nations unies[122]. Les oppositions entre Etats et conceptions différentes sont gommées au profit d'un sens présumé unique qu'il s'agit de découvrir par une méthode rationnelle.

On mesure, au vu de ces exemples, les différences méthodologiques impliquées par le choix de l'une ou l'autre de ces approches, différences qu'il convient d'expliciter quelque peu.

2. *Méthode formaliste, méthode critique*

Pour présenter les différences méthodologiques entre les deux approches, le plus simple est de repartir du clivage entre critère de validité intérieur ou extérieur au droit évoqué plus haut.

- L'approche formaliste se cantonne, par définition, à une analyse du droit positif tel qu'il est, sans chercher à l'évaluer par rapport à des cadres de référence qui lui sont extérieurs. La méthode privilégiée renverra donc à celle qui caractérise généralement la vision positiviste classique de la technique juridique ou, si on entre dans le domaine de la théorie du droit, aux postulats et méthodes déjà évoqués d'une théorie analytique, y compris par le biais de la référence à la doctrine normativiste[123].
- L'approche critique vise au contraire à dépasser le stade de la technique juridique ou de la théorie analytique pour entrer dans celui d'une explication de type sociologique, avec toutes les conséquences qui ont déjà été énoncées sur le plan des méthodes utilisées[124]. Le plus souvent, l'approche critique ne consiste pas en une évaluation de type philosophique, fondée sur des jugements de valeurs, même si certaines écoles de droit international pouvant être rattachées au courant critique intègrent ce type d'évaluation[125]. Par ailleurs, à la différence de l'approche formaliste, l'approche critique comprendra toujours une part d'interdisciplinarité, dans la mesure où l'analyse du système juridique en tant que tel sera

(122) V. l'étude de Théodore CHRISTAKIS, *Le droit à l'autodétermination en dehors des situations de décolonisation*, *op. cit.*

(123) *Supra*, section 1 du présent chapitre.

(124) *Supra*, section 1 du présent chapitre.

(125) V. p. ex. l'ouvrage de Martti KOSKENNIEMI, *From Apology to Utopia. The Structure of International Legal Argument*, 2nd ed., New York, CUP, 2005.

complétée par la mise en œuvre d'une perspective de type sociologique(126).

Dans ce contexte, on ajoutera que l'approche critique se caractérise par la prise en compte d'une vision dynamique et dialectique du droit international(127), lequel n'est pas envisagé de manière figée dans le temps, mais dans le cadre d'un processus de production, d'application et d'évolution de la norme(128). A l'inverse, l'approche formaliste se développe dans une perspective plus statique, la question étant généralement de déterminer si le droit international a été violé à un moment donné, moment auquel la situation juridique et factuelle est présumée figée.

*

Le tableau suivant reprend, pour en schématiser les différences, les quatre écoles et courants exposés jusqu'ici. Il met en relation certaines approches privilégiées (en abscisse) avec la méthode générale prônée (en ordonnée).

	Prise en compte des sources formelles	Prise en compte des sources formelles et matérielles
Holisme et déterminisme	Approche formaliste	Objectivisme
Relativisme et décisionnisme	Volontarisme	Approche critique

Comme on le constate, l'objectivisme et l'approche critique ont pour point commun d'admettre, dans une certaine mesure, la prise en compte de sources matérielles alors que tel n'est pas le cas de l'approche formaliste et, en général, du volontarisme. Par ailleurs, l'approche formaliste et l'objectivisme partagent une vision plutôt holiste et déterministe, c'est-à-dire une conception selon laquelle c'est l'ensemble (du droit international, selon le formalisme, voire de la communauté internationale, selon l'objectivisme) qui doit être pris en compte comme un facteur déterminant de la règle, qu'il s'agisse de l'interpréter ou d'en expliquer la survenance. Par contraste, c'est le relativisme et le

(126) V. les extraits reproduits dans *Dictionnaire de droit international public*, *op. cit.*, v° Critique (approche), p. 290-291.

(127) Charles CHAUMONT, « Méthode d'analyse du droit international », *RBDI*, 1975, p. 32-37.

(128) Monique CHEMILLIER-GENDREAU, *Le rôle du temps dans la formation du droit international*, Paris, Pedone, 1987.

décisionnisme qui caractérisent le volontarisme et l'approche critique: il s'agit ici de se concentrer sur le particulier (la volonté des seuls Etats concernés, selon le volontarisme, les rapports de forces qui précèdent et suivent l'expression de cette volonté, selon l'approche critique), chaque règle de droit international devant être interprétée en fonction de ses caractéristiques propres. Bien entendu, les divergences exposées ici sont schématisées à l'extrême, mais elles rendent bien compte des différences générales de méthode qui distinguent ces courants théoriques.

Il faut rappeler à ce stade que, en tant qu'approche, et non de doctrine au sens strict, le formalisme peut être combiné soit avec le volontarisme, soit avec le normativisme. Le choix de l'une ou l'autre combinaison ne sera évidemment pas sans conséquences sur le plan méthodologique.

Diversité des approches formalistes possibles. Volontarisme formaliste et normativisme. L'exemple du principe *Ex injuria jus non oritur*

Pour un volontariste formaliste, la question de savoir s'il existe un principe de droit international selon lequel aucun droit ne peut résulter d'une violation du droit (*Ex injuria jus non oritur*) doit être réglée en analysant la position des Etats sur ce point. On analysera donc, dans cette perspective, les traités existants, ainsi notamment que la coutume, en vue de dégager d'éventuels précédents qui témoigneraient de l'existence de cette règle. Dans une perspective normativiste, en revanche, on pourrait estimer que cette règle s'impose comme corollaire logique de l'existence de l'ordre juridique international[129]. On imagine mal, en effet, un ordre juridique qui légaliserait les effets de la violation de ses propres règles. Si l'on fait l'hypothèse que le droit international existe, il faut donc en déduire que *ex injuria jus non oritur*.

Par ailleurs, et la précision est fondamentale, le formalisme au sens théorique du terme ne signifiera pas pour autant un *formalisme au sens plus commun*, tel qu'on le retrouve dans la définition suivante:

> «Formalisme. Méthode juridique caractérisée par une importance accrue accordée aux formes et aux formalités, par préférence au contenu et à l'esprit de la règle»[130].

(129) V. à ce sujet la thèse de doctorat de Anne LAGERWALL, *Le principe* ex injuria jus non oritur *en droit international contemporain*, chapitre 2 de la deuxième partie, à paraître aux éditions Bruylant (collection de droit international).

(130) *Dictionnaire de droit international public*, *op. cit.*, sens A, p. 516.

En ce sens spécifique, l'approche formaliste ne se caractérise pas seulement par un refus de prendre en compte des éléments extérieurs au système juridique. Elle impose aussi au juriste de se cantonner aux textes, et lui refuse la prise en compte de la pratique, comme de certaines méthodes d'interprétation fondées sur l'objet et le but de la règle. Cette méthode formaliste n'est, en droit international, guère assumée comme telle par quiconque(131). Chacun admet que, tant pour ce qui concerne l'établissement d'une règle que pour son interprétation, la pratique informelle peut jouer un rôle majeur pourvu qu'elle révèle un accord des Etats (optique volontariste) ou qu'elle traduise la logique de l'ensemble de l'ordre juridique international (optique normativiste)(132). En d'autres termes, l'approche formaliste ne doit pas être conçue comme excluant certains modes «informels» (au sens commun du terme) de détermination ou d'interprétation de la règle de droit, pourvu toutefois que ces modes informels puissent être rattachés à des sources formelles du droit international(133).

C'est cette dernière condition qui peut prêter le plus à certaines variations. On peut ainsi distinguer les formalistes au sens large, qui acceptent la prise en compte d'éléments très variés en les mettant en relation avec des sources comme la coutume, les principes généraux de droit ou les engagements unilatéraux, des formalistes au sens strict, qui se limitent à une méthodologie beaucoup plus sévère, voire rigide.

Approches formalistes au sens large et au sens strict. L'exemple de la prise en compte des résolutions de l'Assemblée générale des Nations unies

Certains auteurs estiment que les résolutions de l'Assemblée générale des Nations unies ne peuvent entraîner aucune conséquence juridique, sauf bien entendu pour celles d'entre elles qui se fondent sur une habilitation spécifique

(131) Pour la jurisprudence, v. p. ex. CIJ, affaire du *Tribunal administratif de l'OIT*, avis du 23 octobre 1956, *Recueil 1956*, p. 88; affaire des *Essais nucléaires*, *Recueil 1974*, p. 473, par. 48. Pour la doctrine, v. p. ex. Jean SALMON, «Changements et droit international public» *in Mélanges François Rigaux*, Bruxelles, Bruylant, 1993, p. 427-442, ou Rosalyn HIGGINS, *The Development of International Law through the Political Organs of the United Nations*, Oxford, OUP, 1963.

(132) Pour un exemple de jurisprudence, v. sp. CIJ, affaire de la *Namibie*, *Recueil 1971*, p. 22, par. 22.

(133) Bruno SIMMA and Andreas L. PAULUS, «The responsibility of Individuals for Human Rights Abuses in Internal Conflicts: A Positivist View» («Symposium on Method in International Law»), *loc. cit.*, p. 306-308.

de la Charte à créer des effets juridiques. Dans les autres cas, ces résolutions ne témoigneraient que de l'opinion politique des Etats, ce qui les disqualifierait comme éléments pertinents aux fins de l'établissement ou de l'interprétation d'une règle juridique[134]. Pour d'autres auteurs, au contraire, rien n'interdit de recourir à des résolutions formellement non normatives d'une assemblée, pourvu que l'on puisse démontrer que les Etats s'y sont prononcés en droit. Il est alors possible de rattacher cette pratique informelle à de la coutume, à des engagements unilatéraux, ou encore à des accords portant sur l'interprétation d'une règle conventionnelle existante[135]. La première tendance peut être assimilée à du formalisme au sens strict, la seconde à du formalisme au sens large.

Logiquement, un formaliste au sens large admettra que la règle juridique évolue rapidement, soit par le biais d'une «coutume instantanée», soit par celui d'une interprétation par accord informel ultérieur des parties, interprétation qui pourrait aller au-delà, voire à l'encontre, du texte juridique. Le formaliste au sens strict privilégiera plutôt une conception plus statique de la règle juridique, celle-ci ne pouvant être modifiée que moyennant la prise en compte d'une pratique répétée (s'il s'agit de coutume) ou d'une révision ou un amendement de l'instrument conventionnel concerné (si l'on est dans le domaine de l'interprétation d'un traité).

Approches formalistes au sens large et au sens strict. L'exemple de l'extension des pouvoirs du Conseil de sécurité des Nations unies

Depuis quelques années, le Conseil de sécurité semble de plus en plus édicter des résolutions qui tendent à modifier le droit international existant, y compris en imposant à des Etats le respect des conventions auxquelles ils ne sont pas liés. Un formaliste au sens large pourra admettre l'extension de ces compétences en se prévalant d'un accord informel déduit de l'absence d'opposition des Etats membres de l'ONU[136]. Un formaliste au sens strict refusera sans doute cette extension en considérant qu'elle est contraire au texte de la Charte et que celui-ci continue à prévaloir, tant qu'il n'a pas été

(134) Pour un exemple de cette conception classique, v. Charles ROUSSEAU, *Droit international public*, tome I, Introduction et sources, Paris, Sirey, 1970, p. 440-441.

(135) Philippe SANDS et Pierre KLEIN, *Bowett's Law of International Institutions*, 5th ed., London, Sweet & Maxwell, 2001, p. 29-30; v. aussi l'étude de référence de Jorge CASTANEDA, «Valeur juridique des résolutions des Nations Unies», *RCADI*, 1970, I, tome 129, p. 205-331.

(136) V. Christian TOMUSCHAT, «Obligations Arising for States Without of Against Their Will», *op. cit.*, p. 344-346.

révisé(137). Une position intermédiaire peut consister à n'admettre une évolution des compétences de cet organe que si la pratique révèle bien un accord, informel mais clair, de tous les Etats membres de l'ONU, et non pas seulement de certains d'entre eux(138).

A l'instar de l'approche formaliste, l'approche critique peut elle aussi donner lieu à la mise en œuvre de méthodes très différentes. Comme on l'a déjà signalé, la critique s'opérera, par définition, non seulement par le biais d'une analyse interne au système juridique, mais aussi par une évaluation par rapport à d'autres cadres de références. Mais ces cadres peuvent eux-mêmes être fort différents. On peut ainsi distinguer des courants critiques influencés par le marxisme(139), d'autres que l'on peut rattacher à des écoles réalistes plutôt conservatrices des relations internationales(140), d'autres encore qui entrent plutôt dans la mouvance des approches théoriques dites postmodernes(141). Il ne saurait être question, dans le cadre de ce bref exposé, de reprendre ces tendances une à une pour en exposer les méthodes particulières. On se contentera d'insister sur la vocation du courant critique à passer par une explication de type sociologique ou politique, axée sur l'existence de rapports de force, à l'échelle internationale comme à l'échelle interne. Sur le plan méthodologique, l'accent est par conséquent mis sur la pratique des sujets de l'ordre juridique international, comme l'illustre cet extrait des statuts d'un Centre de recherche universitaire.

« Statuts du Centre de droit international

Art. 1. Objectifs et lignes de conduite

1. Le Centre de droit international et de sociologie appliquée au droit international (Centre Henri Rolin) (ci-après « le Centre ») se consacre à la recherche scientifique en droit international public.

(137) Gaetano ARANGIO RUIZ, « On the Security Council's "Law Making" », *Riv.dir.int.*, 2000, p. 609-725.

(138) En ce sens, Catherine DENIS, *Le pouvoir normatif du Conseil de sécurité des Nations Unies. Portée et limites*, Bruxelles, Bruylant, 2004, 408 p.

(139) V. les travaux de Charles CHAUMONT, Jean SALMON ou Monique CHEMILLIER-GENDREAU, précités.

(140) On pourrait appréhender en ce sens le volet critique de la pensée de Charles DE VISSCHER, *Théories et réalités en droit international public*, 4e éd., Paris, Pedone, 1970.

(141) V. p. ex. les travaux des *Critical Legal Studies*, dont une présentation succincte se trouve dans André-Jean ARNAUD (dir.), *Dictionnaire encyclopédique de théorie et de sociologie du droit, op. cit.*, v° critique 2, p. 86-88.

2. Les membres du Centre mènent leurs recherches en accordant une attention toute particulière à la pratique des sujets de l'ordre juridique international de manière à dépasser une approche purement formaliste des règles de droit international. Dans cette perspective, ils prennent également en compte le rôle des rapports de force dans les processus de création et d'application de la règle »[142].

Cette disposition montre bien comment l'optique critique recouvre à la fois une composante de technique juridique axée sur le rejet du formalisme, et la prise en compte d'une optique sociologique prescrivant la prise en compte des rapports de forces.

C. Approche idéaliste et approche réaliste : des théories différentes, des méthodes distinctes

Un autre clivage essentiel dans les différentes manières de concevoir le droit international est celui opposant approche idéaliste et approche réaliste, clivage que l'on rencontre dans le domaine particulier des théories des relations internationales (1). Un positionnement par rapport à ce clivage peut s'avérer important, dans la mesure où il induit un choix de méthodes différentes, voire opposées (2).

1. Le clivage théorique entre approche idéaliste et approche réaliste

Les théories des relations internationales ont pour ambition de fournir des grilles d'analyse aptes à proposer une interprétation des événements et des structures de la vie internationale. Il ne s'agit donc pas, à première vue tout au moins, de théories juridiques, mais plutôt de doctrines s'appuyant sur la science politique, l'histoire, la sociologie voire la philosophie[143]. Ces doctrines sont cependant amenées à envisager la place du droit international dans les relations internationales et, à ce titre, elles peuvent présenter un intérêt pour le juriste qui accepte de prendre quelque distance vis-à-vis de son objet traditionnel d'étude[144].

(142) http ://www.ulb.ac.be/droit/cdi/Site/Statuts.html

(143) V. p. ex. Jean-Jacques Roche, *Théorie des relations internationales*, 6e éd., Paris, Montchrestien, 2006, 160 p.

(144) V. p. ex. Kenneth W. Abbot, « International Relations Theory, International Law, and the Regime Governing Atrocities in Internal Conflicts » (« Symposium on Method in International Law »), *AJIL*, 1999, p. 361-364.

A la différence des doctrines volontaristes et objectivistes, ou des courants formalistes et critiques, les théories des relations internationales ont moins (voire n'ont pas) vocation de se livrer, même à titre intermédiaire ou incident, à une analyse de techniques juridiques explorant les spécificités de la règle de droit. Le droit international est plutôt envisagé dans son ensemble comme un cadre de référence parmi d'autres(145). Dans tous les cas, non seulement le critère de validité est toujours extérieur au droit, mais presque toute l'analyse l'est également. Ce n'est donc que dans des conditions très particulières que le spécialiste de droit international aura recours à de telles théories.

Le clivage entre idéalisme et réalisme est le plus général et le plus schématique qui soit dans les théories des relations internationales(146). La plupart des (voire tous les) courants actuels se démarquent de l'un ou l'autre de ces pôles en se revendiquant d'une sorte d'articulation originale reprenant des éléments respectifs de chacun d'eux, qu'il s'agisse de «néoréalisme», d'«institutionnalisme», de «théories des régimes», etc.(147). L'intérêt de remonter à ce clivage général subsiste néanmoins, dans la mesure où l'on peut considérer qu'il structure encore la pensée de la plupart des théoriciens. On exposera donc les différences opposant schématiquement le pôle idéaliste au pôle réaliste, tout en ayant conscience que pratiquement aucun auteur n'assumera totalement d'être limité à l'un ou l'autre de ces pôles.

a) **L'approche idéaliste**

Pour schématiser, donc, une approche idéaliste se caractérise – par définition – par la place prépondérante qu'elle accorde

(145) V. p. ex. l'ouvrage de Barbara Delcourt, *Droit et souveraineté. Analyse critique du discours européen sur la Yougoslavie*, Bruxelles, Bern, Berlin, Frankfurt, New York, Oxford, Wien, PIE-Peter Lang, 2003, 490 p. ainsi que, de la même auteure, «L'utilisation politique du droit par la CE/UE à des fins de légitimation. Problèmes méthodologiques», *Droit et Société*, 2001, n° 49, p. 769-790.

(146) V. le chapitre II de Barbara Delcourt et Olivier Corten, *Ex-Yougoslavie: droit international, politique et idéologies*, Bruxelles, Bruylant, 1998, p. 89-133.

(147) V. Marie-Claude Smouts, Dario Battistella, Pascal Vennesson, *Dictionnaire des relations internationales: Approches, concepts, doctrines*, 2e éd., Paris, Dalloz, 2006; Dario Battistella, *Théories des relations internationales*, 2e éd., Paris, Presses de sciences po., 2006; Kenneth W. Abbot, «International Relations Theory, International Law, and the Regime Governing Atrocities in Internal Conflicts» («Symposium on Method in International Law»), *loc. cit.*, p. 364-368.

aux idées dans l'évolution des relations internationales. Dans cette perspective, les valeurs, les normes et le droit sont des facteurs déterminants qui structurent le point de vue des acteurs et expliquent leurs comportements(148). Le droit international jouerait donc un rôle moteur dans la vie internationale, ce qui se marquerait notamment par l'accroissement des compétences des institutions et organisations internationales, ainsi que par un statut de sujet de plus en plus reconnu pour la personne humaine, le tout au détriment de l'ancienne figure de l'Etat souverain(149). L'approche idéaliste a connu un regain d'intérêt après la fin de la guerre froide, à l'aube des années 1990(150). Cette date charnière a été interprétée comme ouvrant la voie aux progrès du droit et de la justice, en raison de la nouvelle configuration politique et du rôle accru donné à l'ONU dans ce qui a été désigné comme un «nouvel ordre mondial»(151). Cette évolution s'expliquerait à la fois par le progrès des idées humanistes et par ceux du marché, facteurs par essence favorables à l'établissement progressif d'une forme de démocratie mondiale(152). Dans ce contexte, le renforcement de l'ordre juridique international favoriserait à la fois la paix, la prospérité et les droits fondamentaux de la personne.

Si ce schéma s'est essentiellement développé dans le champ de l'analyse politique, on en retrouve des traces dans une doctrine plus spécifiquement juridique.

Dans le domaine des droits de la personne ou du droit international pénal ou humanitaire, par exemple, certains auteurs reprennent l'idée de la force des valeurs liées aux droits de

(148) L'approche idéaliste prend ses racines dans la pensée d'Emmanuel Kant, et plus particulièrement dans son ouvrage de référence, *Projet de paix perpétuelle*, Paris, Hatier, Profil, Textes philosophiques, 1988, 79 p.

(149) V. p. ex. Robert Badinter, «La paix par le droit», *JEDI*, 1993, p. 16; v. aussi, du même auteur, «La marche vers une justice pénale internationale» *in La promotion de la justice, des droits de l'homme et du règlement des conflits par le droit international. Mélanges Lucius Caflish*, Leiden, Martinus Nijhoff, 2007, p. 33-54.

(150) V. notamment l'ouvrage très controversé de Francis Fukuyama, *La fin de l'histoire et le dernier homme*, Paris, Flammarion, 1993, 452 p.

(151) Barbara Delcourt et Olivier Corten, *Ex-Yougoslavie: droit international, politique et idéologies*, *op. cit.*, p. 93-99.

(152) V. p. ex. Philippe Nemo, «Le triomphe moral de l'Ouest» *in* Guy Haarscher et Mario Telò (éd.), *Après le communisme, les bouleversements de la théorie politique*, Bruxelles, Editions de l'Université de Bruxelles, 1993, p. 53-73, ainsi que l'ouvrage de référence de F.A. Hayek, *Droit, législation et liberté*, Paris, PUF, Quadrige, 1973-1979.

l'Homme pour expliquer les progrès observés en ces domaines, qu'il s'agisse de la multiplication d'instruments régionaux de protection ou de l'établissement de juridictions à vocation plus large, comme la Cour pénale internationale. En témoigne par exemple cet extrait d'une étude d'un spécialiste des droits de la personne :

> « Les Etats et les Organisations internationales ne sont plus les seuls sujets du droit international. Non seulement les victimes des Etats en cause, mais, au-delà, tous les hommes qui se sentent solidaires de la souffrance humaine, sont habilités à réclamer de la souveraineté le respect des limites qu'elle s'est assignées. Le rôle des médias et des ONG est à cet égard primordial. Par leur vigilance et leurs « cris », ils pallient bien souvent la frilosité des sujets classiques du Droit des gens. Il est réconfortant, en ce sens, de relever que les Assemblées parlementaires européennes ont tenu à légitimer l'action de ces relais de l'opinion publique internationale, de la société civile internationale. Il est heureux aussi, à cette fin, que l'Assemblée générale des Nations unies ait adopté le 10 décembre 1998 une Déclaration solennelle reconnaissant la légitimité du rôle des défenseurs des droits de l'homme et leur octroyant un début de statut international »(153).

Plus généralement, l'idée que le droit international est de nature à garantir, ou à tout le moins à favoriser, la paix et le bien-être, est reprise par un certain nombre d'institutions doctrinales particulièrement renommées. La Société française « pour » le Droit international repose, comme son nom l'indique, sur cette conviction, ses statuts indiquant que son objectif est de « favoriser l'étude et le progrès du Droit International » (article 1er, par. 1, majuscule dans le texte) en « travaillant à provoquer une meilleure connaissance, un plus grand respect et un développement plus rapide du Droit International » (article 2 par. 1)(154). Quant à l'Institut de droit international, il a pour but :

> « de favoriser le progrès du droit international :
> a) En travaillant à formuler les principes généraux de la science de manière à répondre à la conscience juridique du monde civilisé ;

(153) Gérard Cohen-Jonathan, « De l'universalité des droits de l'homme » *in* SFDI, *Hommage à René-Jean Dupuy. Ouvertures en droit international*, Paris, Pedone, 2000, p. 49.

(154) http://www.sfdi.org/

b) En donnant son concours à toute tentative sérieuse de codification graduelle et progressive du droit international;
c) En poursuivant la consécration officielle des principes qui auront été reconnus comme étant en harmonie avec les besoins des sociétés modernes;
d) En contribuant, dans les limites de sa compétence, soit au maintien de la paix, soit à l'observation des lois de la guerre;
e) En examinant les difficultés qui viendraient à se produire dans l'interprétation ou l'application du droit et en émettant, au besoin, des avis juridiques motivés dans les cas douteux ou controversés;
f) En concourant, par des publications, par l'enseignement public et par tous autres moyens, au triomphe des principes de justice et d'humanité qui doivent régir les relations des peuples entre eux»[155].

A l'occasion de la session de Berlin, qui marquait le dixième anniversaire de la chute du mur, le président de l'Institut prononçait un discours lui aussi particulièrement illustratif d'une tendance idéaliste:

««L'Institut de droit international est une association exclusivement scientifique et sans caractère officiel», dit l'article premier, paragraphe 1 des Statuts. Nous sommes citoyens d'une République des Sciences qui a comme but de continuer, par ses travaux, à la résolution des problèmes du droit international. La devise de l'Institut, *Justitia et Pace*, fut, à l'époque de sa fondation, une réponse d'une «action scientifique collective» (Albéric Rolin) aux calamités de la guerre franco-allemande de 1870-1871; elle reste toujours actuelle (...)

Pendant mille années tombait la rosée.
Demain elle manquera.
Les étoiles entrent, imprécises
Dans une maison nouvelle.

Les étoiles, ce sont les principes du droit international à la veille du millénaire. C'est le défi de notre travail scientifique de leur rendre la précision nécessaire pour la sauvegarde de la paix»[156].

Ainsi, pour cette institution qui regroupe de nombreuses figures des plus éminentes de la doctrine, la science doit être au

(155) http://www.idi-iil.org/idiF/navig_statuts.html.
(156) *AIDI*, 1999, vol. 68-II, p. 34-35.

service du droit, et le droit est lui-même au service de la paix et de la justice.

On aura sans doute relevé une certaine parenté entre l'approche idéaliste et l'école objectiviste, et en particulier l'idée d'un droit universel reflétant les progrès de la «communauté internationale». Il faut cependant rappeler que l'école objectiviste a, théoriquement, pour vocation de décrire le droit tel qu'il est; lorsque des liens sont établis avec les mécanismes de solidarité ou de nécessités sociales, c'est dans une perspective descriptive. L'approche idéaliste s'émancipe en revanche plus résolument d'une posture strictement positiviste pour intégrer des jugements de valeur à connotation jusnaturaliste. Le droit est ainsi associé au bien et au juste, et la tâche du juriste serait de le perfectionner et de le promouvoir, une vision des choses qui n'est pas nécessairement assumée par les objectivistes.

b) **L'approche réaliste**

Pour schématiser à l'extrême, l'approche réaliste tend à éviter d'idéaliser les valeurs, les normes et le droit, et ce au profit d'une analyse fondée sur la *realpolitik*, dans laquelle prédominent comme facteurs explicatifs les faits, les intérêts et la force[(157)]. Dans ce contexte, le droit international ne se voit reconnaître qu'un rôle marginal, voire inexistant: aux yeux des réalistes, c'est l'état de nature, et non l'état de droit, qui constitue le paradigme heuristique le plus fécond pour les relations internationales[(158)]. Les Etats, et plus généralement les acteurs, agissent en fonction de leurs intérêts et des moyens dont ils disposent pour les faire prévaloir. Le droit ne constitue dans ce contexte qu'un élément parmi d'autres qui, faute de pouvoir exécutif apte à en sanctionner les violations, reste accessoire. Le «nouvel ordre mondial» est une formule rhétorique qui ne s'est jamais concrétisée dans les faits, le droit international, pas plus que l'ONU, n'ayant apporté la paix et la justice, et encore moins la fin des oppositions politiques, idéologiques, culturelles et écono-

(157) V. p. ex. Kenneth N. WALTZ, *Theory of International Politics*, Reading, Addison Wesley, 1979, 250 p.; Hans MORGENTHAU, *Politics Among Nations, The Struggle for Power and Peace*, 5th ed., New York, Alfred Knopf, 1978, 650 p.

(158) Marcel MERLE, *Sociologie des relations internationales*, 4e éd., Paris, Dalloz, 1988, p. 482.

miques(159). Bref, la «paix par le droit» ne reste qu'une formule creuse qui a pour but ou pour effet de masquer voire de légitimer la perpétuation de rapports de force.

Il faut ajouter que, dans son type le plus pur, le courant réaliste va jusqu'à nier l'existence même d'un ordre juridique international, comme en témoigne cet extrait d'une œuvre de référence :

> «Dans le système planétaire d'aujourd'hui, la société a plus de motifs de se déchirer et moins de raisons d'agir comme une unité (...). La *communication* entre les peuples est bloquée par les interprétations contradictoires, intégrées aux messages eux-mêmes, bien que les moyens de transmettre ces messages, en nombre et en rapidité, soient sans commune mesure avec ceux du passé. D'aucune manière il n'est vrai de dire que les membres de la société transnationale ou internationale ont la volonté que l'humanité soit *une* à la manière des communautés nationales (...).
>
> Si telles sont les relations sociales auxquelles s'applique le droit international, par quel miracle celui-ci apparaîtrait-il en progrès?
>
> J'admets à la rigueur que les conventions internationales soient de plus en plus nombreuses, que le domaine des relations interétatiques légalisées soit de plus en plus vaste, que le respect de ces lois soit, de la part d'un nombre de plus en plus grand d'Etats, acquis en un nombre de plus en plus grand de circonstances. Je ne suis pas sûr qu'aucune de ces propositions soit vraie mais, à supposer même qu'elles le fussent toutes, l'essentiel ne serait pas changé. On ne juge pas du droit international sur les périodes calmes et secondaires. En fait de crises, c'est-à-dire de conflits internationaux, on chercherait vainement un symptôme de progrès. Si le but est la paix par la loi, nous sommes toujours aussi loin du but»(160).

On ne s'étonnera pas que, dans ces circonstances, peu de spécialistes de droit international assument une adhésion sans faille à ce schéma théorique. Cela n'empêche pas certains juristes,

(159) Pour des déclinaisons différentes de cette thématique, v. John Mearsheimer, «Back to the Future: Instability in Europe After the Cold War», *International Security*, 1990, n° 1, p. 5-56; Immanuel Wallerstein, *The Politics of World Economy: the States, the Movements, and the Civilizations*, Cambridge, CUP, 1988, 191 p.; Samuel Huntington, «The Clash of Civilizations?», *Foreign Affairs*, 1993, n° 3, p. 22-49.

(160) Raymond Aron, *Paix et guerre entre les nations*, 8e éd., Paris, Calmann-Levy, 1984, p. 719.

tout en considérant que l'ordre juridique international existe en tant que tel, d'en relativiser fortement la portée et l'influence sur les relations internationales. Particulièrement significative à cet égard est l'œuvre de Charles de Visscher, par ailleurs ancien juge de la Cour permanente de Justice internationale, selon lequel,

> «Une compétition plus ou moins inordonnée est aujourd'hui le rapport normal entre Etats. Tel est le fait politique fondamental, produit historique de la distribution individualiste du pouvoir entre les entités nationales. Une représentation égocentrique des rapports internationaux, l'aspiration au maintien et à l'accroissement de la puissance de l'Etat relativement à celle de ses concurrents en sont les fruits naturels. Qu'il y ait dans l'idée même d'un droit international quelque chose qui s'insurge contre cette structure, on l'admettra sans peine. Il reste vrai néanmoins que dans son organisation positive le droit international en subit durement les limitations et les contraintes»(161).

De même, on pourrait interpréter en ce sens la position de la Cour internationale de Justice qui n'a pu qualifier ni de licite ni d'illicite l'usage de l'arme nucléaire «dans une circonstance extrême de légitime défense dans laquelle la survie même d'un Etat serait en cause»(162). La formule laisse en effet entendre que, comme le prétendent les réalistes, le droit international ne fournirait plus de réponse, voire ne s'appliquerait plus, dans des situations de crise extrême(163).

On aura sans doute relevé la parenté qui peut exister entre l'approche réaliste et le courant critique. Dans les deux cas, le contexte sociologique, et plus particulièrement les rapports de force qui caractérisent la vie internationale, sont des facteurs explicatifs déterminants. Il faut cependant relever que, dans son type le plus pur en tout cas, le réalisme tend à écarter le droit international comme un cadre de référence insignifiant, et par conséquent peu digne d'intérêt. Au contraire, un critique voit le droit international comme un facteur déterminant parmi d'autres, facteur dont il s'agit d'évaluer la portée en le mettant

(161) *Théories et réalités en droit international public*, 4e éd., *op. cit.*, p. 87-88.

(162) CIJ, affaire de la *Menace ou de l'emploi d'armes nucléaires, Recueil 1996*, p. 263, par. 97 et p. 266, par. 105, alinéa 2), E.

(163) V. à cet égard la réflexion particulièrement nuancée de Martti Koskenniemi, «La foi, l'identité et la destruction d'innocents: les internationalistes et les armes nucléaires» *in La politique du droit international*, *op. cit.*, p. 263-290.

en relation avec les contradictions sociales et politiques dans une perspective dialectique.

Approches idéaliste et réaliste typiques. La définition du terrorisme

Dans une optique idéaliste, le travail des juristes est de favoriser l'acceptation d'une définition universellement acceptée du «terrorisme», ce qui permettrait à la fois de mieux incriminer les comportements tombant sous cette qualification, et d'éviter les excès résultant de qualifications abusives de certains dirigeants(164).

Dans une optique réaliste, aucune définition du «terrorisme» ne mettra fin aux divergences d'appréciation qui ont toujours divisé les Etats sur ce point. Même si une formule abstraite venait à être acceptée, aucune formule n'est à même d'éviter les controverses qui opposeront les Etats dans des cas particuliers(165).

Pour conclure à ce stade, et en schématisant quelque peu le propos, on peut considérer que le paradigme idéaliste est plus susceptible d'influencer les juristes, alors que le paradigme réaliste imprègne souvent les politologues ou les sociologues. Les premiers s'avèrent souvent réticents à minimiser, et davantage encore à nier, le rôle de leur propre discipline. Les seconds ont au contraire parfois tendance à négliger la place du droit dans les relations internationales(166). Il ne s'agit bien sûr ici que d'une vision caricaturale, qui laisse la place à une infinité de prises de position intermédiaires que l'on rencontre auprès de la doctrine.

On mesure aussi, notamment au vu des exemples qui viennent d'être exposés, les différences méthodologiques impliquées par le choix de l'une ou l'autre de ces approches, différences qu'il convient d'expliciter quelque peu.

2. Méthode idéaliste, méthode réaliste?

Sur le plan méthodologique, la caractéristique commune des approches idéaliste et réaliste est de réserver une place de choix à une analyse dont les cadres de référence sont externes

(164) Jean-Marc Sorel, «Existe-t-il une définition universelle du terrorisme?» *in* K. Bannelier *et al.* (dir.), *Le droit international face au terrorisme*, Paris, Pedone, 2002, p. 65.

(165) Pierre Klein, «Le droit international à l'épreuve du terrorisme», *RCADI*, 2007, tome 321, p. 264-266.

(166) Barbara Delcourt et Olivier Corten, *Ex-Yougoslavie: droit international, politique et idéologies*, *op. cit.*, p. 119-131.

au système juridique. Dans le premier cas, le point d'ancrage est *a priori* plutôt philosophique : on insiste sur un droit idéal, qui fournit à la fois un objectif à atteindre et une grille d'interprétation de la réalité. Dans le second, le centre de gravité de l'analyse est plutôt sociologique, le droit semblant être réduit à un phénomène incident de la réalité sociale. Existe-t-il, au-delà de cette sensibilité générale, de véritables méthodes propres à ces deux approches ?

Une première option est de se pencher plus précisément sur les théories des relations internationales existantes, d'en sélectionner une, et de l'appliquer à une question de droit international(167). On s'appuiera alors sur telle ou telle théorie spécifique, que l'on pourra positionner sur l'axe opposant les pôles idéaliste et réaliste, et l'on suivra la méthode qu'elle préconise.

Mais comment la question se pose-t-elle si l'on ne se place pas sur le terrain spécifique d'une théorie particulière des relations internationales ?

Quant à l'idéalisme, d'abord, il peut se traduire par trois postures épistémologiques et méthodologiques distinctes.

- Premièrement, cette optique pourrait consister à analyser une règle ou institution juridique existante et à proposer de la réformer au regard d'une conception philosophique déterminée. L'approche relèverait alors de la philosophie du droit, avec toutes les conséquences que l'on peut en déduire sur le plan méthodologique, et en particulier la nécessité de se positionner par rapport aux grands courants de cette discipline(168).
- Une deuxième optique de type idéaliste serait de se placer résolument dans le cadre de l'école objectiviste. Il ne s'agirait plus cette fois de prétendre réformer une règle, mais d'en décrire l'émergence en la mettant en relation avec les phénomènes de solidarité sociale existants. La méthode renverrait alors à celle de l'objectivisme, que nous avons déjà exposée plus haut.
- Une troisième option serait, dans le cadre d'une perspective de technique juridique, de mettre l'accent, pour interpréter

(167) V. p. ex. Barbara Delcourt, « Pre-emptive Action in Iraq : Muddling Sovereignty and Intervention ? », *Global Society*, vol. 20, n° 1, January 2006, p. 47-67.

(168) V. *supra*, section 1 du présent chapitre.

une règle, sur les idéaux qui en ont motivé la création. Le juriste trouvera souvent devant lui des professions de foi sur la réalisation de la paix ou de la justice par le droit dans divers textes juridiques (comme les préambules de traités, par exemple). La prise en compte de ces éléments peut parfaitement être intégrée dans une interprétation par référence à l'objet et au but de la règle, conformément aux principes codifiés par la Convention de Vienne sur le droit des traités[169]. Dans cette perspective, l'auteur de la recherche ne prétend cependant pas lui-même être idéaliste; il considère que les Etats l'ont été, et qu'il lui revient d'en tirer les conséquences dans son analyse.

L'approche idéaliste peut ainsi mener le chercheur à la mise en œuvre de méthodes distinctes, qui se rattachent à des sciences différentes, qu'il s'agisse de philosophie dans le premier cas, de sociologie dans le deuxième, ou de technique juridique dans le troisième. Aucune «méthode idéaliste» ne semble, pour autant, se dégager de ces cas de figure.

En pratique, il faut d'ailleurs bien relever que l'idéalisme n'est que rarement assumé comme un cadre de référence épistémologique propre par les spécialistes de droit international. Ceux-ci émettent occasionnellement des jugements de valeurs sur les bienfaits supposés du droit ou de telle ou telle règle, mais sans formuler et motiver ces jugements sur la base d'une discipline scientifique particulière. On reviendra sur ce point lorsque sera abordée la question de la neutralité axiologique[170]. Retenons à ce stade que, pour être rigoureusement scientifique, une approche idéaliste du droit international devrait, à notre sens, se traduire par le choix conscient et conséquent de l'une des trois options qui viennent d'être présentées.

Qu'en est-il, à présent, de l'approche dite «réaliste»? Ici aussi, il semble qu'il s'agisse souvent d'un état d'esprit qui mènera à opérer des choix entre certaines orientations épistémologiques et méthodologiques existant par ailleurs, et non d'une grille d'analyse apte à générer des méthodes propres.

En théorie, on peut plus précisément considérer que trois options sont ouvertes.

(169) V. *infra*, chapitre IV, section 1.
(170) *Infra*, chapitre II, section 2.

- La première, qui correspond à la tendance réaliste la plus dure, celle qui nie purement et simplement l'existence du droit international, renvoie à une optique résolument sociologique, avec comme conséquence la nécessité de respecter les méthodes propres à cette discipline. Rigoureusement, on ne peut même pas évoquer une véritable sociologie du droit international, puisque ce dernier voit son existence niée. Le chercheur s'orientera plus précisément sur l'une ou l'autre des théories des relations internationales existantes, les unes mettant l'accent sur les phénomènes économiques, d'autres sur l'histoire, d'autres encore sur la prise en compte de la culture, ...
- Une deuxième traduction de cet esprit réaliste est de se positionner dans le cadre du courant critique, ce qui ouvre la voie à une prise en compte du droit international et de ses règles et institutions. On se trouve alors dans une perspective interdisciplinaire qui intègre de la sociologie du droit, avec toutes les conséquences méthodologiques qui ont déjà été précisées(171).
- Une troisième option possible est de se placer dans une perspective de technique juridique, en interprétant les règles par le biais d'une référence accrue aux intérêts des Etats qui en sont les auteurs. On pourra ainsi considérer que tel traité ne peut être interprété de telle manière car cela s'avérerait incompatible avec les intérêts des Etats parties, qui n'ont logiquement pu adhérer à une telle interprétation. L'optique est alors résolument volontariste. Le chercheur n'est cependant plus lui-même à proprement parler un réaliste ; il estime plutôt que les Etats le sont et qu'il lui revient d'en tirer les conséquences dans son travail juridique d'interprétation.

Quelle que soit l'option retenue, le réalisme n'induit pas une méthodologie propre, mais renvoie à celles qui correspondent à des sciences ou à des courants ou écoles déterminés.

En conclusion, l'idéalisme comme le réalisme paraissent, parmi les spécialistes de droit international, renvoyer plus à des états d'esprit qu'à des choix scientifiques rationnels. Comme on vient de le signaler, ces deux états d'esprit peuvent mener à des méthodes très différentes, par l'intermédiaire des disciplines ou

(171) *Supra*, section 1 du présent chapitre.

des écoles qui seront privilégiées. Si ce choix est relativement ouvert, on peut, pour terminer, schématiser les voisinages les plus cohérents de la manière suivante.

Etat d'esprit	*Science privilégiée*	*Ecoles ou courants privilégiés*
Idéalisme	Philosophie du droit	Jusnaturalisme Objectivisme
Réalisme	Sociologie (du droit)	Théories des relations internationales Courant critique

Une dernière précision mérite d'être apportée à cet égard. Dans la mesure où elle accorde une place déterminante au droit international, une approche idéaliste aura tendance à prendre en compte ses sources formelles (traités, coutumes, etc). A l'inverse, et dans une logique exactement inverse, une approche réaliste aura plutôt tendance à négliger ces sources formelles.

Conclusion

L'expression «étude de droit international» ouvre la voie à de multiples possibilités sur le plan méthodologique, qui vont d'une recherche de technique juridique pointue à des réflexions philosophiques sur la paix et le droit, en passant par une analyse critique de l'émergence de telle règle juridique à tel moment de l'histoire. L'objectif de ce premier chapitre était d'abord de donner un aperçu de cette variété. C'est pourquoi on a repris différents clivages opposant certaines théories ou approches du droit international, sans nullement prétendre à l'exhaustivité, d'autres choix théoriques (et donc méthodologiques) n'ayant pas été exposés dans le cadre limité de cet ouvrage. On pense en particulier aux multiples approches du droit international présentes dans la littérature anglo-saxonne (comme les *Critical Legal Studies*[172], la *policy-oriented jurisprudence*[173], l'approche

(172) V. l'exposé d'Olivier De Schutter, «Les Critical Legal Studies au pays du droit international», *loc. cit.*, p. 585-608

(173) V. l'exposé synthétique de cette approche par Siegfried Wiessner and Andrew R. Willard, «Policy-Oriented Jurisprudence and Human Rights Abuses in Internal Conflict: Toward a World Public Order of Human Dignity» («Symposium of Method in International Law»), *AJIL*, 1999, p. 317-321.

féministe[(174)], ...). Ce qui précède ne constitue donc qu'un aperçu limité des approches existantes, centré sur la doctrine européenne, et plus spécifiquement francophone[(175)].

Le but de ce chapitre était aussi de montrer que, scientifiquement, aucune approche ne peut se prétendre supérieure à une autre[(176)]. Une étude de philosophie du droit international, par exemple, n'est pas moins sérieuse qu'une autre pourvu, et c'est un troisième enseignement, que son auteur ait d'emblée précisé et délimité son cadre de référence épistémologique et méthodologique. Dans ce contexte, un auteur ne peut jamais être critiqué pour les choix qu'il fait, mais plutôt pour ceux qu'il n'explicite pas. Ce n'est que si des précisions sont apportées à cet égard que l'étude pourra être scientifiquement évaluée car, comme on l'a vu, le choix de telle approche dictera celui de telle méthodologie. La remise en cause d'une étude pourrait alors porter non sur la nature d'un choix, par définition subjectif, mais sur l'absence ou le manque de cohérence entre le choix explicité et le travail réalisé. Ainsi, pour résumer, on peut, en droit international, dire à peu près n'importe quoi, mais on ne peut certainement pas le dire n'importe comment. C'est plus la manière de raisonner, autrement dit la maîtrise du langage juridique, que le contenu de l'argument, qui constitue l'élément déterminant la qualité scientifique d'une étude.

(174) V. l'exposé synthétique de cette approche par Hilary CHARLESWORTH, «Feminist Methods in International Law» («Symposium of Method in International Law»), *AJIL*, 1999, p. 379-385.

(175) Dans le symposium consacré aux méthodes du droit international en 1999, Steven RATNER et Anne-Marie SLAUGHTER se concentrent sur sept méthodes qu'ils qualifient de «*major methods of international legal scholarship today*»: «*legal positivism, the New Haven School, international legal process, critical legal studies, international law and international relations, feminist jurisprudence, and law and economics*» («Appraising the Methods of International Law: A Prospectus for Readers», *loc. cit.*, p. 293, ainsi qu'une brève présentation de ces courants p. 293-294). Celle-ci ne recouvre certainement pas tous les courants évoqués dans le symposium publié dans l'*AJIL*, mais reste très centrée sur le positivisme juridique, avec un accent sur le clivage entre volontarisme et objectivisme qui, selon certains auteurs, «traverse toute l'histoire du droit international» (Prosper WEIL, «Cours général de droit international public», *RCADI*, 1992, tome 237, p. 71).

(176) Comme l'explique Martti KOSKENNIEMI, on ne peut évaluer les méthodes existantes de manière «extérieure», c'est-à-dire indépendamment d'une approche méthodologique préexistante; «il en résulte que vouloir démontrer la supériorité d'une méthode par rapport aux autres ne se fait que de façon circulaire» (Martti KOSKENNIEMI, «Le style comme méthode», *loc. cit.*, p. 405).

«J'ai appris de David Kennedy qu'un argument juridique permettait, de manière inexorable et prédictible, la défense de n'importe quelle position tout en étant, de manière simultanée, limité par un langage formel et rigoureux. L'apprentissage de ce langage était la clé d'une bonne compétence juridique professionnelle (...). Comme tout le monde, j'ai appris à travers mes études de droit à distinguer, parmi les praticiens, ceux qui étaient compétents professionnellement et ceux qui ne l'étaient pas, en raison de leurs utilisations inadéquates ou inappropriées du langage juridique»[177].

Le choix d'une approche est donc en principe libre, même s'il faut rappeler à cet égard trois tempéraments:

- premièrement, il se peut que, en dehors de toute considération scientifique, l'on soit en pratique (pour des raisons professionnelles, politiques ou autres) contraint d'opter pour une approche déterminée;
- deuxièmement, le choix de certains sujets semble *a priori* induire le choix de certaines approches par préférence à d'autres: une étude sur la procédure applicable devant la Cour internationale de Justice semble plutôt relever de la technique juridique, alors qu'une autre qui traite des limites du principe *ex injuria jus non oritur* peut difficilement être appréhendée sans une perspective théorique plus large[178];
- troisièmement, la liberté de choix d'un acteur déterminé est toujours relative, dans la mesure où cet acteur ne peut prétendre échapper aux influences qui ont déterminé sa personnalité, ni aux contraintes sociales qui encadrent son choix[179].

Ce dernier élément est extrêmement important. Comme on l'a souligné à plusieurs reprises, théoriquement, toutes les positions peuvent être défendues, si elles le sont de manière rigoureuse. En pratique, cependant, le contexte mènera chacun à utiliser les arguments qui sont susceptibles de convaincre les destinataires de l'argumentation[180]. Le «bon» argument juridique sera donc celui qui est à la fois scientifiquement rigoureux et efficace

(177) *Ibid.*, p. 397.
(178) *Ibid.*, p. 407.
(179) *Ibid.*, p. 393.
(180) V. à ce sujet la notion d'«auditoire» développée en théorie de l'argumentation par Chaïm PERELMAN et Lucie OLBRECHTS-TYTECA, *Traité de l'argumentation*, rééd., Bruxelles, Editions de l'Université de Bruxelles, 2008, not. p. 31-34.

sur un plan pragmatique. C'est ce contexte qui déterminera la méthode, le style ou le langage que l'on privilégiera[181].

> «(...) mise à part la nécessaire relation entre l'argument et le contexte qui rend crédible un argument, il n'y a pas de «méthode» ou de «théorie» qui puisse prouver la plus grande validité d'un raisonnement ou d'un point de vue. Ce qui fonctionne en tant qu'argument professionnel dépend des circonstances. J'aimerais donc souligner que le choix auquel sont confrontés les praticiens n'est pas un choix de méthode (au sens d'une méthode externe, de lignes directrices déterminées conduisant à des certitudes juridiques) mais de langage ou, sans doute mieux, de style. Les styles variés – dont les styles de la «théorie universitaire» et celui de la «pratique professionnelle» – ne proviennent pas et ne se situent pas au sein d'une relation hiérarchique déterminée. L'arbitre final, décidant de ce qui fonctionne, est en fait le contexte (académique ou professionnel) au sein duquel on argumente»[182].

Une fois le choix réalisé, il conviendra d'en tirer les conséquences sur le plan méthodologique. C'est dans cette perspective que l'on visera à préciser certaines de ces conséquences dans les chapitres qui suivent.

(181) V. aussi à ce sujet Philip ALLOTT, «Language, Method and the Nature of International Law», *BYBIL*, 1971, p. 95-96. Chaque auteur postule, en choisissant tel style ou telle méthode, que son auditoire et lui partagent certains modes de raisonnement ainsi que certaines valeurs.

(182) Martti KOSKENNIEMI, «Le style comme méthode», *loc. cit.*, p. 400.

CHAPITRE II

Les principes fondamentaux communs à diverses méthodes scientifiques en droit international

On vient de mesurer l'ampleur de la diversité des méthodes qui caractérise l'étude du droit international. Il serait vain de prétendre exposer chacune des multiples méthodes susceptibles d'être choisies, même en se limitant, pour chacune d'entre elles, à ses principes fondamentaux. Aussi préférera-t-on se concentrer sur les principes fondamentaux qui sont communs, si pas à toutes, en tout cas à un grand nombre d'études de droit international. Ces principes sont avant tout caractéristiques d'une approche positiviste, au sens large du terme(1). Ils reposent sur le postulat selon lequel une étude scientifique doit être rationnelle et, dans cette perspective, s'abstenir autant que possible d'exprimer des jugements de valeur. Si l'on reprend les catégories distinguées dans le premier chapitre, la méthodologie exposée ci-dessous peut donc se rattacher à la fois à la technique juridique, à la théorie du droit voire à la sociologie du droit(2), tout comme elle peut correspondre à des optiques volontaristes, objectivistes, formalistes ou critiques, pourvu que celles-ci

(1) V. la définition du dictionnaire d'André LALANDE, selon laquelle les doctrines positivistes sont celles «(...) qui ont pour thèses communes que seule la connaissance des faits est féconde; que le type de la certitude est fourni par les sciences expérimentales; que l'esprit humain, dans la philosophie comme dans la science, n'évite le verbalisme ou l'erreur qu'à la condition de se tenir sans cesse au contact de l'expérience et de renoncer à tout *a priori*; enfin que le domaine des «choses en soi» est inaccessible, et que la pensée ne peut atteindre que des relations et des lois» (*Vocabulaire technique et critique de la philosophie*, Paris, PUF, Quadrige, 1993, p. 793).

(2) *Supra*, chapitre I, section 1.

prétendent elles-mêmes relever d'une approche scientifique rationnelle[3].

La question que l'on posera dans ce contexte est la suivante: comment réaliser un travail scientifique, qu'il s'agisse d'un travail universitaire, d'une étude, ou d'un ouvrage? On distinguera, dans cette perspective, le problème de la construction d'un sujet d'étude (section 1) de celui du traitement de ce sujet (section 2).

Section 1

La construction d'un sujet d'étude

On peut, comme en piano ou en patinage artistique, distinguer dans le domaine scientifique les exercices imposés des exercices libres. Les premiers sont, à bien des égards, plus simples à gérer. Le chercheur se voit présenter un sujet déjà parfaitement délimité et circonscrit, et n'aura «plus qu'à» le traiter d'une manière aussi rigoureuse que possible. Dans le second cas de figure, en revanche, aucune ligne directrice n'est, sur le fond, tracée *a priori.* On part du postulat que la construction du sujet fait en tant que telle partie du travail à réaliser, ce qui en fait certainement l'une des étapes les plus périlleuses de la recherche.

Il faut en effet distinguer d'emblée, en allant du général au particulier, ce qu'on désignera comme un domaine, un thème, un objet et un sujet de recherche.

- Un *domaine* (ou un champ) de recherche renvoie à une partie du droit international public, comme le droit international humanitaire, les droits de l'Homme, le droit international de l'environnement, le droit international social, le droit des conflits armés, le droit international pénal, le droit international économique, ... Chaque domaine recouvre un grand nombre de thèmes différents.
- Un *thème* de recherche est constitué par une idée générale qui peut elle-même donner lieu à de multiples précisions. Le génocide, l'agression ou l'exploitation illégale des ressources naturelles constituent par exemple des thèmes de recherche

(3) *Supra*, chapitre I, section 2.

qui, par leur généralité, sont susceptibles de susciter des études très différentes.

- Un *objet* de recherche résulte d'une délimitation précise réalisée à partir d'un thème général. La jurisprudence du tribunal pénal international pour la Yougoslavie (TPIY) sur le génocide, la notion d'«agression» en lien avec des acteurs non étatiques au sens de l'article 3g) de la définition de l'agression annexée à la résolution 3314 (XXIX) de l'Assemblée générale des Nations unies, ou l'exploitation illégale des ressources naturelles en République démocratique du Congo de 1998 à 2003, constituent autant d'exemples d'objets de recherche.
- Un *sujet* de recherche est constitué à la fois d'un objet de recherche et de la définition d'une méthode apte à traiter de cet objet. On peut par exemple se demander si la jurisprudence du TPIY correspond à l'état du droit international positif coutumier(4). Pour ce qui concerne la notion d'«agression indirecte», on peut poser l'hypothèse que la pratique récente n'a pas remis en cause le critère de l'«engagement substantiel» repris dans la définition de l'agression annexée à la résolution 3314 (XXIX) de l'Assemblée générale(5). Quant à l'exploitation illégale des ressources naturelles en République démocratique du Congo de 1998 à 2003, on peut, toujours par hypothèse, tenter de montrer que l'Ouganda est l'un des Etats qui serait internationalement responsable de cet acte illicite(6).

On comprend d'emblée que, à partir d'un thème ou même d'un objet identique, une grande variété d'études sont envisageables. Il suffit de se reporter au chapitre précédent pour se rappeler de la diversité des approches scientifiques susceptibles d'être adoptées pour la réalisation d'une étude. Ainsi, si on intègre les deux variables que constituent la délimitation de l'objet et le choix d'une méthode de son traitement, une infinité de sujets apparaît possible. Il est donc essentiel de ne réaliser

(4) V. p. ex. mon étude, «L'arrêt rendu par la CIJ dans l'affaire du *Crime de génocide*: vers un assouplissement des conditions d'attribution du génocide à un Etat?», *AFDI*, 2007, p. 249-279.

(5) V. notre ouvrage précité, *Le droit contre la guerre*, p. 669-704.

(6) C'est en ce sens que la République démocratique du Congo a développé son argumentation devant la Cour internationale de Justice; v. les pièces écrites et les plaidoiries orales de la RDC sur le site de la Cour; http://www.icj-cij.org.

une recherche que sur la base d'une construction aussi rigoureuse que possible (A), construction qui se réalisera par le biais de différentes étapes qui seront exposées ci-dessous (B).

A. L'importance de la construction d'un sujet d'étude

Pour comprendre l'importance de cette étape de la recherche, il faut d'abord relever qu'aucun sujet n'est donné, chaque sujet faisant par définition l'objet d'une construction intellectuelle (1). Sur cette base, on insistera sur les graves défauts méthodologiques qu'entraînerait une insuffisance dans la délimitation du sujet (2), même s'il importe de préserver en ce domaine une certaine souplesse au vu de cas particuliers dont on donnera un bref aperçu (3).

1. Le construit et le donné dans l'élaboration du sujet ou de l'objet d'étude

Il n'est pas nécessaire de disserter longuement pour se rendre compte que, à partir du moment où l'on admet une variété de sciences et d'approches pour réaliser une étude de droit international, un choix, et donc une certaine construction, s'imposent inévitablement[7]. On a mentionné plus haut plusieurs exemples qui montraient la nécessité de précisions épistémologiques et méthodologiques en ce qui concerne les outils d'analyse. Pour ne reprendre que l'un d'entre eux, on rappellera que le choix de limiter l'étude du « droit d'intervention humanitaire » au seul cadre du droit positif constitue une construction particulière à laquelle on pourrait parfaitement en préférer d'autres, axées par exemple sur telle ou telle théorie de la justice[8].

Ne pourrait-on pas, en revanche, considérer que certains objets d'étude seraient quant à eux donnés, aucune construction n'étant dès lors plus nécessaire ?

Aucun objet d'étude n'existe en tant que tel, n'est donné tel quel au scientifique, dans la mesure où celui-ci est toujours obligé de recourir à des concepts pour appréhender la réalité

(7) Martti Koskenniemi, « Le style comme méthode », *loc. cit.*, p. 406.

(8) V. not. Michael Walzer, *Guerre justes et injustes*, *op. cit.* ; v. aussi Brian D. Lepard, *Rethinking Humanitarian Intervention. A fresh legal approach on fundamental ethical principles in international law and world religions*, Pennsylvania, Pennsylvania Univ. Press, 2002.

qu'il analyse[9]. Or, chaque concept est une abstraction, qui n'a pas de définition «naturelle» ou «évidente», mais qui est forgé par l'intermédiaire du langage[10]. Et, comme l'admettent les théories contemporaines du langage, celui-ci est essentiellement équivoque, les termes qui le composent prêtant toujours à l'interprétation[11]. Il en va particulièrement ainsi dans le domaine du droit, qui a institué un langage à la fois spécialisé et reprenant certains éléments du langage commun[12]. Une étape essentielle de la construction du sujet impose donc de définir aussi précisément que possible les concepts qui seront à la base de la recherche en précisant le sens des termes qui composent leur énonciation[13]. Pour reprendre un exemple déjà mentionné, la notion de «droit d'intervention humanitaire» ne peut être traitée scientifiquement que moyennant une conceptualisation préalable. Elle ne recouvre en effet aucun donné immédiat que le chercheur n'aurait plus qu'à découvrir et à décrire. Il suffit pour s'en rendre compte de reprendre successivement les trois termes qui composent cette expression. Ainsi,

- un «droit» d'intervention peut se concevoir différemment selon qu'on limite ce terme au droit positif ou que l'on étende le concept à un cadre de références éthique ou philosophique, ou encore selon qu'on renvoie à l'ordre juridique interna-

(9) Madeleine GRAWITZ, *Méthodes des sciences sociales*, 9e éd., *op.cit.*, p. 329-330. On s'appuie ici sur les conceptions épistémologiques contemporaines, selon lesquelles la réalité ne peut être appréhendée, en science, que par l'intermédiaire de représentations et de théories explicatives; v. déjà Ludwig WITTGENSTEIN, *De la certitude*, Paris, Gallimard, 1976, ainsi que Richard RORTY, *Science et solidarité. La vérité sans le pouvoir*, Paris, L'éclat, 1990.

(10) V. déjà Ferdinand de SAUSSURE, *Cours de linguistique générale*, Paris, Payot, 1972, not. p. 97-100 (p. 128-135 de l'édition originale).

(11) Une abondante littérature peut être consultée à ce sujet; v. p. ex. C. KERLOT-GRACCHIANI, *L'énonciation. De la subjectivité dans le langage*, Paris, Colin, 1988.

(12) Michel VIRALLY, *La pensée juridique*, Paris, LGDJ, éd. 1998, p. 16-19; H. Ph. VISSER'T HOOFT, «La philosophie du langage ordinaire et le droit», *APD*, 1972, p. 261-284; François RIGAUX, «Le juge, ministre du sens» *in* G. HAARSCHER et L. INGBER (dir.), *Justice et argumentation. Essais à la mémoire de Chaïm Perelman*, Bruxelles, Editions de l'Université de Bruxelles, 1986, p. 90; v. encore Jean-Louis SOURIOUX et Pierre LERAT, *Le langage du droit*, Paris, PUF, 1975. Dans le domaine plus spécifique du droit international, Paul REUTER, «Quelques observations sur le vocabulaire du droit international» *in Mélanges Louis Trotabas*, Paris, LGDJ, 1970, p. 423-445; Jean SALMON, «Le langage du droit international» *in Le droit international à l'épreuve du tournant du XXIe siècle*, *op. cit.*, p. 187-219.

(13) Madeleine GRAWITZ, *Méthodes des sciences sociales*, 9e éd., *op. cit.*, p. 330-333.

tional ou à l'ordre juridique national de l'Etat sur le territoire duquel une telle intervention est susceptible d'avoir lieu ; une autre question consiste à savoir si ce «droit» constitue un titre juridique propre, qui permettrait une intervention en dehors de l'hypothèse d'une action du Conseil de sécurité des Nations unies ;

- une «intervention» peut renvoyer à des phénomènes très différents, qui s'échelonnent d'une demande de renseignement adressée aux autorités d'un Etat au sujet d'une crise intérieure à une opération militaire unilatérale, en passant par des moyens de pression économique ou politique non assortis d'un engagement militaire ;
- le caractère «humanitaire» d'une intervention peut renvoyer tantôt aux motifs officiels de l'intervention, tantôt aux motivations réelles de l'Etat intervenant ; le terme peut aussi être envisagé différemment selon que l'on exige ou non que la motivation humanitaire soit exclusive, ou encore principale.

Un tel objet d'étude est manifestement loin d'être donné. Une construction impliquant une réponse à ces différentes questions devra dès lors avoir lieu d'emblée, et ce à l'aide de définitions conceptuelles dont la prise en compte déterminera l'ensemble de l'analyse scientifique[(14)].

> Dans l'une de ses études, Mario Bettati définit le «droit d'ingérence humanitaire» comme l'«[e]xpression employée pour désigner la faculté d'intervention que le Conseil de sécurité des Nations unies s'attribue ou autorise, sur le territoire d'un Etat, lorsque des violations graves du droit humanitaire ou des droits de l'homme s'y commettent»[(15)]. C'est en ayant bien à l'esprit cette définition que l'on peut comprendre, ensuite, la thèse selon laquelle ce droit est progressivement reconnu[(16)]. La licéité de l'«ingérence humanitaire» qui est affirmée est en effet ici celle d'une action décidée ou autorisée par le Conseil de sécurité, et non d'une action menée unilatéralement par un Etat ou un groupe d'Etats. Si le «droit d'ingérence humanitaire» avait été défini de façon à recouvrir ce dernier type d'action, la conclusion de l'étude aurait peut-être été différente.

(14) V. p. ex. les précisions apportées par Christopher GREENWOOD, «Is there a right of humanitarian intervention?», *The World Today*, Feb. 1993, p. 34-35, ou celles qui figurent dans l'introduction du chapitre VIII de notre ouvrage, *Le droit contre la guerre. L'interdiction du recours à la force en droit international contemporain, op. cit.*, p. 738-739.

(15) Mario BETTATI, «Droit d'ingérence humanitaire» *in* Denis ALLAND et Stéphane RIALS (dir.), *Dictionnaire de la culture juridique*, Paris, PUF, 2003, p. 467.

(16) *Ibid.*, p. 467-470.

Ne peut-on cependant pas concevoir des objets moins abstraits, susceptibles de ne pas nécessiter un travail de construc tion? On peut sérieusement en douter. Les sciences sociales – et le droit en est une – se développent à partir de notions définies par le biais du langage courant. A partir de ce moment, des problèmes d'interprétation se poseront immanquablement, problèmes qui devront autant que possible être évités grâce à des définitions opérationnelles préalables. Il suffit pour s'en convaincre de consulter le *Dictionnaire de droit international public* paru en 2001[17], et de le comparer au *Dictionnaire de la terminologie du droit international*[18], publié quelque cinquante ans auparavant. Le nombre de mots est passé de 1 350 à 3 460, dans le souci de couvrir plus complètement l'ensemble des domaines couverts par le droit international. Et, à la lecture des définitions données pour chacun d'entre eux, on constate sans peine que l'on est devant un travail qui est loin d'être purement passif et descriptif, et qu'il existe toujours une part de construction dans la définition, comme en témoigne le simple fait que le dictionnaire de 2001 ne reprend pas toujours les définitions de celui de 1960. Au-delà de termes particulièrement abstraits (tels ceux de «volontarisme» ou d'«objectivisme», déjà évoqués ci-dessus) ou controversés (comme ceux de «légitime défense», de «génocide» ou encore de «terrorisme»), même les termes qui semblent les plus terre-à-terre dénotent une certaine conceptualisation. Pour ne reprendre qu'un exemple particulièrement illustratif, on découvrira avec intérêt que le *verbo* «aéronef» renvoie à:

> «A. Tout appareil pouvant se soutenir dans l'atmosphère grâce aux réactions de l'air. Par un amendement apporté le 8 novembre 1967 à l'annexe 7 de la convention de Chicago ont été exclus de la définition de l'aéronef les appareils pouvant se soutenir dans l'atmosphère grâce aux réactions de l'air sur la surface de la terre. On a ainsi voulu exclure de la définition les aéroglisseurs. Entrent en revanche dans la définition ainsi donnée, d'une part les aérostats, tels que les ballons captifs ou les ballons libres et, d'autre part, les aérodynes, tels que les ailes volantes, les planeurs, les avions (à moteur ou à réaction) et les hélicoptères. En revanche, les parachutes, les simulateurs de vols,

[17] Précité à plusieurs reprises dans le cadre de ce texte.
[18] J. Basdevant (dir.), Paris, Sirey, 1960.

les engins balistiques tels que les missiles de croisière et les avions fusées (se déplaçant grâce à la seule poussée de la fusée) ne sont pas des aéronefs. La navette spatiale, qui est propulsée comme une fusée et revient à terre comme un planeur, est généralement considérée comme n'étant pas un aéronef.

B. Pour l'application de la convention de Genève du 19 juin 1948 relative à la reconnaissance internationale des droits sur les aéronefs, l'aéronef «comprend la cellule, les moteurs, hélices, appareils de radio et toutes pièces destinées au service de l'aéronef, qu'elles fassent corps avec lui ou en soient temporairement séparées»»[19].

On comprend facilement, à la lecture de ces lignes, qu'une étude portant sur l'aéronef ne pourra être réalisée que moyennant une conceptualisation préalable du terme. Cette conceptualisation reposera sur le choix de se référer ou pas à la définition de ce dictionnaire – qui comprend elle-même une série de choix – et, dans l'affirmative, de retenir tout ou partie de la définition A ou de la définition B, le tout étant opéré en fonction des spécificités de l'étude projetée. Quoi qu'il en soit, on serait bien en mal d'identifier un cas de figure dans lequel un objet d'étude pourrait être délimité sans conceptualisation, et donc sans construction préalable[20].

Une dernière remarque mérite d'être apportée à cet égard. Théoriquement, le travail de construction du sujet constitue un préalable à toute la recherche, et devrait être opéré d'emblée et une fois pour toutes. En pratique, il faut cependant bien se rendre compte que la phase de construction nécessite, pour être correctement réalisée, de s'appuyer sur une recherche déjà effectuée. Il s'agit donc en réalité moins d'une étape préalable que d'une étape intermédiaire, qui sera précédée d'une recherche et d'une réflexion portant sur les spécificités de l'objet et du sujet que l'on souhaite traiter. Et on peut même aller plus loin. Dans certains cas, le chercheur pourra être amené à redéfinir son sujet à l'issue de sa recherche. La réalisation de l'étude est, comme on l'a souligné d'emblée, un processus dynamique qui peut être découpé en différentes étapes à des fins didactiques, mais qui se caractérise dans les faits par une interaction

(19) *Dictionnaire de droit international public*, *op. cit.*, p. 44, références omises.

(20) V. encore Paul Reuter, «Quelques réflexions sur le vocabulaire du droit international», *loc. cit.*, p. 423-445.

constante entre conceptualisation du sujet et traitement de ce même sujet.

2. Les graves défauts méthodologiques générés par une insuffisance dans la délimitation du sujet

Les problèmes de délimitation du sujet peuvent être dus à plusieurs facteurs. Il se peut d'abord que le chercheur lui-même n'ait pas suffisamment précisé ses idées et n'ait, par conséquent, pu assurer qu'une conceptualisation rudimentaire. Il se peut aussi que, même si le chercheur a eu les idées relativement précises, il ne soit pas parvenu à les exposer de manière suffisamment didactique, et ait ainsi laissé le lecteur dans un flou méthodologique préjudiciable. Quoi qu'il en soit, une insuffisance dans la délimitation du sujet ne peut qu'entraîner de graves défauts méthodologiques qui entacheront la réalisation de l'ensemble de l'étude[21].

Un défaut dans la construction génère donc d'abord un problème de clarté et de compréhension. A défaut de conceptualisation suffisante, la recherche ne pourra être menée efficacement, le chercheur ne sachant pas exactement ce qu'il doit chercher, ni dans quelle perspective il doit le faire. Le raisonnement risque d'être trop général ou flou, et de ne contribuer que de manière marginale ou incidente au débat scientifique.

Exemple. La « clause sociale » en droit international public

Sans autre précision, un titre comme celui-là renvoie plus à un objet, voire à un thème, qu'à un véritable sujet. L'étude scientifique d'une notion comme celle de « clause sociale » ne pourra efficacement être réalisée que si on la définit soigneusement. S'agit-il d'une clause de conditionnalité qui indiquerait que les Etats n'acceptent de nouer des relations commerciales que vis-à-vis de ceux qui respectent un certain nombre de droits sociaux? La notion vise-t-elle plutôt les clauses d'un traité bilatéral ou multilatéral incluant des droits sociaux comme contrepartie à d'autres obligations? En l'absence de précision sur ces points, une telle étude risque bien de se révéler difficilement compréhensible[22].

(21) Madeleine GRAWITZ, *Méthodes des sciences sociales*, 9e éd., *op. cit.*, p. 329, nº 302.

(22) Comp. Michèle VELLANO, « Emploi et clause sociale dans le cadre de l'OMC », *RGDIP*, 1998, p. 879-914; Eric ROBERT, « Enjeux et ambiguïtés du concept de clause sociale ou les rapports entre les normes du travail et le commerce international », *RBDI*, 1996, p. 145-190.

Mais, plus fondamentalement, une conceptualisation insuffisante empêchera le lecteur de pouvoir évaluer les conclusions scientifiques de l'étude. Celles-ci ne peuvent en effet être critiquées que par rapport à des postulats méthodologiques clairs qui constituent autant d'étalons de référence qui doivent servir à évaluer la validité du raisonnement scientifique. Prétendre qu'un «droit d'intervention humanitaire» existe dépend avant tout de la définition qui est donnée à ce concept. En l'absence d'une définition, ou en présence d'une définition trop générale ou imprécise, on ne pourra évaluer l'interprétation qui est faite par l'auteur des textes et des précédents qu'il a sélectionnés, ni se demander si d'autres textes ou précédents auraient pu ou dû être pris en compte. La validité d'un énoncé scientifique dépend ainsi d'une confrontation entre la thèse qui est défendue par son auteur et les arguments que celui-ci avance à son appui. Et la thèse repose elle-même sur une conceptualisation qui sera opérée au stade (théoriquement) préalable de la construction du sujet.

Exemple 1. Le droit international : bric-à-brac ou système ?

Dans cette étude de référence, Jean Combacau opte pour la deuxième branche de l'alternative énoncée dans son titre, en avançant plusieurs arguments tirés d'une analyse de l'ordre juridique international existant. Il a cependant pris soin de définir le concept de système comme «un ensemble dont les éléments ne s'agrègent pas au hasard mais constituent un «ordre» en ce qu'ils sont reliés les uns aux autres et à l'ensemble lui-même par des liens tels qu'on ne peut envisager l'un de ces éléments isolé de son entourage sans l'analyser faussement»[23]. C'est au regard de cette définition que le lecteur pourra évaluer les affirmations de l'auteur.

Exemple 2. Les attentats du 11 septembre 2001 : un acte de terrorisme ?

Une réponse scientifique à cette question dépend bien entendu de la définition préalable qui sera donnée au concept de terrorisme. Le cadre de référence sera-t-il le droit international positif ? Dans l'affirmative, dans quelle mesure prendra-t-on en compte la motivation des auteurs de l'acte ? Ne préférera-t-on pas se limiter à examiner le type d'actions (une attaque à grande échelle essentiellement dirigée contre des civils) sans prise en compte de l'élément subjectif de l'intention ? Pour évaluer la réponse qui sera donnée à la question générale, il faudra confronter les faits aux réponses qui auront préalablement été données à ces questions de conceptualisation[24].

(23) «Le droit international: bric-à-brac ou système?», *APD*, 1986, p. 85-105.

(24) V. ainsi le chapitre I du cours de Pierre KLEIN, «Le droit international à l'épreuve du terrorisme», *op. cit.*, p. 227-267, sp. p. 266.

Bien entendu, ce qui vaut pour la conceptualisation de l'objet de l'étude vaut aussi pour les outils théoriques auxquels il sera fait appel pour traiter de cet objet. La question de savoir si un «droit d'intervention humanitaire» existe ne dépend pas seulement d'une définition précise de ce concept. Elle est aussi subordonnée aux réponses qui seront données aux questions méthodologiques telles que le choix de la science de base ou de l'approche théorique de référence. Il est évident que des conclusions différentes, mais scientifiquement tout aussi valables, peuvent être apportées à ce type de question selon que l'on se place dans une perspective volontariste ou que l'on préfère une perspective objectiviste. Le choix de cette grille d'analyse n'est pas seulement important pour faciliter la compréhension du travail scientifique. Il l'est aussi pour en évaluer la validité.

Exemples. Deux ouvrages sur la pratique du recours à la force

Christine Gray(25) et Thomas Franck(26) ont tous deux publié un ouvrage traitant des évolutions récentes de la règle interdisant le recours à la force armée dans les relations internationales. En forçant un peu le trait, on peut considérer qu'ils arrivent à des conclusions radicalement différentes. Thomas Franck estime que la pratique a mené à un assouplissement de la règle en élargissant la portée des exceptions qui y sont contenues, en particulier en ce qui concerne la légitime défense. Christine Gray considère plutôt que cette pratique n'a pas donné lieu à une modification de la règle juridique, les Etats intervenants ne se justifiant que fort peu sur le terrain du droit. Pour évaluer la validité de ces deux conclusions différentes, il faut avant tout vérifier quels sont les postulats méthodologiques pour lesquels chacun des auteurs a opté(27). On constate alors que Christine Gray s'appuie sur une optique relevant dans les grandes lignes du positivisme juridique, tandis que Thomas Franck semble se revendiquer d'une approche plus objectiviste. Il se peut dès lors fort bien – et la réponse à cette question dépendra de la confrontation de ces postulats méthodologiques avec l'analyse de la pratique propre à chacun d'eux – que l'un comme l'autre aient, de leur point de vue, raison. Plus précisément, on pourrait concevoir que leurs conclusions scientifiques soient toutes deux valides, au regard de leurs cadres de références respectifs. Tout cela suppose néanmoins que ce cadre de références ait été soigneusement délimité dans l'étude considérée faute de quoi l'évaluation s'avérerait illusoire.

(25) *International Law and the Use of Force*, 2nd ed., Oxford, OUP, 2004, xiii et 334 p.

(26) *Recourse to Force. State Action Against Threats and Armed Attacks*, *op. cit.*, xii et 205 p.

(27) V. à ce sujet notre compte rendu comparatif de ces deux ouvrages, *RBDI*, 2003, p. 307-310.

Pour terminer sur ce point, on peut mentionner un autre cas de figure illustrant les problèmes susceptibles d'être générés par une conceptualisation insuffisante. Deux auteurs peuvent *a priori* soutenir, en apparence, la même position mais, dans la mesure où les définitions des concepts utilisés sont fondamentalement différentes, il pourrait s'avérer que leurs positions soient en réalité contradictoires.

Exemple. La légitime défense préventive

Pour le professeur Zourek[28] comme pour le professeur Dinstein[29], la légitime défense préventive n'est pas admise en droit international. Les deux auteurs semblent donc soutenir la même position. A l'analyse, il n'est pourtant pas certain que cela soit le cas. Le professeur Dinstein distingue en effet la «légitime défense préventive» (aucune attaque n'a été déclenchée) de la «légitime défense interceptive» (une attaque a été déclenchée, même si elle ne s'est encore traduite par aucun effet sur le territoire de l'Etat visé). En application de cette dernière notion, un Etat pourrait ainsi envoyer son armée sur le territoire d'un autre Etat au motif que l'armée de ce dernier ferait déjà route vers la frontière, même si celle-ci n'a pas été franchie. Une situation qui, aux yeux du professeur Zourek, semble pourtant incompatible avec le droit international, la «légitime défense préventive» couvrant toute riposte à une action qui n'a pas encore matériellement touché l'Etat qui invoque l'institution. En dépit de ce que l'on pourrait penser à première vue, les deux auteurs ne partagent manifestement pas la même position, et ce en raison des définitions différentes qu'ils retiennent du concept de légitime défense préventive.

Finalement, une prise de position ne signifie rien si elle ne repose pas sur une construction méthodologique préalable. L'affirmation reste valable, même si elle nécessite encore quelques précisions au vu de certains cas particuliers qu'il convient à présent de mentionner.

3. La prise en compte de cas particuliers pour la construction du sujet

Deux cas particuliers seront envisagés ici : l'hypothèse d'une étude visant à définir un concept (a) et l'hypothèse d'une étude visant à étudier des outils théoriques d'analyse (b).

(28) Jaroslav Zourek, «La notion de légitime défense en droit international», *AIDI*, 1975, vol. 56, p. 62-64.

(29) Yoram Dinstein, *War, Aggression and Self-Defence*, third ed., Cambridge, CUP, 2001, p. 169-173.

a) L'hypothèse d'une étude visant à définir un concept : le cas de la « définition provisoire »

Si toute étude scientifique repose sur certaines définitions conceptuelles préalables, il peut arriver qu'une définition de concept constitue en tant que telle l'objet même de l'étude. Il se peut ainsi qu'une étude soit consacrée à la définition de la notion de terrorisme, de droit d'intervention humanitaire, ou de droit des peuples à disposer d'eux-mêmes en droit international[30]. Dans de tels cas, il paraît paradoxal d'exiger de l'auteur qu'il parte d'une définition, dans la mesure où il postulerait alors ce qu'il se propose de démontrer. Un moyen permet toutefois d'échapper à ce paradoxe, c'est la formulation de ce qu'on appelle une « définition provisoire ». Le chercheur part d'une hypothèse selon laquelle la notion étudiée pourrait être définie de telle ou telle manière, en s'appuyant par exemple sur la définition du *Dictionnaire de droit international public* (précité), ou d'une autre source, conventionnelle ou doctrinale. Cette définition provisoire sera testée tout au long de l'étude, à l'issue de laquelle le chercheur conclura que sa définition de départ est erronée, ou au contraire confirmée, ou encore précisée, modifiée, ou encore qu'il n'existe en définitive aucune définition en droit international général de la notion en question. Au contraire de la définition provisoire, qui ne constitue qu'un postulat et qui, à ce titre, ne peut être contestée, la définition finale (ou la thèse de l'absence de définition) sera la seule susceptible d'être soumise à l'évaluation scientifique. Le paradoxe sera dès lors évité, la rigueur méthodologique observée.

Peut-on cependant concevoir de se passer d'une définition provisoire, et d'entamer directement une étude en tentant d'induire une définition scientifique à partir des sources directes pertinentes ? Le problème de cette démarche est qu'il faudra bien se fonder sur un critère de sélection pour retenir telle source et rejeter telle autre. La recherche d'une définition du terrorisme ne peut par exemple se développer que si l'on a précisé quelles seront les sources, conventionnelles ou autres, que l'on retiendra comme aptes à en préciser les contours. Une option peut être de ne s'appuyer que sur les textes qui reprennent explicitement

(30) Pour un autre ex., comp. Robert KOLB, « La notion de désuétude en droit international public », *RGDIP*, 2007, p. 577-608 et Guillaume LE FLOCH, « La désuétude en droit international public », *RGDIP*, 2007, p. 609-642.

le terme de « terrorisme », ce qui revient à retenir une définition purement nominaliste de ce concept, en tout cas à titre provisoire. On peut aussi écarter cette optique nominaliste, mais on est alors immanquablement amené à conceptualiser le terme sous un autre angle d'approche, ... ce qui implique bien de se fonder sur une définition provisoire.

Exemple. Définition du principe *ex injuria jus non oritur*

Une étude peut avoir pour objet de préciser le sens du principe *ex injuria jus non oritur* en droit international positif. Pour délimiter le cadre de la recherche, il sera indispensable de définir provisoirement la notion, par exemple en l'assimilant à l'obligation de ne pas reconnaître des effets juridiques à une violation du droit. Après avoir envisagé et analysé les textes et les précédents, le chercheur pourra arriver à une nouvelle définition, selon laquelle, par exemple, seules les violations graves de normes de *jus cogens* ne peuvent être reconnues. Seule cette dernière définition constituera une affirmation scientifique, la définition provisoire finalement révisée ne constituant qu'une sorte de présomption permettant de préciser la portée de la recherche(31).

b) L'hypothèse d'une étude portant sur des outils théoriques d'analyse

On peut par ailleurs mentionner un autre cas de figure qui peut prêter à confusion. Dans certains cas, une étude peut avoir pour *objet* l'analyse comparée d'outils théoriques d'analyse, sans pour autant reprendre à son compte l'un ou l'autre de ces outils. On peut ainsi envisager une étude de la manière dont les courants positivistes et jusnaturalistes traitent de la question de l'existence du droit international, pour conclure que, dans l'un comme dans l'autre cas, il s'agit de confronter la réalité à un modèle idéal de droit défini *a priori*, même si celui-ci sera défini différemment selon les deux courants (un jusnaturaliste insistant par exemple sur les liens entre le droit et la justice, un positiviste sur les liens entre le droit et la contrainte)(32). Une étude de ce type n'est pas, en tant que telle, positiviste ou jusnaturaliste; l'étude prend ces deux doctrines pour objet, mais ne choisit pas l'une d'entre elles comme grille d'analyse. Celle-ci semble plutôt,

(31) Anne LAGERWALL, *Le principe* ex injuria jus non oritur *en droit international contemporain*, précité.

(32) Un raisonnement en ce sens est par exemple ébauché dans Barbara DELCOURT et Olivier CORTEN, *Ex-Yougoslavie: droit international, politique et idéologies*, *op. cit.*, p. 74-85.

dans l'exemple qui vient d'être mentionné, renvoyer au courant critique. Il est donc important de comprendre que, en particulier dans le cadre d'études relevant de la théorie, de la philosophie ou de la sociologie du droit, les doctrines juridiques peuvent servir tantôt d'outil d'analyse, tantôt d'objet de cette analyse[33].

Exemple. Etude critique sur l'existence du principe *ex injuria jus non oritur*

Une étude critique sur l'existence du principe *ex injuria jus non oritur* peut avoir pour objet de montrer que les incertitudes qui entourent la notion sont dues à des oppositions doctrinales sur la manière de concevoir le droit international[34]. Dans une optique normativiste, ce principe paraît logiquement nécessaire si l'on suppose l'existence d'un ordre juridique international. On imagine mal, en effet, qu'un véritable ordre juridique puisse légaliser la violation de ses propres principes. Dans une optique réaliste, en revanche, un grand nombre de précédents montrent que le principe *ex injuria jus non oritur* ne constitue qu'une sorte de vœu de la doctrine juridique. Dans la réalité, un grand nombre de situations résultant de violations graves du droit international sont reconnues, si du moins elles perdurent en raison de l'évolution des rapports de force. Ce principe, pas plus d'ailleurs qu'un véritable « ordre juridique international », n'existe donc pas. Une étude de ce type n'est ni nécessairement normativiste, ni nécessairement réaliste; elle montre seulement comment ces deux écoles conçoivent différemment un même principe, sans prétendre adhérer à l'une ou l'autre de ces conceptions. Chacune de ces doctrines juridiques est bel et bien envisagée comme un élément de l'objet de l'analyse.

On mesure à travers ces cas particuliers toute la complexité qui peut entourer la construction du sujet. On comprend aussi que toute étude de droit international doit, à un stade intermédiaire de son développement, aboutir à une conceptualisation aussi précise que possible. Ce n'est que moyennant cette conceptualisation que l'étude pourra ensuite être poursuivie, puis évaluée par le lecteur sur une base scientifique.

Avant de préciser les modalités plus précises de cette conceptualisation, il faut rappeler que, scientifiquement, aucun sujet n'est, en tant que tel, supérieur à d'autres. Tout au plus peut-on

(33) Pour d'autres exemples, v. Emmanuelle JOUANNET, «Regards sur un siècle de doctrine française du droit international», *AFDI*, 2000, p.1-57; «Colonialisme européen et néo-colonialisme contemporain (Notes de lecture des manuels européens du droit des gens entre 1850 et 1914)», *Baltic Yearbook of International Law*, 2006, vol. 6, p. 49-78; Remi BACHAND, «L'interprétation juridictionnelle chez les internationalistes du XXe siècle», *RBDI*, 2006, pp 173-217.

(34) V. le chapitre II de la deuxième partie de l'ouvrage d'Anne LAGERWALL, précité, *Le principe* ex injuria jus non oritur *en droit international contemporain*.

considérer que certains sont plus intéressants ou originaux que d'autres mais, au-delà de ce type de sentiments, il est bien difficile d'établir une hiérarchie et plus encore d'exclure certains sujets de recherche. Une seule limite scientifique s'imposera en ce domaine, c'est celle de l'originalité du sujet. Car il est évident que l'on ne peut prétendre fournir un apport à la science du droit international qu'en élaborant un sujet puis en développant une thèse à titre personnel. *A contrario*, reprendre ou synthétiser des écrits existants ne constitue pas une étude scientifique au sens strict du terme. L'originalité du sujet constitue donc un aspect essentiel de la phase de construction(35). Comme on le constatera ci-dessous, cette originalité dépendra de divers facteurs que l'on peut comprendre en examinant les modalités de la construction d'un sujet.

B. Les modalités de la construction du sujet

Le principe général qui doit guider la construction du sujet réside donc dans l'originalité du travail réalisé. Il s'agit d'éviter un simple travail de synthèse des diverses études disponibles sur le sujet ou un simple résumé des différentes positions adoptées par les principaux interlocuteurs. Bien sûr, et comme on le constatera sur la base de plusieurs exemples, un sujet peut être plus ou moins original. Certaines notes d'actualité, par exemple, tirent l'essentiel de leur originalité de la nouveauté de l'objet traité, alors que d'autres études s'appuient non seulement sur un objet inédit mais aussi sur une grille d'analyse ou une thèse particulière(36). L'originalité peut en effet se déduire de plusieurs variables, que l'on distinguera ci-dessous en traitant des éléments suivants :

- la délimitation de l'objet de l'étude (1);

(35) Jean Salmon et Eric David, *Méthodologie de la recherche en droit international public*, 3e éd., Bruxelles, PUB, 1994, p. 3-4; comp. Simone Dreyfus, *La thèse et le mémoire de doctorat. Etude méthodologique*, 2e éd., *op. cit.*, p. 67.

(36) Comp., p. ex. Pierre d'Argent et Jean d'Aspremont, « La Commission des réclamations Erythrée-Ethiopie : un premier bilan », *AFDI*, 2007, p. 347-396, étude transversale qui permet de prendre connaissance d'une abondante jurisprudence par un exposé succinct et didactique, et Pierre Klein, « Responsabilité pour les faits commis dans le cadre d'opérations de paix et étendue du pouvoir de contrôle de la Cour européenne des droits de l'homme : quelques considérations critiques sur l'arrêt *Behrami et Saramati* », *AFDI*, 2007, p. 43-64, étude approfondissant l'analyse critique d'une décision spécifique.

- la sélection des outils théoriques mobilisés (2);
- la formulation d'une problématique ou d'une hypothèse de travail (3);
- la délimitation d'un matériau de recherche (4).

1. La délimitation de l'objet de l'étude

On a déjà insisté plus haut sur l'importance d'une délimitation aussi précise que possible d'un objet d'étude, que l'on a distingué du «thème», concept général pouvant lui-même donner lieu à la formulation de plusieurs objets. L'originalité de l'objet peut se traduire tantôt par l'actualité de cet objet, tantôt par les modalités de sa conceptualisation.

On peut, dans le premier cas de figure, ranger les exemples suivants:

- étudier la question de l'existence d'un Etat palestinien en 1988, croate en 1991, timorais en 1999, kosovar en 2008, soit juste après les déclarations d'indépendance respectives de ces entités[37];
- évaluer la licéité de l'intervention des Etats de l'OTAN en Yougoslavie en 1999, de l'intervention de la Russie en Tchétchénie dans les années 1990, de la guerre menée contre l'Irak par les Etats coalisés en 2003, contre le Liban par Israël en 2005, par l'Ethiopie en Somalie en 2006-2007[38];
- étudier les dispositions d'un nouvel instrument juridique, comme un traité multilatéral ou une résolution du Conseil de sécurité[39];
- analyser la création d'un tribunal pénal international, de la Cour pénale internationale, ou d'une nouvelle organisation, et ce juste après leurs créations respectives[40];
- analyser un nouvel arrêt rendu par la Cour internationale de Justice, le Tribunal du droit de la mer, la Cour européenne

(37) V. p. ex. mon étude, «Déclarations unilatérales d'indépendance et reconnaissances prématurées: du Kosovo à l'Ossétie du sud et à l'Abkhazie», *RGDIP*, 2008, p. 721-759.

(38) V. p. ex. Allessandro Buzzi, *L'intervention armée de l'OTAN en République fédérale de Yougoslavie*, Paris, Pedone, Perspectives internationales, 2001.

(39) V. p. ex. Bérangère Taxil, «A la confluence des droits: la convention internationale pour la protection de toutes les personnes contre les disparitions forcées», *AFDI*, 2007, p. 129-156.

(40) V. p. ex. Aïda Azar, «Le tribunal spécial pour le Liban: une expérience originale?», *RGDIP*, 2008, p. 643-658.

des droits de l'homme ou une autre juridiction internationale[41].

Pour chacun de ces exemples, il s'agit d'analyser un phénomène nouveau, que l'on pourra définir et conceptualiser de façon relativement classique. Il suffira à cet égard de préciser exactement de quel instrument juridique, de quelle juridiction ou de quelle décision on souhaite traiter. Dans le cas d'une intervention militaire ou d'une autre séquence d'événements, on prendra soin de délimiter aussi précisément que possible les phénomènes étudiés, notamment sur le plan des dates qui marquent leur début et leur fin.

Dans un second cas de figure, l'originalité de l'objet découle de sa conceptualisation, et non de la nouveauté du phénomène qu'il recouvre, comme peuvent l'illustrer les trois exemples suivants.

1° Un ouvrage intitulé «les collectivités territoriales non étatiques dans le système juridique international» s'ouvre sur les précisions conceptuelles suivantes:

> «Que faut-il entendre par collectivités territoriales non étatiques? (...). Il s'agit de **collectivités** au sens où elles disposent d'une personnalité juridique propre (...). Il s'agit de collectivités **publiques**. Elles sont chargées de la gestion d'intérêts collectifs et sont régies, généralement, par le droit public (...). Il s'agit de collectivités publiques **territoriales**. Elles se distinguent des établissements publics qui n'ont pas de compétences relatives à un espace territorial circonscrit (...). Il s'agit de collectivités publiques territoriales **non étatiques**, ce qui les distingue des Etats souverains qui ont eux aussi une assise territoriale. Elles peuvent être dites aussi infra-étatiques ou sub-nationales ou encore sub-étatiques»[42].

La définition du concept de «collectivités territoriales non étatiques» confère ici toute son originalité à l'ouvrage.

[41] V. p. ex. Evelyne LAGRANGE, «La cohérence de la chose jugée (l'affaire du *Génocide* devant la CIJ)», *AFDI*, 2007, p. 1-42.

[42] Emmanuel Jos, «Collectivités territoriales non-étatiques et système juridique international dans le contexte de la mondialisation» *in* SFDI, *Les collectivités territoriales non-étatiques dans le système juridique international*, Paris, Pedone, 2002, p. 9-10.

2° Dans un article intitulé «Vers une légitimité démocratique?», l'auteur prend soin de définir d'emblée l'expression qui sera au centre de son propos:

> «A strictement parler, l'expression «légitimité démocratique» exprime l'idée ou la doctrine selon laquelle le régime démocratique est le seul dont la domination et la capacité à dicter des ordres auxquels on doit obéir sont acceptées et reconnues. Plus généralement, la légitimité démocratique signifie que seul un gouvernement démocratique est bon, ou encore, que la seule valeur politique est la démocratie. D'autre part, si le concept démocratie a été investi par des idéologies extrêmement différentes voire antagoniques de sorte qu'il est quasiment impossible de lui donner une définition autre que stipulative, il désigne dans l'expression «légitimité démocratique» sa version libérale, c'est-à-dire un régime fondé sur le pluralisme politique, des élections périodiques, libres, le respect des droits de l'homme et l'institution d'un Etat de droit»(43).

Il serait bien entendu parfaitement possible de définir autrement le concept de «légitimité démocratique», et de réaliser une étude comprenant le même titre mais qui aurait un autre objet. Seules des précisions méthodologiques préalables sont susceptibles de montrer dans quelle mesure l'objet d'étude est original.

3° Dans une étude consacrée au thème de l'intervention militaire des Etats de l'OTAN en Yougoslavie, une auteure prend pour objet non les faits qui constituent cette intervention, mais les discours justificatifs qui l'ont accompagnée:

> «La présente étude sera axée sur les discours produits par l'Union européenne et l'OTAN qui visaient à expliquer et à justifier le recours à la force armée à l'encontre de l'Etat yougoslave. On analysera plus particulièrement la place occupée par le droit au sein de ces discours de justification, et ce en le comparant aux registres politique ou moral de légitimité tel qu'ils ont été définis par ailleurs au sein du présent ouvrage. Rappelons à cet égard que, au-delà de l'argument politique – basé sur l'organisation de la société internationale ou les rapports de pouvoir en son sein – ou de l'argument moral – centré sur des valeurs éthiques impératives –, le registre légal consiste tantôt en une référence nominale

(43) Slim LAGHMANI *in* R. BEN ACHOUR et S. LAGHMANI (dir.), *Les nouveaux aspects du droit international*, Paris, Pedone, 1994, p. 249, référence omise; comp. Jean D'ASPREMONT, *L'Etat non démocratique en droit international*, Paris, Pedone, 2008.

au «droit» (comme dans l'expression de «guerre pour le droit» ou de «respect des droits de l'homme»), tantôt au renvoi à une source juridique (comme la Charte de l'ONU), à une notion juridique ou à connotation juridique (comme une «agression» ou un «génocide»)»[(44)].

L'objet de l'étude est clairement délimité: il s'agit d'étudier la place du droit en comparaison de la politique et de la morale (notions définies dans le cadre de l'étude) dans le discours justificatif de deux acteurs définis (l'UE et l'OTAN). Son originalité découle du fait que ce ne sont pas les événements en tant que tels qui sont au centre de l'analyse, mais plutôt les discours qui ont porté sur ces événements.

2. *La sélection des outils théoriques mobilisés*

On a déjà signalé que la différence entre un simple objet d'études et l'existence d'un sujet construit scientifiquement dépendait essentiellement du choix d'une grille d'analyse théorique apte à traiter de cet objet. Dans le premier chapitre, on a montré la diversité existant en ce domaine. Une «étude de droit international» peut s'appuyer sur plusieurs sciences de référence (technique juridique, théorie du droit, philosophie du droit, sociologie du droit ou d'autres sciences encore) et peut être menée dans un cadre de référence théorique axé sur différentes écoles ou courants, dont on a donné quelques exemples. La construction d'un sujet suppose, pour chaque auteur, de se positionner sur ces points précis, faute de quoi son étude risque d'être mal comprise, voire tout simplement mal menée.

Il est vrai que certains objets d'étude semblent induire le choix, ou à tout le moins l'exclusion, de certains outils théoriques. Lorsque Jean Combacau se demande si le droit international peut être qualifié de «bric-à-brac» ou de «système», on imagine mal qu'il se limite à un raisonnement qui se bornerait à de la technique juridique[(45)]. Lorsque Laurence Weerts précise qu'elle déterminera quelle est la place du droit dans le discours

(44) Laurence WEERTS, «Droit, politique et morale dans le discours justificatif de l'Union européenne et de l'OTAN: vers une confusion des registres de légitimité» *in* O. CORTEN et B. DELCOURT (éd.), *Droit, légitimation et politique extérieure: l'Europe et la guerre du Kosovo*, Bruxelles, Bruylant, 2001, p. 86, références omises.

(45) Jean COMBACAU, «Le droit international: bric-à-brac ou système?», *loc. cit.*

justifiant l'intervention militaire contre la Yougoslavie, on pressent que l'étude ne sera pas conçue dans une perspective de positivisme juridique classique(46). Lorsque Robert Kolb prend pour sujet la bonne foi en droit international public, on suppose qu'il fera appel à une approche relevant de la théorie, voire de la philosophie du droit(47). A l'inverse, il semble logique de penser qu'une étude consacrée à un commentaire de l'article 12 de la Convention de Vienne sur le droit des traités comprendra un aspect technique important, voire exclusif(48). Toutefois, et même dans ces situations, il sera utile de lever toute ambiguïté en précisant quelle est l'approche choisie.

> «Sur le plan méthodologique, le commentaire relève d'une approche classique de technique juridique, et non de la philosophie ou de la sociologie du droit international. Il s'agit donc de se prononcer sur le sens de chacune des dispositions *de lege lata*, et non d'évaluer ces dernières en fonction de jugements de valeurs. Dans cette perspective, ce sont les principes d'interprétation repris aux articles 31 et 32 des deux Conventions de Vienne qui ont été utilisés de manière privilégiée: référence au texte, à l'objet et au but, au contexte, à la pratique subséquente, aux travaux préparatoires, ... »(49).

Il en va *a fortiori* ainsi lorsque l'énoncé de l'objet de l'étude ne donne à première vue aucune indication sur l'approche théorique qui sera privilégiée.

On peut en ce sens reprendre le cas de l'étude précitée, intitulée «vers une légitimité démocratique?», expression dont le sens a été précisé ci-dessus. L'auteur est parfaitement conscient qu'il est tenu de préciser la manière dont il abordera la question, ce qui le mène à ajouter que:

> «Il ne s'agira pas dans cette communication d'exposer une doctrine politique, un principe de relations internationales ou de politique extérieure des Etats ou même une norme du droit international régional (...). Ce qui est aujourd'hui nouveau, c'est la prétention à l'universalité de la valeur démocratie comme

(46) Laurence WEERTS, «Droit, politique et morale dans le discours justificatif de l'Union européenne et de l'OTAN: vers une confusion des registres de légitimité», *loc. cit.*, p. 85-121.

(47) Robert KOLB, *La bonne foi en droit international public. Contribution à l'étude des principes généraux de droit*, Paris, PUF, 2000, 756 p.

(48) Cédric VAN ASSCHE, «Article 12» *in* O. CORTEN et P. KLEIN (dir.), *Les Conventions de Vienne sur le droit des traités. Commentaire article par article*, tome I, Bruxelles, Bruylant, 2006, p. 343-391.

(49) Olivier CORTEN et Pierre KLEIN, «Avant-propos» *in ibid.*, p. XXII.

> contenu d'une norme de droit international général. C'est, donc, l'existence d'une telle norme qu'il s'agit de vérifier. La démocratie libérale est-elle une norme du droit international général positif? Les Etats sont-ils astreints par une règle juridique à cette forme d'organisation politique, à ce régime politique démocratique?»[(50)].

A la lecture de ces lignes, il apparaît clairement que l'auteur se rattache à une doctrine juridique positiviste et que son propos est de réaliser une étude relevant de la technique juridique, et non d'une autre science du droit ou encore de la science politique.

Le droit des peuples à disposer d'eux-mêmes est un thème fort débattu en droit international positif, mais aussi en sciences politiques ou en philosophie du droit. Un auteur abordant ce thème précise ainsi que, selon lui,

> «(...) il semble plus nécessaire que jamais de dépolitiser, à l'aide de critères objectifs dégagés du droit positif, un problème dont les paramètres semblent presque tous politiques. Mais la tâche est loin d'être facile. La difficulté majeure réside dans le fait qu'au-delà de la politisation accrue du problème, les questions morales et philosophiques qui accompagnent le débat juridique ne sont guère résolues (...) La seule solution pour le juriste est donc de chercher de manière objective l'état du droit positif. Ce droit peut, selon les cas et le point de vue de chacun, être qualifié de bon ou de mauvais, de moral ou d'immoral. Toutefois notre tâche principale n'est pas d'évaluer la moralité du droit mais bien de déterminer quelle est sa forme actuelle et d'en tirer les conséquences. Un groupe de séparatistes peut avoir des arguments fort judicieux au niveau moral, sans pour autant avoir, en droit positif, le droit de faire sécession. La légitimité est souvent subjective; la légalité est objective. Sans mépriser la première, notre but est de rechercher la seconde, en mettant de côté nos préférences»[(51)].

On peut certainement émettre un certain nombre de critiques épistémologiques et méthodologiques à partir de cet extrait. L'auteur postule que la légalité – ainsi que, parfois, la légitimité – est un élément objectif, ce qui revient à ignorer le rôle créateur de l'interprète et à sous-estimer les influences morales ou idéolo-

(50) Slim LAGHMANI, «Vers une légitimité démocratique?», *loc. cit.*, p. 250-251.

(51) Théodore CHRISTAKIS, *Le droit des peuples à l'autodétermination en dehors des situations de décolonisation*, *op. cit.*, p. 18 et 21-22, références omises.

giques auquel tout juriste – et plus largement tout scientifique – est soumis, consciemment ou non. On reviendra sur cet élément dans le chapitre qui aborde la question de l'interprétation[52]. Théodore Christakis paraît également ériger la méthode positiviste et technique qu'il a faite sienne comme la seule valide pour le juriste, ce qui revient à écarter d'autres approches méthodologiques scientifiquement tout aussi valables, et qui feraient appel à de la philosophie ou à de la sociologie du droit, par exemple. Il reste que, à la lecture de cette profession de foi positiviste, le choix de l'approche qui guidera l'ensemble de l'ouvrage ne saurait faire de doute. On ne peut donc que reconnaître toute la rigueur méthodologique dont a fait preuve l'auteur.

La diversité des approches analytiques possibles pour traiter d'un même objet de recherche peut encore être illustrée par la publication d'un ouvrage tout entier consacré aux avis de la Cour internationale de Justice sur les *Armes nucléaires*[53]. Ce même objet, on ne peut plus strictement délimité, a donné lieu à des études diverses dont certaines sont purement techniques (quel est le sens et l'apport de ces avis en droit international?)[54], d'autres théoriques (la Cour a-t-elle rendu à cette occasion un *non liquet*?)[55], d'autres encore plus sociologiques (quels sont les destinataires de la motivation de ces avis?)[56], etc. Un tel ouvrage tire précisément son originalité de la diversité des points de vue qu'il réussit à fédérer autour d'un même objet, et ce dans une perspective multidisciplinaire[57].

Finalement, on ne saurait trop insister sur la nécessité, après avoir délimité son objet d'étude, de préciser le type d'approche choisie pour appréhender cet objet. Aucune approche n'est naturelle ou évidente, même si certaines sont plus fréquemment utilisées que d'autres. En ce sens, il est vrai que plus l'angle d'approche est original, plus il nécessitera que l'auteur le décrive avec minutie. A l'inverse, le choix de traiter un sujet dans une

[52] *Infra*, chapitre IV, section 1.

[53] Laurence BOISSON DE CHAZOURNES & Philippe SANDS (ed.), *International Law, the International Court of Justice and Nuclear Weapons*, Cambridge, CUP, 1999, xxiii et 592 p.

[54] V. p. ex. Christian DOMINICÉ, «La question du droit de la neutralité» *in ibid.*, p. 199-208.

[55] Daniel BODANSKY, «*Non Liquet* and the incompleteness of international law» *in ibid.*, p. 153-170.

[56] Jean SALMON, «Quels sont les destinataires des avis?» *in ibid.*, p. 27-35.

[57] V. la définition de cette notion *supra*, chapitre I, section 1.

perspective classique de technique juridique positiviste nécessitera certainement moins de développements, même si ce choix devra ressortir clairement dès l'introduction de l'étude.

3. La formulation d'une problématique ou d'une hypothèse de travail

La formulation d'une hypothèse de travail constitue une troisième étape de la construction du sujet qui va finir de conférer toute son originalité à l'étude[58]. Cette étape vise à éviter l'écueil, trop souvent rencontré, d'un objet bien délimité et d'une approche explicitement sélectionnée mais qui s'accompagne d'une démarche essentiellement descriptive, démarche qui s'accorde difficilement avec ce qu'on est en droit d'attendre d'une véritable œuvre scientifique. Prenons l'exemple d'un article consacré au dernier arrêt en date rendu par la Cour internationale de Justice, dont l'auteur précise qu'il utilisera une approche de technique juridique. Sans précision supplémentaire, l'étude risque de ne pas constituer un apport à la science du droit international, mais de rester confinée à une sorte de journalisme à connotation scientifique consistant à livrer des informations au lecteur tendant à dispenser ce dernier (à tout le moins provisoirement) de lire directement l'arrêt commenté. Il en ira tout autrement si l'auteur ajoute qu'il tentera de démontrer, par exemple, que l'arrêt est contestable au regard du droit positif existant[59], ou encore que cet arrêt consacre une interprétation particulière de ce droit[60]. Dans ce dernier cas, l'étude sera originale, dans la mesure où elle consistera en la démonstration d'une thèse qui sera propre à l'auteur. Elle contiendra certes une série d'informations propres à intéresser le lecteur, mais aussi un traitement juridique de cette information dans un sens ou dans l'autre car, bien entendu, la valeur scientifique de l'étude ne dépendra pas de la thèse soutenue mais de la manière dont elle est soutenue.

(58) V. à ce sujet Madeleine GRAWITZ, *Méthodes des sciences sociales*, 9e éd., *op. cit.*, p. 345-348.

(59) V. p. ex. Hervé ASCENSIO, «La responsabilité selon la Cour internationale de Justice dans l'affaire du génocide bosniaque», *RGDIP*, 2007, p. 285-304.

(60) V. p. ex. Vaios KOUTROULIS, «L'affaire des *Activités armées sur le territoire du Congo (RDC/Ouganda)*: une lecture restrictive du droit de l'occupation», *RBDI*, 2007, p. 703-741.

Pour schématiser, on peut considérer que la formulation de l'hypothèse de travail résulte de la mise en œuvre des trois étapes intellectuelles suivantes.

1° On se demandera d'abord, face à un objet d'étude déterminé, quel est le problème que l'on souhaite traiter. Il s'agit ici d'exposer la problématique, c'est-à-dire, selon les termes des dictionnaires usuels, «l'ensemble de questions qu'une science ou une philosophie se pose relativement à un domaine particulier»[(61)]. Si, par exemple, on souhaite traiter de l'administration internationale du Kosovo depuis juin 1999, on tentera de sérier les problèmes juridiques que pose cette administration, en se demandant si sa création a été réalisée conformément aux dispositions de la Charte de l'ONU (compétences du Conseil de sécurité), si cette administration ne pose pas dans son principe de problème par rapport à des règles de droit international général (comme l'interdiction de reconnaître des effets juridiques à une violation grave d'une norme impérative de droit international), ou encore si, sur le terrain, l'administration s'est réalisée conformément aux résolutions pertinentes du Conseil de sécurité[(62)]. A défaut de passer par cette phase de «problématisation», l'étude sera soit complètement descriptive (aucun problème juridique n'est alors traité) soit difficilement compréhensible (on traite de problèmes juridiques sans en avoir préalablement exposé la teneur).

2° Une fois la problématique exposée largement, on sélectionnera une ou plusieurs questions à laquelle ou auxquelles l'étude tentera de répondre. Pour reprendre l'exemple de l'administration internationale du Kosovo par l'ONU, on pourra se concentrer sur l'une des questions évoquées ci-dessus. Il est théoriquement possible de les reprendre toutes mais il sera difficile de traiter en profondeur de trop de questions à la fois. Il est donc *a priori* préférable de ne prendre qu'une, voire deux questions, quitte, au cours de la recherche, à en supprimer ou en ajouter une autre, ou encore en reformuler une nouvelle.

(61) *Le petit Larousse*, *op. cit.*, p. 784.

(62) V. Karine ARDAULT, Christina-Maria ARION, Dandi GNAMOU-PETAUTON, Marina YETONGNON, «L'administration internationale de territoire à l'epreuve du Kosovo et du Timor oriental: la pratique à la recherche d'une théorie», *RBDI*, 2006, p. 300-383; comp. Karsten STAHN, *The Law and Practice of International Territorial Administration: Versailles to Iraq and Beyond*, Cambridge, CUP, 2008, et Ralph WILDE, *International Territorial Administration: How trusteeship and the civilizing mission never went away*, Oxford, OUP, 2008.

3° Ces deux étapes franchies, il restera à formuler une hypothèse, c'est-à-dire à suggérer une réponse à la question posée. Sur la base des recherches préliminaires qui auront déjà été effectuées, l'auteur posera par exemple que la mise en place d'une administration internationale du Kosovo a été réalisée conformément à la Charte des Nations unies. Cette affirmation n'est pas gratuite ou arbitraire, dans la mesure où elle s'appuie déjà sur une recherche préalable. En même temps, il ne s'agit que d'une hypothèse qui, par définition, devra être soit confirmée soit réfutée à l'issue de l'étude. Il est donc parfaitement imaginable, dans l'exemple qui vient d'être mentionné, que la conclusion de l'étude soit que la Charte a été violée, l'hypothèse de travail ne s'étant pas vérifiée à l'issue d'une analyse scientifique détaillée. Lors de la phase de la construction du sujet, l'essentiel n'est pas de vérifier mais de poser clairement une hypothèse de départ, ce qui permettra à la fois de montrer très précisément quelle est l'originalité de l'étude, et de faciliter au maximum la lecture de l'étude, chacun sachant d'emblée quel est l'objectif que l'auteur s'est fixé.

Il est vrai que, en pratique, toutes les études de droit international sont loin de reprendre ces trois phases successives. Le fait d'identifier spécifiquement une ou plusieurs questions, et plus encore d'y donner d'emblée une réponse provisoire, apparaît plus comme le signe d'un style particulièrement incisif ou démonstratif que comme une exigence méthodologique incontournable. On rencontre ainsi en pratique de nombreux exemples d'études qui s'appuient simplement sur l'exposé d'une problématique, ou sur la formulation d'une ou plusieurs questions, sans qu'une hypothèse spécifique de travail soit définie, comme en témoigne l'exemple suivant.

Dans une étude consacrée à « La protection de l'environnement dans le système du GATT », Olivier Paye se propose d'

> « envisage[r] dans un premier temps les principes auxquels les mesures de protection de l'environnement devront se conformer pour être compatibles avec le système du GATT avant d'examiner si, en cas de non-conformité, ces mesures pourraient quand même être admises par le GATT au titre d'exceptions »[63].

[63] *RBDI*, 1992, p. 70, références omises.

L'auteur expose clairement les problèmes juridiques qu'il souhaite traiter. S'il ne formule pas d'hypothèse de travail en tant que telle, cela ne remet nullement en cause le caractère scientifique de son étude. Celle-ci s'appuie sur une problématisation, et ne s'annonce pas comme une simple description d'une institution ou de règles.

Cette absence de formulation d'une hypothèse spécifique se retrouve du reste plus largement dans toute une série d'ouvrages à vocation plus large, rédigés dans le style des «Manuels» ou des «Traités». Il va de soi qu'un ouvrage intitulé «Droit international public» n'est pas conçu autour d'une hypothèse serrée, pas plus qu'un autre consacré au droit international économique, au droit des conflits armés, au droit international de l'environnement, ... ou à une «méthodologie du droit international public»[(64)]. Dans chacun de ces cas, l'auteur regroupe sous une même étude le traitement d'une série de problèmes juridiques. Il s'agit d'œuvres scientifiques, dans la mesure où elles ne consistent pas simplement à décrire un thème mais aussi à produire une véritable analyse des différents aspects qui le composent[(65)].

D'autres études se caractérisent pas un style différent, mettant d'emblée l'accent sur des questions très précises.

Dans un article consacré au «statut des personnes détenues par les Etats-Unis à la suite du conflit afghan (2001-2002)», Eric David avance d'emblée que:

> «cette situation soulève les questions suivantes:
> – Quel est le statut des combattants capturés à la suite de la guerre menée contre les talibans?
> – Ce statut est-il menacé du fait que les talibans ne sont pas reconnus par la communauté internationale?

(64) V. p. ex. Eric DAVID, *Principes de droit des conflits armés*, 4e éd., Bruxelles, Bruylant, 2008; Hervé ASCENSIO, Emmanuel DECAUX et Alain PELLET (dir.), *Droit international pénal*, Paris, Pedone, 2000; Dominique CARREAU et Patrick JUILLARD, *Droit international économique*, 3e éd., Paris, Dalloz, 2007; Jean-Maurice ARBOUR et Sophie LAVALLÉE, *Droit international de l'environnement*, Montréal, Yvon Blais, 2006; Marianne DONY, *Droit de l'Union européenne*, Bruxelles, Editions de l'Université de Bruxelles, 2008.

(65) V. p. ex. Alain PELLET, Patrick DAILLIER, NGUYEN QUOC DINH, *Droit international public*, 7e éd., *op. cit.*; Pierre-Marie DUPUY, *Droit international public*, 9e éd., *op. cit.*; Emmanuel DECAUX, *Droit international public*, 6e éd., Paris, Dalloz, 2008; Jean COMBACAU et Serge SUR, *Droit international public*, 8e éd., Paris, Montchrestien, 2008; Denis ALLAND (dir.), *Droit international public*, Paris, PUF, 2000.

- Ce statut varie-t-il en fonction de la nationalité des talibans capturés et de leur appartenance, ou non, au mouvement *Al Qaida*?
- Les combattants capturés pouvaient-ils être transférés sur la base de Gantanamo et être poursuivis devant des commissions militaires?»(66).

Dans une étude consacrée à «la proclamation de l'Etat palestinien», Jean Salmon clôture sa présentation du problème en annonçant qu'il va:

> «(...) examiner cependant le cas palestinien au regard des critères classiques: territoire, population, gouvernement, souveraineté [pour examiner] ensuite si l'ineffectivité de l'Etat palestinien – due à l'occupation israélienne – est de nature à faire obstacle à la reconnaissance de cet Etat»(67).

La question posée l'est parfois dans le titre même de l'étude, à l'instar de l'article déjà cité de Jean Combacau(68). Dans chacun des cas qui viennent d'être évoqués, l'auteur apportera ensuite une réponse à chacune des questions qu'il a posées. Le propos est particulièrement clair et pointu, même s'il n'est pas précédé par la formulation explicite d'une hypothèse de travail.

Dans d'autres cas encore, l'étude scientifique se présente comme la démonstration d'une thèse déterminée, comme le montrent les exemples suivants.

Dans un article intitulé «La protection diplomatique des doubles nationaux: reconsidération des fondements de la règle de non-responsabilité», Pierre Klein annonce qu'il

> «tenter[a] de démontrer ici que cette théorie des liens effectifs et dominants constitue en fait le droit applicable aux situations de protection diplomatique des doubles nationaux, à l'exclusion de la règle de la non-responsabilité»(69).

Dans son étude intitulée «Attaques du 11 septembre et exercice d'un droit naturel de légitime défense», Pierre-Michel Eisemann énonce à l'issue de son introduction que:

(66) L'article est publié dans K. Bannelier *et al.* (dir.), *Le droit international face au terrorisme*, *op. cit.*, p. 322.
(67) *AFDI*, 1988, p. 39.
(68) «Le droit international: bric-à-brac ou système?», *loc. cit.*
(69) *RBDI*, 1988, p. 185.

> «à supposer que l'on ne se trouvât pas dans un cas couvert par une lecture traditionnelle de la Charte, on peut avancer que le droit «naturel» de légitime défense aurait néanmoins permis aux Etats-Unis de tenter de se préserver par la force des attaques terroristes»(70).

Dans le même ouvrage, François Dubuisson présente sa contribution consacrée à une analyse des positions officielles des Etats au sujet des «mesures visant à éliminer le terrorisme international» de la manière suivante:

> «dans les lignes qui suivent, il sera montré que ces mesures n'ont en réalité rien de très novateur et qu'elles ne constituent en substance qu'un rappel des implications que les Etats avaient tirées en matière de lutte contre le terrorisme de l'obligation générale de vigilance (...)»(71).

On comprend à travers ces quelques exemples comment une hypothèse spécifique peut être posée dès l'introduction de l'étude scientifique. On a aussi relevé que d'autres manières de procéder, qui consistent à exposer une problématique plus large ou à poser des questions sans y apporter de réponse provisoire, sont elles aussi concevables. Le choix entre ces différentes manières de construire son sujet est libre, même si certains exercices peuvent se révéler plus ou moins imposés en fonction de l'objet de recherche ou de la démarche générale choisis: un manuel ou une thèse de doctorat ne sont pas construits de la même manière. L'essentiel est, dans tous les cas, d'éviter la description au profit d'un raisonnement personnel qui, puisqu'il s'appuie sur l'exposé d'un problème, prendra en compte les différences réponses et arguments possibles pour apporter une solution originale.

4. *La délimitation d'un matériau de recherche*

Une fois l'objet strictement défini, les outils théoriques soigneusement sélectionnés et la problématique ou l'hypothèse de travail formulée, la recherche proprement dite pourra se

(70) L'article est publié dans *Le droit international face au terrorisme*, *op. cit.*, p. 241-242.

(71) «Vers un renforcement des obligations de diligence en matière de lutte contre le terrorisme?» *in ibid.*, p. 142.

développer de manière plus pointue. Si, à l'origine, les premières recherches s'avèrent quelque peu désordonnées, c'est parce qu'elles doivent elles-mêmes permettre de franchir les trois premières étapes exposées ci-avant. Une fois ce seuil franchi, le chercheur doit savoir exactement ce qu'il cherche, et comment il doit chercher. La question se pose alors de déterminer les sources qui s'avéreront pertinentes pour réaliser son étude. Il s'agit alors de se fixer un objectif, consistant à délimiter un ensemble de sources qui devront être systématiquement dépouillées aux fins de la réalisation du travail. Les sources peuvent se limiter à des instruments juridiques classiques comme des traités ou de la jurisprudence mais, lorsque l'étude comprend un volet empirique, elle peut aussi impliquer la récolte de documents moins classiques. C'est dans ce contexte que l'on peut évoquer la délimitation d'un matériau de recherche.

Dans son article consacré aux «problèmes soulevés par la référence à la «communauté internationale» comme facteur de légitimité», Pierre Klein apporte ainsi les précisions suivantes:

> «Afin de tenter de mieux cerner le contenu du concept de «communauté internationale» auxquels se sont abondamment référés les principaux intervenants dans le conflit du Kosovo, nous avons procédé à un examen aussi systématique que possible de leurs prises de position officielles et discours justificatifs. Le matériau retenu à cet effet consiste pour l'essentiel dans les déclarations faites par les organes, représentants ou les porte-parole de ces intervenants à destination des opinions publiques nationales ou «internationale» durant la période qui va du début de l'année 1998 (qui marque le commencement des affrontements armés au Kosovo) à la moitié de l'année 1999 (arrêt des opérations militaires contre la République fédérative de Yougoslavie)»[(72)].

Une autre illustration peut être trouvée dans la manière dont est présentée la chronique de la pratique belge en matière de droit international, qui constitue une étude plus informative que strictement scientifique, mais qui a l'avantage de s'appuyer sur un matériau défini avec rigueur:

> «Comme les précédentes, cette chronique est élaborée principalement sur la base du dépouillement du *Moniteur belge (M.B.)*,

(72) L'étude est publiée dans O. CORTEN et B. DELCOURT (dir.), *Droit, légitimation et politique extérieure. L'Europe et la guerre du Kosovo*, *op. cit.*, p. 265.

des *Annales parlementaires* du Sénat *(A.P.)* et de la Chambre des représentants (C.R.I.V.), du *Compte rendu analytique (C.R.A.)*, des comptes rendus de commissions, intégraux (*C.R.I.* 50 COM) et analytiques (*C.R.A.* 50 COM), des *Documents parlementaires (D.P.)* ainsi que du *Bulletin des Questions et Réponses* de la Chambre des Représentants (*Q.R.V.A.*) et du Sénat (*Bull.Q.R.*). Sont également utilisés les documents des Conseils de communauté et de région, en ce compris le *Compte rendu intégral* de leurs débats (C.R.I.), les communiqués et diverses publications du ministère belge des Affaires étrangères, notamment la *Revue de presse* et la presse belge. La présente chronique couvre les sessions ordinaires de la 50e législature d'octobre 1999 à septembre 2003»(73).

Le matériau peut aussi être défini plus généralement, comme peut l'illustrer l'extrait suivant:

«Pour les besoins de cette étude, le matériau utilisé sera constitué d'un choix d'accords tirés de la pratique belge, ce qui, à l'évidence, ne fait nullement obstacle à ce que l'on se réfère également à des pratiques étrangères ainsi qu'à de la jurisprudence internationale»(74).

Cette dernière délimitation mériterait peut-être d'être précisée, mais elle indique assez clairement sur quelle base matérielle le raisonnement de l'auteur sera construit.

Plusieurs méthodes peuvent être suivies dans la délimitation même du matériau. Dans une perspective nominaliste, par exemple, on peut s'attacher à déceler tous les précédents dans lesquels une expression a été utilisée. Dans une autre perspective, de type essentialiste, on sélectionnera les précédents en fonction d'un concept que l'on a défini *a priori* et que l'on prétendra retrouver, que ce soit de manière explicite ou implicite(75).

(73) Eric DAVID (dir.), «La pratique du pouvoir exécutif et le contrôle des chambres législatives en matière de droit international (1999-2003)», *RBDI*, 2005, p. 6.

(74) Philippe GAUTIER, *Essais sur la définition des traités entre Etats. La pratique de la Belgique aux confins du droit des traités*, Bruxelles, Bruylant, 1993, p. 6.

(75) V. la distinction entre «définition nominale» et «définition réelle» dans Madeleine GRAWITZ, *Méthodes des sciences sociales*, 9e éd., *op. cit.*, p. 18-19.

Méthodes nominaliste ou essentialiste de délimitation du matériau. Le « raisonnable » dans les instruments de protection de droits de la personne

D'un point de vue nominaliste, le matériau sera sélectionné en relevant, parmi une liste d'instruments de protection des droits de la personne prédéterminée, ceux qui reprennent le terme de « raisonnable »(76). Si on opte plutôt pour un point de vue essentialiste, le concept sera préalablement et provisoirement défini, et on reprendra ensuite les instruments dans lesquels ce concept apparaît, même si le terme même n'est pas utilisé(77).

Comme le terme même le laisse entendre, et comme le montre l'ensemble des exemples reproduits ci-dessus, le matériau renvoie à première vue à un volet empirique d'une étude. Rien n'empêche pourtant, si l'objet de l'étude s'y prête, de concevoir le matériau comme un ensemble de sources d'ordre plus théorique. On peut ainsi étudier la doctrine d'un auteur, auquel cas il est indiqué de préciser exactement les œuvres sur lesquelles se fondera l'analyse scientifique. Ainsi,

- dans une note intitulée « René-Jean Dupuy et le nouveau droit de la mer », Daniel Vignes précise soigneusement sur quelles œuvres du professeur Dupuy il s'est appuyé(78) ;
- dans son ouvrage intitulé *Les cours généraux de droit international public de l'Académie de La Haye*, Robert Kolb précise qu'il a notamment repris à cet effet l'ensemble des cours généraux dispensés à l'Académie de La Haye entre 1929 et 1999(79).

Si le matériau ne se résume pas nécessairement à un volet strictement empirique, il ne vise en revanche que ce qui constitue l'*objet* de la recherche. Quant aux sources qui seront utilisées comme éléments de la *grille d'analyse* de cet objet, elles ne peuvent au sens strict, être assimilées à un matériau. Cette notion ne renvoie donc pas à la bibliographie d'une étude, qui regroupera l'ensemble des sources utilisées pour réaliser le travail. Si,

(76) V. une approche similaire reprise dans notre ouvrage, *L'utilisation du « raisonnable » par le juge international. Discours juridique, raison et contradictions*, *op. cit.*, p. 8.

(77) Une méthode essentialiste qui semble retenue par Robert Kolb lorsqu'il étudie la bonne foi ; *Le concept de bonne foi en droit international public*, précité.

(78) V. le texte complet *in Hommage à René-Jean Dupuy. Ouvertures en droit international*, *op. cit.*, p. 83-84.

(79) *Op. cit.*, p. 5.

pour étudier la doctrine de Hans Kelsen, on utilise une étude de Michel Virally, celle-ci permet d'affiner l'analyse, mais n'en constitue pas l'objet; elle ne fait donc pas partie du matériau, au sens strict que l'on peut donner à ce terme. La nécessité de maintenir ce sens strict s'explique parfaitement, si l'on veut bien se souvenir que la délimitation du matériau se fait *a priori*; une fois cette délimitation opérée, le chercheur devra tenter de brasser l'ensemble de ce matériau, avec une vocation à l'exhaustivité. L'utilisation incidente de sources comme éléments de la grille d'analyse du matériau renvoie à une démarche différente. Cette fois, il s'agit simplement d'utiliser toutes les lectures utiles que l'on a pu opérer pour conduire l'ensemble de l'analyse sans que, par définition, ces lectures puissent être délimitées *a priori*.

La délimitation du matériau est essentielle, parce qu'elle permet d'identifier très précisément l'objet de l'étude, et en même temps d'évaluer la portée de ses conclusions. En l'absence de précision sur ce point, une étude consacrée au «terrorisme dans la jurisprudence internationale» ou au «droit d'intervention humanitaire dans la pratique internationale» ne signifie rien, puisqu'on ignorera de quelle jurisprudence ou de quelle pratique il s'agit. Des précisions sont donc indispensables concernant le type de juridictions ou d'Etats, ou encore la période concernée.

Finalement, on aura compris que la délimitation du matériau est logiquement liée à la définition de l'objet de la recherche. Si on se propose d'étudier la bonne foi dans la jurisprudence de la Cour européenne des droits de l'homme par exemple, le matériau sur la base duquel seront évaluées les conclusions de l'étude sera constitué par la jurisprudence qui reprend la notion.

Cette dernière remarque confirme que, même si on a tenté d'identifier quatre étapes successives à des fins didactiques, la phase de construction du sujet doit être conçue comme une opération d'ensemble au sein de laquelle ces diverses phases interagissent. Il faut à cet égard rappeler que, si elle est théoriquement préliminaire, la construction ne peut en pratique être correctement effectuée que si elle s'appuie déjà sur une certaine recherche. La construction du sujet est certainement l'une des phases les plus délicates d'un travail scientifique. Comme on l'a vu, c'est lors de cette phase que l'originalité de l'étude sera dégagée, ce qui est loin de constituer une tâche aisée. A défaut d'avoir suffisamment réfléchi sur cette question, l'auteur risquera de s'engager dans une recherche de manière désordonnée, ou de se limiter à une analyse descriptive manquant de souffle et de profondeur. En revanche, si la construction du sujet a été solidement édifiée, le traitement de celui-ci sera grandement facilité. Car le chercheur connaîtra exactement son objectif, et c'est en le gardant constamment à l'esprit qu'il poursuivra son traitement du sujet.

Section 2

Le traitement du sujet de l'étude

Une fois le sujet construit conformément aux directives qui viennent d'être exposées, il restera à traiter de ce sujet de manière aussi scientifique que possible. Cette phase de traitement du sujet donne lieu à des questions spécifiques liées aux sources du droit international ou encore à l'interprétation de ces sources, questions qui seront traitées ultérieurement[80]. A ce stade, on insistera sur deux grands principes d'ordre général qui doivent être constamment gardés à l'esprit lors de la réalisation de l'étude : il s'agit, d'une part, du principe de neutralité axiologique (A) et, d'autre part, de la nécessité d'appuyer son raisonnement par des références (B).

A. Le principe de la « neutralité axiologique »

Au sens littéral, l'expression de « neutralité axiologique » implique de ne pas prendre parti sur le plan des valeurs et, par conséquent, de se limiter à la formulation de jugements de fait[81]. Le principe est inséparable d'une épistémologie positiviste, selon laquelle le scientifique a pour mission d'observer, de comprendre, de décrire et d'expliquer la réalité, et non de l'évaluer par rapport à ses convictions personnelles, politiques ou morales[82]. Pour utiliser une métaphore inspirée des sciences exactes, la blouse blanche du scientifique symbolise la distance qu'il doit maintenir entre lui-même et son objet d'étude. Faire de la science du droit, qu'il s'agisse ou non de technique juri-

(80) *Infra*, chapitres III et IV.

(81) Le qualificatif d'« axiologique » est défini par les dictionnaires usuels comme « relatif aux valeurs » (*Le petit Robert 1*, *op. cit.*, p. 147).

(82) V. p. ex. Max Weber, « Essai sur le sens de la « neutralité axiologique » dans les sciences économiques et économiques » *in Essais sur la théorie de la science*, Paris, Plon, Agora, 1992, p. 365-433.

dique, c'est donc observer et décrire la réalité juridique de manière neutre et impartiale(83). L'intérêt, voire la passion, que l'on peut porter à son sujet d'étude, ne doit pas déteindre sur le traitement de ce sujet, lequel doit rester aussi rationnel, froid et objectif que possible(84).

Le principe paraîtra simple, voire évident aux yeux de certains. Il faut cependant relever qu'il est pourtant très loin d'être systématiquement respecté dans la pratique. S'il est relativement rare qu'un jugement de valeur soit formulé ou revendiqué comme un argument dans le cadre d'une étude, certaines expressions axiologiquement marquées émaillent la littérature en droit international. Ainsi, affirmer que tel Etat a «malheureusement» violé telle règle, ou qu'il serait «regrettable» que telle règle n'ait pas évolué, peut difficilement être admis sur le plan scientifique. La neutralité axiologique supposerait en effet que le juriste *constate* ou *démontre* la violation – ou le respect – d'une règle juridique, ou encore *expose* l'interprétation juridiquement correcte. Si rien ne lui interdit de se réjouir – ou de se lamenter – du résultat de son travail, ces sentiments personnels ne sont pas supposés être exprimés dans le cadre de l'étude. L'expression de ses propres sentiments – par exemple en regrettant que le droit ait été violé – ne peut en effet faire l'objet d'une évaluation ou d'une réfutation scientifique. Elle peut susciter l'adhésion (voire la communion autour de valeurs partagées, comme celle du respect du droit) ou la réprobation (auprès de ceux qui ne partagent pas les valeurs exprimées), pas la discussion ou le raisonnement.

Dans son cours général à l'Académie de La Haye, Mohammed Bedjaoui se prononce sur l'institution de la «responsabilité de protéger» sans, manifestement, se sentir contraint de respecter le principe de neutralité axiologique: «Il est heureux que, dans certaines situations extrêmes, la communauté internationale ait le devoir d'intervenir pour sauver des vies humaines. Mais notre monde recru de violence n'endure pas que le génocide et le crime contre l'humanité. On devrait ajouter les terribles pandémies qui peuvent menacer la disparition des peuples entiers, ou encore l'extrême pauvreté d'une population dont la dignité risque d'être est anéantie. Le principe rénové de la «responsabilité de protéger» appelle donc un «plus» et un «moins» dans une application faite de discernement et d'humanité. Un «plus» pour une mobilisation accrue et efficiente de la communauté internationale pour sauver

(83) Noberto Bobbio, «Sur le positivisme juridique» *in Essais de théorie du droit*, Bruxelles, Bruylant, Paris, LGDJ, 1998, p. 25-26.

(84) Michel Troper, «Positivisme» *in Dictionnaire encyclopédique de théorie et de sociologie du droit*, *op. cit.*, p. 307, par. 1.

la vie et la dignité de l'homme, même dans les cas de sévères pandémies ou d'extrême dénuement. Un «moins» pour éviter des ingérences de la communauté internationale dont l'intervention doit toujours être irréprochable au regard de la légalité internationale, ce qui implique une intelligente conciliation du principe de responsabilité de protéger avec d'autres principes fondamentaux consacrés par la Charte des Nations unies, notamment le respect de la souveraineté de l'Etat et la non-ingérence dans ses affaires intérieures»[85].

Dans une étude consacrée à la «responsabilité de protéger», deux auteurs constatent que cette notion ne contient en réalité aucune innovation véritable par rapport au droit international existant, pour ajouter qu'«[i]l y a en revanche une confirmation solennelle, *fort bienvenue d'ailleurs*, de ce qu'on pourrait qualifier la «collectivisation» de la responsabilité de protéger tous les êtres humains contre les violations les plus graves des droits de l'homme»[86]. Ici aussi, l'expression soulignée ne peut, si on y adhère, que susciter une sorte de communion avec les lecteurs.

Une étude consacrée à l'autorisation de recourir à la force à des fins humanitaires rappelle que la résolution 688 (1991) du Conseil de sécurité ne contenait pas une telle autorisation, avant d'ajouter que: «[l]es médias ont *malheureusement* repris cette thèse, qui relève de la dénaturation pure et simple des termes de la résolution»[87]. En ce qu'ils expriment une évaluation ou un jugement de valeur propres à leurs auteurs, les termes utilisés n'obéissent guère aux prescrits du principe de la neutralité juridique. On constate immédiatement que de telles affirmations péremptoires ne se prêtent pas à une discussion de type scientifique.

Si l'on souhaite respecter rigoureusement le principe de neutralité axiologique, il convient donc de prêter tout particulièrement attention aux termes utilisés, en veillant à éviter autant que possible l'expression d'indignations, d'émerveillements, de sentiments, de passions, ... En toute rigueur, évoquer la «belle étude» de tel ou tel auteur en note de bas de page devrait ainsi être évité, d'autres expressions plus neutres – comme «remarquable étude», par exemple, si toutefois on tient réelle-

(85) Mohammed Bedjaoui, «L'humanité en quête de paix et de développement. Cours général de droit international public (2004)», *RCADI*, 2006, tome 324, p. 492 (certains passages sont en italiques dans le texte original).

(86) Nous soulignons; Laurence Boisson de Chazournes et Luigi Condorelli, «De la «responsabilité de protéger», ou d'une nouvelle parure pour une notion déjà bien établie», *RGDIP*, 2006, p. 13.

(87) Nous soulignons; Olivier Corten et Pierre Klein, «L'autorisation de recourir à la force à des fins humanitaires: droit d'ingérence ou retour aux sources?», *EJIL*, 1993, p. 507, note 9.

ment à assortir le nom commun d'une qualification – pouvant avantageusement les remplacer.

S'il peut paraître à certains égards très formel, voire artificiel, il ne faut pas perdre de vue la fonction du principe de neutralité axiologique. Il s'agit en effet d'obliger le chercheur à maintenir constamment une distance entre lui-même et son objet d'études, et ce afin de ne pas biaiser le raisonnement scientifique par sa propre subjectivité. Un rappel qui nous mène à opérer deux mises en garde.

– En premier lieu, le traitement de certains sujets peut donner lieu à davantage de risques que d'autres. Etudier les notions de génocide ou de crimes contre l'humanité, par exemple, peut rendre plus difficile le maintien d'une distance entre le scientifique et son objet d'études. C'est sans doute ce qui explique que, dans certains écrits traitant de ces notions, on retrouve des évaluations ou des jugements qui, pour être politiquement corrects («l'horrible génocide», le «terrible crime», ...), n'en sont pas moins scientifiquement critiquables. *A contrario*, il paraît plus aisé de respecter son devoir de neutralité pour traiter d'objets en apparence plus techniques, dans les domaines du droit des traités ou du droit de la mer, par exemple.

A l'issue d'une étude consacrée à *L'imprescriptibilité des crimes de guerre et contre l'humanité*, un auteur conclut: «Prescrire, aujourd'hui, ce qui s'est passé hier, ce serait dans une certaine mesure accepter déjà ce qui se passe aujourd'hui même et peut encore se reproduire demain. Ce serait en quelque sorte, normaliser le génocide une fois pour toutes. Et ce serait, également, renoncer par avance à user d'un moyen d'empêcher que ces crimes se reproduisent (...). Il ne faut point laisser au Droit la latitude d'abdiquer. On ne peut permettre à la Justice de céder à une tentation qui ressemblerait, à s'y méprendre, à celle de la lassitude. Ce ne serait pas seulement désespérer de l'Histoire; ce serait désespérer de l'Homme lui-même. Et puisse cela ne pas nous être permis»[88]. De tels jugements de valeur, que la plupart des lecteurs partageront sans doute par ailleurs, sont difficilement compatibles avec le respect du principe de neutralité axiologique. Il est vrai que, comme on le précisera ultérieurement[89], la rédaction de la conclusion peut permettre de prendre une certaine liberté à cet égard.

(88) Pierre MERTENS, Bruxelles, Editions de l'Université de Bruxelles, 1974, p. 226-227.

(89) *Infra*, chapitre V.

– Une deuxième difficulté peut tenir non aux spécificités de l'objet, mais à la personnalité de l'auteur de l'étude[(90)]. Le parcours personnel ou professionnel d'un auteur doit, dans certains cas, l'inciter à la plus extrême prudence[(91)]. Ainsi, un proche d'une victime du génocide rwandais aura sans doute plus de difficulté qu'un autre à traiter d'un tel thème en observant la distance nécessaire, de la même manière qu'un Israélien comme un Palestinien auront des difficultés similaires pour étudier un aspect du conflit au Moyen-Orient, ou qu'un Grec ou un Turc pour aborder la question de Chypre, ... Par ailleurs, on constate que les spécialistes du droit européen ont souvent tendance à qualifier ce dernier d'ordre juridique autonome, alors que les spécialistes du droit international préfèrent souvent concevoir le droit européen comme un corps de règles spécifique soumis à l'ordre juridique international[(92)]. Un constat qui peut légitimement faire douter du respect absolu du principe de neutralité axiologique.

Dans un texte au titre évocateur[(93)], Pierre Pescatore affirme qu«[à] la différence des rapports internationaux traditionnels qui, en dépit de la prolifération des instruments juridiques sous forme, surtout de traités, restent politisés jusque dans leurs dernières ramifications, les Communautés européennes sont profondément imprégnées de droit, avec tout ce que cet ordre juridique implique d'objectivité, de justice, d'obligations assumées et, au besoin, de contraintes acceptées (...)». On pourrait certainement critiquer cette présentation idyllique de l'ordre juridique européen, opérée par un spécialiste de cette discipline dans le cadre d'un Congrès organisé par la «Fédération internationale pour le droit européen», au regard du principe de neutralité axiologique.

(90) Madeleine GRAWITZ, *Méthodes des sciences sociales*, 9e éd., *op. cit.*, p. 287; Jean SALMON et Eric DAVID, *Méthodologie de la recherche en droit international public*, 3e éd., *op. cit.*, p. 6.

(91) V. p. ex. cette étude d'une ancien conseiller juridique du ministre des Affaires étrangères de la Yougoslavie, Miodrag MITIC, «NATO Aggression Against Yugoslavia – The Negation of International Law», *Yugoslav Review of International Law*, 1999, p. 80-92.

(92) V. p. ex. A. PELLET, «Les fondements juridiques internationaux du droit communautaire», *Collected Courses of the Academy of European Law*, vol. V, 1997, p. 193-271.

(93) «Rôle et chance du droit et des juges dans la construction européenne» *in La jurisprudence européenne après vingt ans d'expérience communautaire*, VIe Congrès de droit européen du 24 au 26 mai 1973 à Luxembourg, Köln/Berlin/Bonn/München, 1974, p. 9.

Tout cela n'implique cependant pas qu'il existe des incompatibilités absolues entre certains objets d'études et certains auteurs. Il est théoriquement possible d'étudier rigoureusement un génocide, même si on en a été une victime, tout comme il est envisageable pour un Palestinien de commenter l'avis sur le *Mur* rendu par la Cour internationale de Justice, ou pour un spécialiste de droit européen de se prononcer sur les spécificités de ce droit au regard du droit international général. Simplement, le choix de ce type de sujets par ce type d'auteurs doit inciter à la plus grande prudence sur le plan méthodologique.

Une précision importante doit être apportée à ce stade. Le respect du principe de neutralité axiologique n'implique *pas* que l'auteur doive s'abstenir de donner son avis ou de développer un raisonnement propre, en se contentant d'une simple description dépourvue de tout caractère original. On a insisté plus haut sur la nécessité, au stade de la construction du sujet, de poser une hypothèse de travail qui allait être vérifiée tout au long de l'étude(94). La vérification de cette hypothèse amènera l'auteur à raisonner et à argumenter pour tenter de convaincre le lecteur de la validité des résultats de la recherche. En ce sens, une étude scientifique non seulement peut mais – si du moins on estime qu'un travail doit faire avancer l'état de la recherche sur le sujet – doit revêtir une dimension originale, et donc personnelle. Le caractère personnel du raisonnement ne doit cependant pas être perçu comme incompatible avec le principe de neutralité axiologique. Il est parfaitement possible de démontrer rationnellement, à l'aide d'arguments logiques et fondés sur des faits, que la thèse que l'on défend est conforme au droit international positif. En d'autres termes, l'expression d'un point de vue personnel ne doit pas être confondue avec la formulation d'un ou de jugements de valeurs. C'est en montrant que son argumentation s'appuie sur des sources reconnues, ou découle logiquement de leur interprétation, que l'on peut mener une étude à la fois orientée scientifiquement et neutre axiologiquement.

Le principe de neutralité axiologique a, à l'instar du positivisme comme théorie de la science en général, fait l'objet de nombreuses critiques ces dernières décennies(95). Dans une pers-

(94) *Supra*, section 1.

(95) Madeleine Grawitz, *Méthodes des sciences sociales*, 9e éd., *op. cit.*, p. 284-287.

pective épistémologique relativiste, on a insisté sur l'impossibilité de rester neutre au sens fort du terme[96]. Qu'il s'agisse des sciences de la nature ou plus encore des sciences de l'Homme, aucun observateur ne peut en effet se prétendre totalement extérieur à son objet d'études[97]. L'observation d'un phénomène – naturel, social, juridique – comprend toujours une part d'interprétation et donc d'évaluation personnelle[98]. Il se peut donc fort bien que deux juristes, qui souhaitent tous deux respecter le principe de neutralité axiologique, interprètent le droit existant de manière très différente, voire contradictoire[99]. De par ses origines, sa formation, sa culture, son parcours personnel, chaque interprète ne peut prétendre percevoir, interpréter et exposer une réalité qu'à travers un prisme qui lui est propre[100]. En ce sens, la neutralité apparaîtrait comme un fantasme, voire comme une mystification[101].

Si cette critique d'inspiration «postmoderne» a pour indéniable avantage d'exclure une conception naïve de l'approche scientifique, il semble difficile de poursuivre cette logique jusqu'au bout. Car, si l'on pousse le raisonnement, il n'y aurait plus de vérités scientifiques possibles, mais seulement des représentations particulières, voire des récits s'apparentant davantage à de la littérature qu'à un produit de la rationalité[102]. Une telle conclusion est parfaitement respectable, mais l'on peut aussi postuler que la neutralité axiologique, si elle reste impuissante en pratique à refléter la réalité, constitue un objectif que le chercheur peut s'atteler à poursuivre, ... tout en sachant que cet objectif ne sera jamais entièrement atteint. Ainsi, on peut très bien assumer être influencé par sa formation, sa culture, des

(96) Raymond BOUDON et François BOURRICAUD, *Dictionnaire critique de la sociologie*, 4e éd., Paris, PUF, 1994, v° objectivité, p. 425-431.

(97) Madeleine GRAWITZ, *Méthodes des sciences sociales*, 9e éd., *op. cit.*, p. 285 et s.

(98) V. p. ex. Renato TREVES, *Sociologie du droit*, Paris, PUF, 1995, p. 264.

(99) V. aussi Jacques LENOBLE et François OST, *Droit, mythe et raison. Essai sur la dérive mytho-logique de la rationalité juridique*, Bruxelles, FUSL, 1980, p. 305 et s.

(100) Anne LAGNEAU-DEVILLÉ, «Questions sociologiques à propos de l'interprétation en droit» *in* Michel VAN DE KERCHOVE (dir.), *L'interprétation en droit. Approche multidisciplinaire*, Bruxelles, FUSL, 1978, p. 528.

(101) V. aussi Paul AMSELEK (dir.), *Théorie du droit et science*, Paris, PUF, 1994, 328 p.

(102) V. p. ex. Jean-Marc FERRY, «Les limites du contractualisme» *in* Maurice WEYEMBERGH et Gilbert HOTTOIS (dir.), *Richard Rorty. Ambiguïtés et limites du postmodernisme*, Paris, Vrin, 1994, p. 105-106.

conceptions personnelles, tout en tentant d'en faire abstraction lors de la réalisation de son travail scientifique. Plus, même, on peut aussi choisir sciemment de privilégier telle position juridique parce que cette position correspond davantage à nos aspirations, pourvu que ce choix axiologique ne soit pas mobilisé ensuite dans le cadre de l'argumentation scientifique. En d'autres termes, vouloir privilégier une position juridique parce qu'on l'estime préférable en raison d'un jugement de valeurs n'est pas critiquable, pourvu que ce jugement ne constitue pas en tant que tel un argument scientifique. Ainsi, on peut parfaitement défendre la thèse de l'illicéité d'une intervention militaire parce qu'on estime cette intervention profondément choquante et injustifiée sur le plan moral, mais défendre cette thèse en n'exprimant que des arguments qui s'appuient sur le droit positif existant. La neutralité axiologique ne vise ainsi que le raisonnement exprimé, non les arrière-pensées ou plus généralement les impressions que le chercheur peut légitimement ressentir.

On notera d'ailleurs que certains auteurs, dans un souci d'honnêteté intellectuelle, commencent leur étude en annonçant leur point de vue de départ, avant de développer ensuite un raisonnement rationnel dans le corps du texte. Préciser d'où l'on parle apparaît alors comme un gage supplémentaire d'objectivité, puisqu'on concède d'emblée que l'on ne peut prétendre faire abstraction de ses aspirations subjectives[103]. Bien entendu, la neutralité axiologique devra ensuite être d'autant plus rigoureusement respectée que le lecteur sera averti de l'influence possible des jugements de valeurs, exprimés d'emblée en introduction, sur le corps du raisonnement qui suivra.

> En introduction d'une étude visant à démontrer l'illicéité de l'intervention militaire menée en 1999 contre la Yougoslavie, un auteur précise qu'il « ne cache pas qu'il se trouve parmi ceux qui appartiennent au groupe de juristes qui voient dans l'action de l'OTAN un comportement illicite qui sape les bases du système juridique international. Cela n'implique nullement une insensibilité quelconque face aux graves atteintes aux droits les plus élémentaires de la personne. Bien au contraire. Cela n'implique pas non plus de s'enfermer dans

[103] Jean SALMON et Eric DAVID, *Méthodologie de la recherche en droit international public*, 3e éd., *op. cit.*, p. 5.

un fétichisme du droit ou se cantonner dans un juridisme à outrance »[104]. Après avoir fait part de sa sensibilité, l'auteur développe ensuite un raisonnement juridique positiviste classique, sans émettre de jugement de valeurs[105].

Dans un article consacré à une étude de la licéité de l'intervention des Etats-Unis au Vietnam, Charles Chaumont estime qu'« il est impossible d'évoquer froidement la guerre du Vietnam : la conscience de l'homme civilisé de la deuxième moitié du XXe siècle, en dépit mais aussi à cause même des horreurs guerrières que ce siècle a connues, s'insurge d'instinct contre l'entreprise d'extermination militaire d'un peuple pauvre par une grande Puissance (...). L'impossibilité d'une totale impartialité (au sens de balance égale) ne signifie pas l'aveuglement ou la mauvaise foi : il y a une lucidité du cœur qui peut accompagner la science des relations internationales et le droit (...) »[106]. Il développe ensuite une étude en utilisant des arguments relevant essentiellement du droit international positif[107].

Quoi qu'il en soit, chaque auteur devra ainsi être parfaitement soucieux de traiter et de réfuter méthodiquement tous les arguments ou les éléments qui ne cadrent, *a priori*, pas avec la thèse qu'il défend[108]. A l'inverse, un auteur qui ne peut ou ne veut pas prendre en compte le point de vue opposé à sa thèse ne pourra prétendre respecter le principe de neutralité axiologique[109]. Une infraction plus évidente encore serait observée si on cachait sciemment une source qui ne cadre pas avec son propre raisonnement. La neutralité axiologique prescrit à chacun de respecter une sorte de principe de bonne foi et, en définitive, de ne mentir ni aux autres ni surtout à soi-même en cachant, en éludant ou en travestissant un aspect de la réalité. Ainsi, la découverte d'un élément incompatible avec son hypothèse de travail doit logiquement mener un auteur à nuancer, modifier voire tout simplement à réfuter une telle hypothèse.

(104) Marcelo KOHEN, « L'emploi de la force et la crise du Kosovo : vers un nouveau désordre juridique international », *RBDI*, 1999, p. 123.

(105) Pour un autre exemple, v. la précaution méthodologique exposée en ouverture de notre ouvrage, *Le droit contre la guerre. L'interdiction du recours à la force en droit international contemporain*, Paris, Pedone, 2008, p. 1.

(106) Charles CHAUMONT, « Analyse critique de l'intervention américaine au Vietnam », *RBDI*, 1968, p. 61.

(107) V. toutefois la dernière partie de l'étude, qui s'écarte de la méthode positiviste, *ibid.*, p. 80-93.

(108) François OST et Michel VAN DE KERCHOVE, *Jalons pour une théorie critique du droit*, *op. cit.*, p. 58.

(109) Jean SALMON et Eric DAVID, *Méthodologie de la recherche en droit international public*, 3e éd., *op. cit.*, p. 5.

Finalement, le respect du principe de neutralité axiologique doit mener le scientifique à établir et à maintenir une certaine distance avec son objet d'études, ce qui peut concrètement impliquer de :

- premièrement, prendre conscience de son inévitable subjectivité, plus ou moins marquée selon les cas, et le cas échéant de préciser d'emblée dans son texte à partir de quel point de vue on a abordé la question ;
- deuxièmement, tenter de faire abstraction de cette subjectivité en concevant la neutralité axiologique comme un objectif vers lequel on peut tendre ;
- troisièmement, développer un raisonnement rationnel, c'est-à-dire qui prête le flanc à la discussion et à la réfutation dans le milieu scientifique considéré et, à cette fin, s'abstenir d'argumenter en utilisant des formules assimilables à des jugements de valeur ;
- quatrièmement, chercher et prendre en compte toutes les objections susceptibles d'invalider la thèse que l'on défend, et dans ce contexte ne pas craindre de mentionner les sources ou les éléments *a priori* peu favorables, quitte à les interpréter dans son propre sens ou, si cela ne s'avère pas convaincant, à adapter voire à modifier radicalement sa thèse de départ.

Au-delà de ces directives, on signalera que plus un auteur est engagé, plus il a intérêt à respecter le plus rigoureusement possible le principe de neutralité axiologique. L'expérience montre que, bien souvent, un auteur qui défend une position de fond originale voire marginale sera critiqué en premier lieu sur sa méthodologie. En d'autres termes, plutôt que d'être attaqué pour des raisons de fond, on le sera pour des motifs formels. Dans ce contexte, il apparaît particulièrement impérieux de respecter un principe comme celui de la neutralité axiologique. De la même manière, chacun a également tout intérêt à respecter le principe de la formulation d'énoncés référencés, qui est lui aussi très largement commun à toutes les approches scientifiques du droit international.

B. La formulation d'énoncés référencés

A supposer que l'on respecte le principe de neutralité axiologique, donc, on développera un raisonnement de type rationnel, exposant non pas des sentiments ou des éléments passionnels, mais des arguments de type scientifique. Ces arguments peuvent eux-mêmes relever de deux ordres, que l'on peut désigner comme des arguments de raison ou des arguments d'autorité. Les premiers s'appuient essentiellement sur la logique intrinsèque d'un raisonnement, comme par exemple lorsqu'on utilise les principes d'interprétations codifiés aux articles 31 à 33 de la Convention de Vienne sur le droit des traités[110]. Les seconds, en revanche, consistent à s'appuyer directement sur une autorité pour appuyer une affirmation. En droit, et plus spécialement lorsqu'on se place dans une optique relevant de la technique juridique, ces arguments d'autorité sont particulièrement décisifs. Ainsi, lorsqu'on écrit que «il se dégage de la coutume internationale que...», «la doctrine estime que...» ou que «la jurisprudence constante établit que...», il est indispensable d'assortir l'affirmation de références attestant sa réalité[111]. Plus précisément, un travail scientifique s'appuiera autant que possible sur ce qu'on appellera des «sources directes» (1). La valeur de ce travail dépendra aussi de la quantité et de la variété des sources citées (2), ainsi que la précision avec laquelle la référence sera opérée (3).

1. Sources directes et sources indirectes

Lorsqu'on rappelle, dans un travail, que le droit international contemporain interdit le recours à la force dans les relations internationales, cela ne nécessite aucune démonstration ou raisonnement logique particuliers. En revanche, on veillera à assortir cette affirmation d'une référence, en privilégiant la citation d'une source directe. C'est donc l'article 2, par. 4 de la Charte des Nations unies qui sera cité, et non tel ou tel article de doctrine, ou encore des notes polycopiées d'un cours universitaire. Bien entendu, plus un énoncé scientifique sera précis, plus il nécessitera de s'appuyer sur une source précise et pertinente.

Dans un ouvrage de référence, Jürgen Habermas écrit: «[à] vrai dire, avec la résolution 688 d'avril 1991, elle [l'ONU] s'est engagée dans une voie nouvelle au cours de la guerre du Golfe, du moins dans les faits, si ce n'est en ce qui concerne la justification juridique de son intervention. A l'époque, les

(110) *Infra*, chapitre IV.

(111) Jean Salmon et Eric David, *Méthodologie de la recherche en droit international public*, 3e éd., *op. cit.*, p. 43.

Nationsunies invoquaient le droit d'intervention qui leur est accordé en vertu du chapitre VII de la Charte, en cas de «menaces contre la sécurité internatio nale»; en ce sens, elles ne sont pas, une fois de plus, intervenues dans les «affaires intérieures» d'un Etat souverain»[112]. Cette affirmation est assortie d'une référence à une étude de doctrine[113], et non à une disposition précise de la résolution 688 (1991) ou de la Charte des Nations unies, ce qui explique sans doute l'interprétation très particulière qui est faite de ces textes.

Mais qu'est-ce, exactement, qu'une source «directe»? En principe, il s'agit d'une source qui n'est pas «auxiliaire», pour reprendre le terme de l'article 38 du Statut de la Cour internationale de Justice qui désigne ainsi la doctrine et la jurisprudence. *A contrario*, une source directe peut renvoyer à un traité, à un acte exprimant le droit dérivé d'une organisation internationale, à un document exprimant l'*opinio juris* d'un Etat au sens du droit coutumier[114], à un autre par lequel on prétendrait établir l'engagement unilatéral d'un Etat, ou encore à des lois nationales dont on prétendrait déduire un principe général de droit. La logique qui préside à cette distinction est relativement simple: un article de doctrine ou une décision de jurisprudence ne constitue qu'une interprétation basée sur des sources directes; seules ces dernières restent les autorités de référence sur lesquelles doit s'appuyer, en dernière instance, le travail scientifique[115].

Bien entendu, ce qui vient d'être rappelé peut être modulé en fonction du sujet de l'étude. Si ce sujet consiste à critiquer l'œuvre de tel auteur ou la jurisprudence de tel tribunal, c'est cette œuvre ou cette jurisprudence qui constitueront alors les sources directes. De même, si l'on se place dans une perspective de philosophie du droit qui consiste à confronter l'état du droit positif à une théorie particulière de la justice, les écrits exprimant cette théorie seront eux aussi des sources «directes». Autre exemple encore, si un raisonnement juridique s'appuie sur des affirmations de fait, ces affirmations doivent reposer sur des

(112) *La paix perpétuelle. Le bicentenaire d'une idée kantienne*, Paris, Humanités, Ed. du Cerf, 1996, p. 62-63.
(113) *Ibid.*, p. 63, note 12.
(114) *Infra*, chapitre III.
(115) Jean SALMON et Eric DAVID, *Méthodologie de la recherche en droit international public*, 3e éd., *op. cit.*, p. 26.

sources aussi directes que possible et non sur des textes reprenant des témoignages de deuxième ou de troisième main[116].

John Rawls commence son ouvrage intitulé *Le droit des gens* en annonçant qu'il tentera d'esquisser «la façon dont le droit des gens peut être élaboré à partir d'idées libérales de la justice qui sont, bien que plus générales, similaires à celle que j'ai appelée la conception de la justice comme équité, et que j'ai présentée dans mon livre *Théorie de la justice*» (suit une note renvoyant aux références exactes de cet ouvrage)[117]. Une telle perspective supposera de se référer constamment à cet ouvrage, celui-ci constituant indéniablement une source directe.

Dans un ouvrage intitulé *L'exigence humanitaire. Le devoir d'ingérence*, on lit que le gouvernement yougoslave de Slobodan Milosevic s'est rendu «responsable de l'assassinat de centaines de civils, hommes, femmes, et enfants albanais du Kosovo», sans qu'une référence précise étaye l'affirmation[118]. Une méthodologie plus rigoureuse aurait requis la citation de sources aussi directes que possibles, comme des rapports d'organisations non gouvernementales ou intergouvernementales présentes au moment des faits.

Précisons encore que, lorsque l'on cite une source indirecte, il importe de la citer directement, et non par le biais d'une *autre* source indirecte qui y renverrait. Ainsi, si on souhaite citer le dernier arrêt de la Cour internationale de Justice, on renverra directement au passage pertinent de cet arrêt, et non à un article ou à un manuel de droit international qui y ferait référence. Il arrive ainsi fréquemment que, dans le cadre de la réalisation d'une recherche, on découvre une décision ou un traité qui est cité dans une étude doctrinale. La nécessité de se référer à la source directe obligera alors le chercheur à se procurer cette source, et à l'interpréter lui-même, quitte à citer aussi à son appui d'autres études à l'appui de son interprétation. Ce n'est que s'il ne peut accéder à cette source directe que le chercheur pourra se contenter de l'évoquer, en précisant qu'elle est citée dans telle ou telle autre source.

(116) V. *infra*, chapitre IV, la section 2 consacrée aux règles présidant à l'établissement des faits.

(117) V. Paris, Ed. Esprit, 1996, p. 39.

(118) Pierre Legros et Marianne Libert, Paris, Les Presses du Management, Paris, 2000, p. 117.

Dans la première édition d'un ouvrage consacré au « droit d'ingérence », est citée la célèbre affirmation de Vattel selon laquelle « toute puissance étrangère est en droit de soutenir un peuple opprimé qui lui demande son assistance », avec pour note de bas de page « Vattel, *Le code diplomatique de l'Europe*, vol. II, p. 279 »[119]. En réalité, l'ouvrage en question a manifestement été cité à partir d'une autre source, qui contenait un intitulé erroné de l'œuvre de Vattel. Cette erreur méthodologique, qui a consisté à citer une source directe à partir d'une source indirecte sans vérifier celle-ci par une consultation de celle-là, est rectifiée dans la deuxième édition du même ouvrage, dans laquelle la note est devenue : « Vattel, *Le droit des gens ou principes de la loi naturelle, appliqués à la conduite et aux affaires des Nations et des Souverains*, Washington, Carnegie, 1916, vol. I, livre II, chap. IV, § 56, p. 298 »[120]. Il s'agit cette fois d'une référence correcte, qui résulte d'une consultation directe de la source citée.

La raison d'être de ce principe méthodologique, en apparence très formaliste, est en réalité fondamentale. Il s'agit non seulement de permettre au lecteur d'accéder à la source citée, mais aussi d'obliger l'auteur à remonter directement à la source, et de vérifier ainsi si l'interprétation qui est en généralement proposée lui semble convaincante.

Le 11 janvier 1992, la Commission d'arbitrage a rendu un avis[121] par lequel elle estimait que les frontières des Etats issus du démantèlement de la Yougoslavie devaient être déterminées en application du principe de l'*uti possidetis juris* qui, comme la Cour internationale de Justice l'avait antérieurement affirmé, constitue un principe général, « logiquement lié au phénomène de l'accession à l'indépendance, où qu'il se manifeste »[122]. Plusieurs auteurs ont contesté ce point de vue[123] en prenant appui sur d'autres extraits de l'arrêt de la Cour précitée, dont il ressortait selon eux que l'*uti possidetis* était

(119) Olivier Corten et Pierre Klein, *Droit d'ingérence ou obligation de réaction?*, Bruxelles, Bruylant, 1992, p. 1 et note 2.

(120) *Ibid.*, 2e éd., 1996, p. 1, note 2.

(121) Texte complet dans *RGDIP*, 1992, p. 268-269.

(122) CIJ, affaire du *Différend frontalier (Burkina Faso/Mali)*, *Recueil 1986*, p. 565, par. 20.

(123) V. p. ex. Mattew C.R. Craven, « The E.C. Arbitration Commission on Yugoslavia », *BYBIL*, 1995, p. 380 et s. ; Théodore Christakis, *L'ONU, le chapitre VII et la crise yougoslave*, Paris, Montchrestien, 1986, p. 69-71 ; Helen Quane, « The UN and the Evolving Right to Self-Determination », *ICLQ*, 1998, p. 570.

spécifiquement lié au phénomène de la décolonisation(124). C'est donc bien en remontant à la source directe de la référence citée par la Commission que ces auteurs ont pu développer leur argumentation.

2. La quantité et la variété des sources

Bien souvent, le lecteur d'une étude se fera une première impression de la valeur scientifique d'un texte en consultant ses notes de bas de page. Une étude n'en contenant aucune sera ainsi d'emblée disqualifiée dans la mesure où cela indiquera que son auteur n'a consulté aucune source pour appuyer son raisonnement. A supposer même qu'il en ait consulté, mais qu'il n'ait, faute de temps, pas pu y renvoyer par la rédaction de références, sa négligence aura pour effet l'impossibilité d'évaluer scientifiquement son travail, dont on ne saura pas, fondamentalement sur quoi il repose. Un tel cas de figure est évidemment exceptionnel. En pratique, toutefois, il arrive que certaines études ne s'appuient que sur très peu de références. Cette pauvreté quantitative pourrait certes s'expliquer par la circonstance que le texte est essentiellement constitué d'un raisonnement original, propre à l'auteur, ce qui ne saurait bien entendu être critiqué sur le plan méthodologique. Bien souvent, cependant, le faible nombre de références traduit plutôt une recherche incomplète, fondée sur des sources rares ou peu nombreuses. Dans cette perspective, on s'attendra d'autant plus à un travail sérieux que celui-ci s'appuie expressément sur des références nombreuses. Si une grande quantité de références ne constitue pas une condition suffisante à la réalisation d'un travail scientifique, elle semble, sauf cas exceptionnel, constituer une condition nécessaire.

Théoriquement, chaque affirmation énoncée dans une étude scientifique peut être ramenée soit à un argument d'autorité, soit à un argument de raison. Dans le premier cas, il est indispensable de citer les sources appuyant l'affirmation péremptoire. Dans le second, on se trouve devant une nouvelle alternative : soit l'argument considéré a déjà été avancé dans une autre source (dans une étude de doctrine ou au sein d'une jurisprudence particulières, par exemple), et il convient de citer cette dernière ; soit

(124) V. p. ex. les propos de la Cour quelques lignes avant l'extrait cité par la Commission ; CIJ, affaire du *Différend frontalier (Burkina Faso/Mali)*, *Recueil 1986*, p. 564, par. 20.

l'argument est proprement original à l'auteur, auquel cas il est justifié de ne l'assortir d'aucune référence spécifique.

Le volet quantitatif doit évidemment être complété par un volet qualitatif. Si, parmi les références fournies, 75 % proviennent de la même source, l'originalité et la valeur du travail pourront très sérieusement être mises en cause. Comme on l'a déjà indiqué, le respect du principe de la neutralité axiologique implique de se pencher sur les arguments divers qui peuvent être invoqués en faveur mais aussi à l'encontre de la thèse que l'on défend. Un auteur doit donc pouvoir montrer qu'il a consulté et traité des points de vue et des sources variées, qu'il pourra bien entendu interpréter à sa guise. Ici aussi, la simple consultation des notes de bas de page doit permettre au lecteur de mesurer l'ampleur et la qualité de la recherche effectuée.

On l'a compris, cette exigence de quantité et de variété des sources n'est pas seulement formelle. Elle oblige aussi, sur le fond, à approfondir la recherche et la réflexion en multipliant les lectures, ce qui peut amener l'auteur à renforcer, mais aussi à nuancer voire à remettre en cause sa thèse initiale.

3. La précision des sources

Pour être sérieuse, une étude doit s'appuyer sur des références aussi précises que possible(125). Affirmer qu'un traité prescrit tel ou tel comportement, qu'un juge a défendu telle interprétation ou qu'un auteur soutient telle thèse, suppose de préciser quelle est la disposition, le ou les paragraphes de l'arrêt ou de l'avis, le ou les pages de l'étude concernée(126). Il conviendra à cet égard de respecter des modes de citation aussi stricts que possible, comme on le détaillera ultérieurement(127). On évitera en revanche de se référer à un instrument, à un jugement ou à un ouvrage en général. Dans ce dernier cas, le lecteur ne pourrait en effet vérifier utilement la référence opérée. C'est d'ailleurs souvent en s'obligeant à citer précisément un passage particulier qu'un auteur pourra, le cas échéant, se rendre compte que son interprétation doit être nuancée voire révisée. Comme toujours,

(125) Jean SALMON et Eric DAVID, *Méthodologie de la recherche en droit international public*, 3e éd., *op. cit.*, p. 4.

(126) Le renvoi à une page précise, assortie de l'expression «et suivantes», est ainsi à éviter dans la mesure où le lecteur ne saura pas exactement quelles sont les pages citées. A titre illustratif, on préférera donc «p. 22-35» à «p. 22 et s.».

(127) *Infra*, chapitre V.

l'exigence méthodologique présente des aspects à la fois formels et fondamentaux.

En définitive, l'obligation de citer des sources aussi directes, variées et précises que possible mènera le chercheur à affiner son raisonnement scientifique par touches successives. Dans un premier temps, sans doute rédigera-t-il un texte en ne citant que les quelques sources principales qu'il a consultées. Ensuite, il vérifiera ou consultera d'autres sources, auxquelles il prendra soin de renvoyer dans le texte, celui-ci pouvant être aménagé en fonction de la lecture de cette deuxième série de sources. A la fin du processus, l'auteur aura relu l'ensemble des sources dont la récolte a été réalisée tout au long de la recherche.

Finalement, référencer permet dialectique entre finition formelle et travail de fond ; on travaille par touches successives ; un premier raisonnement se traduit par l'élaboration d'un plan ; l'écriture se déploie dans ce cadre ; puis la confection des notes de bas de page qui amène à vérifier la rigueur et la justesse du propos.

DEUXIÈME PARTIE

REGLES SPECIFIQUES DE METHODOLOGIE EN DROIT INTERNATIONAL

Les développements qui précèdent ont porté sur des principes généraux, largement empruntés à d'autres sciences humaines que le droit et transposés au cas d'une étude de droit international public. Celui-ci prescrit cependant aussi de suivre certaines règles plus spécifiques, qui concernent les sources formelles (chapitre III) mais aussi l'application de ces sources, par le biais des mécanismes de l'interprétation ou de l'établissement des faits (chapitre IV). Dans un dernier temps seront brièvement exposées quelques consignes relatives à la réalisation même de l'écrit (chapitre V).

CHAPITRE III

Les problèmes méthodologiques spécifiques relatifs à la recherche des sources formelles du droit international

Ce chapitre est consacré à une étape décisive de la réalisation d'un travail, celle qui comprend la recherche et la consultation des sources formelles du droit international. Nous aborderons ici principalement les problèmes méthodologiques qui se posent dans le cadre particulier d'un travail relevant de la technique juridique et adoptant une approche formaliste du droit international[(1)]. Cette science et cette approche ont été préférées à d'autres dans la mesure où elles sont généralement privilégiées dans un grand nombre de facultés de droit. Ce choix n'implique, bien entendu, aucune supériorité de l'approche technique et formaliste. Il suppose simplement que, si l'on souhaite réaliser son étude en faisant appel à des raisonnements relevant d'autres sciences ou approches, l'on soit attentif à compléter les éléments repris ci-dessous par d'autres, qui ne seront pas détaillés dans le cadre limité de cet ouvrage. Dans cette perspective, ce sont les problèmes relatifs aux sources formelles, et non matérielles, qui seront traités[(2)].

Quant au clivage qui oppose volontarisme et objectivisme, on a déjà mentionné certaines divergences qui le caractérisent, notamment sur le plan du droit coutumier[(3)]. Dans l'ensemble,

(1) *Supra*, chapitre I.

(2) V. la distinction opérée par Maarten Bos, *A Methodology of International Law*, *op. cit.*, p. 48-49.

(3) *Supra*, chapitre I, section 2.

on constatera cependant que les principes méthodologiques de base sont largement communs à ces deux approches théoriques, qu'il s'agisse du droit des traités (section 1), du droit coutumier (section 2) ou du droit relatif à d'autres sources du droit international public (section 3).

Section 1

Les problèmes méthodologiques relatifs au droit des traités

La plupart des – sinon tous les – domaines du droit international public sont régis par du droit direct ou dérivé des traités[(4)]. Le droit des traités est, en droit international public, principalement régi par la Convention de Vienne de 1969 sur le droit des traités conclus entre Etats, qui est entrée en vigueur le 27 janvier 1980[(5)]. Une Convention sur le droit des traités conclus entre Etats et organisations internationales ou entre organisations internationales a été adoptée en 1986, mais n'est toujours pas entrée en vigueur[(6)]. Il va de soi que tout chercheur confronté à un problème de droit des traités sera tenu de recourir à ces instruments, dont bon nombre des dispositions sont aujourd'hui considérées comme relevant du droit coutumier[(7)]. Il existe également plusieurs manuels de droit des traités particulièrement utiles[(8)] sans compter que, fort logiquement, chaque ouvrage de droit international général compte une partie substantielle consacrée à ce domaine[(9)].

(4) Dionisio ANZILOTTI écrivait déjà en 1929 que «la plus grande partie des rapports entre les Etats est d'ores et déjà réglée par des traités»; *Cours de droit international, op. cit.*, p. 74.

(5) *RTNU*, vol. 1155, p. 331 (http://treaties.un.org).

(6) Doc. A/CONF.129/15, http://treaties.un.org/Pages/ViewDetails.aspx?src=TREATY&id=469&chapter=23&lang=fr#1.

(7) Voy. les précisions à ce sujet, pour chacun des articles de ces conventions, dans Olivier CORTEN et Pierre KLEIN (dir.), *Les Conventions de Vienne sur le droit des traités. Commentaire article par article*, 3 vol., *op. cit.*

(8) Paul REUTER, *Introduction au droit des traités*, 3e éd. par Ph. CAHIER, Paris, PUF, 1995; Jean COMBACAU, *Le droit des traités*, Paris, PUF, Que sais je?, 1991; Ian SINCLAIR, *The Vienna Convention on the Law of Treaties*, second ed., Manchester, MUP, 1984, 270 p.; Anthony AUST, *Modern Treaty Law and Practice*, second ed., Cambridge, CUP, 2007, 610 p.

(9) V. p. ex. Patrick DAILLIER, Alain PELLET, NGUYEN QUOC DINH, *Droit international public*, 7e éd., *op. cit.*, p. 117-317; Pierre-Marie DUPUY, *Droit international public*, 9e éd., *op. cit.*, p. 281-342; Joe VERHOEVEN, *Droit international public*, Paris, Larcier, 2000, p. 365-441.

Notre propos n'est pas, dans le cadre limité d'un manuel de méthodologie, de détailler l'ensemble des nombreuses règles relatives au droit des traités. On se contentera d'insister sur certains problèmes relatifs à la fois à l'accès aux sources conventionnelles (A) ainsi qu'à leur utilisation (B).

A. L'ACCÈS AUX SOURCES CONVENTIONNELLES

Le premier problème qui se pose lorsque l'on réalise une recherche concerne l'accès aux sources conventionnelles applicables : comment disposer du texte d'un traité [(10)] ?

Le moyen à la fois le plus direct et le plus rigoureux sur le plan méthodologique consiste à faire appel aux sources des Nations unies, qui reprennent théoriquement tous les traités conclus entre les Etats membres. L'article 102 de la Charte de l'ONU stipule que tout accord international conclu par un membre des Nations unies doit être enregistré, « aussitôt que possible », au Secrétariat et publié par ce dernier. Cette obligation, dont on retrouve la trace à l'article 80 de la Convention de Vienne de 1969, a été imposée afin d'éviter la pratique des traités secrets[(11)]. La publication assurée par les Nations unies permet donc de prendre connaissance de la plupart des traités conclus entre les membres des Nations unies.

Il existe toutefois des accords qui n'ont pas, ou pas encore, fait l'objet d'un tel enregistrement. L'expression « aussitôt que possible » est généralement interprétée assez largement, avec pour conséquence que certains traités ne sont enregistrés que plusieurs – voire de nombreuses – années après leur conclusion. L'article 102 prévoit au demeurant qu'un traité non enregistré ne pourra être invoqué devant un organe de l'organisation, mais il semble que cette règle ait elle aussi été appliquée avec beaucoup de souplesse. Si une affaire est portée devant la Cour internationale de Justice, par exemple, on imagine mal celle-ci se priver d'une source conventionnelle valide et applicable, en raison du fait que le traité n'a pas été enregistré. La Cour s'est d'ailleurs

(10) V., déjà, à ce sujet, Shabtai ROSENNE, *Practice and Methods of International Law*, *op. cit.*, p. 48-51.

(11) Jean-Paul JACQUE, « Article 102 » *in* Jean-Pierre COT et Alain PELLET (dir.), *La Charte des Nations Unies. Commentaire article par article*, 3e éd., Paris, Economica, 2005, p. 2117; Pierre KLEIN, « Article 80 (convention de 1969) » *in Les Conventions de Vienne sur le droit des traités. Commentaire article par article*, *op. cit.*, p. 2820.

déjà incidemment appuyée sur certains traités qui n'avaient pas été enregistrés[12]. Il convient à cet égard de rappeler qu'en tout état de cause, une absence de publication n'empêche pas l'entrée en vigueur du traité dans l'ordre juridique international ainsi que, le cas échéant, dans un ordre juridique interne.

Il reste que, dans de très nombreuses hypothèses, la publication des Nations unies donnera accès aux traités conclus par les Etats membres. Les recueils des traités des Nations unies reprennent ainsi l'ensemble des traités[13]. Il est vrai que la version imprimée connaît des retards considérables dans la publication. Mais, depuis quelques années, le site Internet des Nations unies permet également de consulter les traités les plus récents ainsi que l'état des signatures et des ratifications de certains traités[14]. Cette base de données est aisément utilisable, grâce à un accès par mots clés (date de conclusion, Etats parties, matière, ...).

Pour ce qui concerne les traités conclus à l'époque par des Etats membres de la Société des Nations, il existe également un *Recueil* officiel[15], l'article 18 du Pacte contenant également une obligation de publication.

Le *RTNU* constitue en réalité la seule source officielle à part entière à l'échelle internationale. Sa consultation s'avère donc indispensable pour tout travail de droit international prétendant respecter en toute rigueur les exigences méthodologiques. En théorie, les autres sources ne devraient donc être utilisées que si le traité concerné n'est pas, ou pas encore, publié aux Nations unies.

Les traités peuvent, dans cette mesure, être consultés au sein d'autres sources.

On peut en premier lieu se référer aux publications officielles réalisées à l'échelle nationale. En Belgique, la publication de la loi d'assentiment belge reproduisant le traité est assurée par le *Moniteur belge*, qui comprend lui-même une version imprimée et

(12) CIJ, affaire des *Minquiers et Ecrehous*, *Recueil 1953*, p. 47; affaire de l'*Or monétaire pris à Rome*, *Recueil 1954*, p. 19. Pierre KLEIN relève que, dans ces deux affaires, la Cour a fondé sa compétence sur des traités non enregistrés au moment de l'ouverture de l'instance («Article 80 – convention de 1969», *loc. cit.*, p. 2826 et note 31).

(13) *RTNU*: *Recueil des traités des Nations Unies*, à partir de 1946 (avec des index).

(14) http://treaties.un.org/Pages/Home.aspx?lang=fr.

(15) *RTSdN*: *Recueil des traités de la Société des Nations*, de 1920 à 1946, avec 9 volumes d'index; v. aussi http://treaties.un.org/Pages/LONOnline.aspx.

une version électronique[16]. Des recueils officiels de traités sont par ailleurs disponibles par le biais de certains sites internet[17].

Des publications officielles sont encore réalisées par certaines organisations internationales, qu'il s'agisse par exemple de l'UE[18], de l'Union africaine[19], de l'OMC[20], de l'OTAN[21], … L'accès à de nombreuses bases de données est là aussi grandement facilité par la voie d'une recherche sur internet.

Par ailleurs, certaines publications spécialisées en droit international public reprennent parfois le texte de certains traités. On consultera tout particulièrement l'*International Legal Material* (*ILM*)[22] ou les *Documents d'Actualité internationale* (*DAI*)[23], mais aussi certaines revues moins spécialisées comme la *Revue générale de droit international public* (*RGDIP*)[24].

Enfin, l'on sait que certains auteurs ont élaboré des recueils comprenant le texte de certains traités[25]. Ce type de recueil est précieux, dans la mesure où il permet de consulter rapidement des textes conventionnels de référence, sans devoir entamer une recherche spécifique. Lors de la réalisation d'une étude scientifique, il faudra toutefois consulter les sources directes pour vérifier et surtout compléter son information, en particulier pour vérifier l'état des signatures, adhésions et ratifications, ou encore pour établir les éventuelles réserves ou objections aux réserves émises par les Etats concernés par la recherche[26]. L'utilisation des sources conventionnelles suppose en effet d'aller bien

(16) http://www.just.fgov.be, rubrique «moniteur belge».

(17) Ainsi, pour les traités de droit international humanitaire, on consultera le site du comité international de la Croix-rouge; http://www.icrc.org, rubrique «base de données DIH».

(18) http://europa.eu, rubrique «documents».

(19) http://africa-union.org, rubrique «documents».

(20) http://www.wto.org, rubrique «documents».

(21) http://www.nato.int, rubrique «e-Library», «E-documentation».

(22) Washington, American Society of International Law, depuis 1962.

(23) Paris, La documentation française, à partir de 1972.

(24) Cette revue (Paris, Pedone, à partir de 1894), à l'instar de certaines autres revues de droit international, publie occasionnellement des documents, parmi lesquels certains traités.

(25) V. p. ex. Jacques-Yvan Morin, Francis Rigaldies, Daniel Turp, *Droit international public. Notes et documents*, tome I, Montréal, Themis,1987; Pierre-Marie Dupuy, *Les grands textes de droit international public*, 4e éd., Paris, Dalloz, 2004, 880 p.; Eric David et Cédric van Assche, *Code de droit international public*, 4e éd., Bruxelles, Bruylant, 2008; Ghazi Gherairi, Slim Laghmani, Salwa Hamrouni, *Affaires et documents en droit international*, Tunis, Centre de publication universitaire, 2005.

(26) V. ci-dessous, point B.

au-delà de la simple consultation du texte d'un traité, comme on le constatera dans les lignes qui suivent.

B. L'utilisation des sources conventionnelles

La simple citation d'une disposition particulière d'un traité n'a aucun sens si elle n'est pas accompagnée d'une argumentation prouvant que cette disposition est applicable au problème juridique qui fait l'objet de l'étude. L'utilisation d'un traité doit dès lors être opérée avec prudence et rigueur, ce qui impliquera de se poser successivement les cinq questions suivantes :

1. S'agit-il bien d'un traité ?
2. Le traité est-il entré en vigueur dans l'ordre juridique international ?
3. Le ou les Etats auxquels on pense opposer le traité sont-ils parties au traité ?
4. Des réserves au traité ont-elles été valablement émises par ces Etats ?
5. Des objections à ces réserves ont-elles été émises par d'autres Etats ?

1. S'agit-il bien d'un traité ?

En application des articles 2 des Conventions de 1969 et de 1986 sur le droit des traités, un traité est un accord écrit, accord qui a été conclu par des Etats et/ou des organisations internationales, et qui est régi par le droit international[(27)].

La première de ces conditions ne pose pas de problème particulier. On relèvera qu'un simple procès-verbal peut suffire à établir que l'on est en présence d'un écrit et que, par ailleurs, la dénomination de l'instrument en cause (Charte, Convention, traité, ...) ne préjuge pas de sa qualité de traité[(28)].

(27) *RTNU*, vol. 1155, p. 331.

(28) CIJ, affaire de la *Délimitation maritime et des questions territoriales entre le Qatar et le Bahreïn*, *Recueil 1994*, p. 120, par. 23 ; v. Philippe Gautier, « Article 2 – convention de 1969 » *in Les Conventions de Vienne sur le droit des traités. Commentaire article par article*, *op. cit.*, p. 50-56, ainsi que « Article 2 – convention de 1986 », *ibid.*, p. 84 ; Jean Salmon, « Les Accords non formalisés ou *« solo consensu »* », *AFDI*, 1999, p. 1-28 ; Philippe Gautier, « Les accords informels et la convention de Vienne sur le droit des traités entre Etats » *in Droit du pouvoir, pouvoir du droit. Mélanges offerts à Jean Salmon*, Bruxelles, Bruylant, 2007, p. 425-454 ; Maarten Bos, *A Methodology of International Law*, *op. cit.*, p. 57-58.

La deuxième condition est, en principe, aisée à interpréter. Toutefois, il peut arriver que la personnalité juridique internationale des entités qui sont parties à l'instrument pose question[29]. C'est ainsi que l'on a considéré que des accords conclus par des Etats avec de simples entreprises privées ne pouvaient pas être qualifiés de traités[30]. Par ailleurs, on peut douter de la qualité de traité d'un accord qui a été conclu entre un Etat et une autre entité publique ne disposant pas de la souveraineté (ou ne découlant pas d'un accord entre Etats souverains, comme c'est le cas des organisations internationales). Il en va par exemple ainsi des accords conclus entre la Russie et la Tchétchénie[31]. Tout aussi délicat est le problème des accords conclus avec certaines entités ayant proclamé leur indépendance mais qui ne sont pas reconnues comme Etats à l'échelle universelle, comme les républiques du Kosovo, d'Abkhazie ou d'Ossétie du sud[32]. Ces questions demeurent cependant ouvertes, dans la mesure où les définitions reprises aux conventions de 1969 et de 1986 n'ont ni pour vocation ni pour effet d'exclure que des accords qui ne répondent pas à ces définitions puissent être qualifiés de traités en application du droit international général (et non au sens de ces conventions)[33]. Les accords – de plus en plus nombreux – conclus entre Etats et/ou entités fédérées, en particulier, sont considérés par une partie de la doctrine comme

(29) V., outre les exemples qui suivent, Maurice KAMTO, «Le statut juridique des traités signés entre les représentants des puissances coloniales et les monarques indigènes africains en droit international» *in Droit du pouvoir, pouvoir du droit. Mélanges offerts à Jean Salmon*, *op. cit.*, p. 455-480.

(30) CIJ, affaire de l'*Anglo-Iranian Oil Co*, *Recueil 1952*, p. 112; v. aussi Prosper WEIL, «Problèmes relatifs aux contrats passés entre un Etat et un particulier», *RCADI*, 1969, tome 128, p. 95-240.

(31) V. p. ex. le «Traité sur la paix et les principes des relations entre la Fédération de Russie et la République tchétchène d'Itchkérie et entre la Fédération de Russie et la République de Tchétchénie», 12 mai 1997, publié dans *Rossiyskaïa Gazéta* du 20 mai 1997, p. 3, cité en français par Tatiana NEOUPOKOEVA, «De la qualification du second conflit russo-tchétchène», http://publications.blog.ca/?p=566346&more=1&page=4, consulté en décembre 2008.

(32) Dans de tels cas, la qualification de tels accords dépend de la question préalable de la qualification d'Etat de l'entité concernée. En pratique, il semble que, au moment où nous écrivons ces lignes, les Etats hésitent à conclure des traités avec ces «républiques»; v. p. ex. http://www.gazetazyrtare.com/, consulté en décembre 2008.

(33) Philippe GAUTIER, «Article 2 – convention de 1969», *loc. cit.*, p. 48-49 et 63; Shabtai ROSENNE, *Practice and Methods of International Law*, *op. cit.*, p. 30. V. aussi l'article 3 des conventions de Vienne de 1969 et de 1986.

exprimant une nouvelle forme de traité[34]. On est ici devant une question de convention langagière: rien n'empêche de qualifier de «traité» un accord entre un Etat et une entité non étatique. On soulignera cependant que, dans une telle hypothèse, le droit des traités tel qu'il a été établi dans les conventions de Vienne n'est pas applicable[35].

Le troisième élément constitutif du traité pose plus de problèmes encore. Il se peut en effet que la volonté des Etats (ou des organisations internationales) de faire régir l'instrument concerné par le droit international ne soit pas limpide[36]. Une telle détermination peut s'avérer problématique dans l'hypothèse d'accords purement commerciaux dont il est parfois difficile de déterminer s'ils sont régis par le droit international ou par le droit interne des Etats qui les ont conclus. Le problème peut aussi se poser à l'égard de certains accords conclus dans le cadre de conférences ou instances à forte connotation politique[37]. Il en est notamment ainsi de certains textes élaborés dans le cadre de la CSCE puis de l'OSCE, par exemple. Dans ce dernier cas, on relève que les textes en question contiennent une disposition prévoyant qu'il ne sera pas procédé à l'enregistrement prévu à l'article 102 de la Charte des Nations unies[38]. Il peut dès lors être affirmé que ces accords ne présentent pas la caractéristique propre aux traités internationaux d'être «régis par le droit international», mais constituent plutôt des arran-

(34) Yves LE BOUTHILLIER et Jean-François BONIN, «Article 3 – convention de 1969» *in ibid.*, p. 108-109; v. aussi Marcelo KOHEN, «La codification du droit des traités: quelques éléments pour un bilan global», *RGDIP*, 2000, p. 586-590.

(35) V. l'article 3 des conventions de Vienne sur le droit des traités et les commentaires d'Yves LE BOUTHILLIER et Jean-François BONIN, précités.

(36) Philippe GAUTIER, «Article 2 – convention de 1969», *loc. cit.*, p. 56-60.

(37) V. la résolution adoptée par l'Institut de droit international en 1983, à la session de Cambridge, «Textes internationaux ayant une portée juridique dans les relations mutuelles entre leurs auteurs et textes qui en sont dépourvus» (texte sur http://www.idi-iil.org); v. aussi Michel VIRALLY, «La distinction entre textes internationaux de portée juridique et textes internationaux dépourvus de portée juridique» (à l'exception des textes émanant des organisations internationales)», *AIDI*, 1983, vol. 60-I, session de Cambridge, p. 166 et s.; «Sur la notion d'accord» *in Le droit international en devenir. Ecrits au fil des ans*, Paris, PUF, 1990, p. 140-145.

(38) A titre d'exemple, selon les termes de l'Acte final d'Helsinki, «[l]e Gouvernement de la République de Finlande est prié de transmettre au Secrétaire général des Nations unies le texte du présent Acte final, qui n'est pas recevable pour être enregistré au titre de l'article 102 de la Charte des Nations Unies, en vue de sa diffusion à tous les membres de l'Organisation comme document officiel des Nations unies».

gements d'ordre politique. De manière générale, on sera donc amené à interpréter les instruments en cause pour se prononcer sur leur qualité de traité. Le texte permettra, dans la plupart des cas, de se prononcer sur ce point. D'autres moyens d'interprétation, y compris les travaux préparatoires, permettront le cas échéant de déterminer quelle a été la volonté des parties à l'instrument en cause.

2. Le traité est-il entré en vigueur dans l'ordre juridique international?

On ne peut évidemment invoquer un traité non entré en vigueur comme source de droit conventionnel, ce qui n'exclut pas d'y faire appel en vue d'établir l'existence d'une règle particulière de droit coutumier, comme on le verra plus loin.

Chaque traité prévoit en principe les conditions de sa propre entrée en vigueur, le plus souvent dans l'une de ses dispositions finales. Ainsi, l'article 84 de la Convention de Vienne de 1969 prévoit son entrée en vigueur «le trentième jour qui suivra la date du dépôt du trente-cinquième instrument de ratification»(39). De multiples possibilités sont ouvertes, l'entrée en vigueur pouvant aussi intervenir dès la signature, comme c'est le cas avec les nombreux traités dits «en forme simplifiée»(40).

A défaut de disposition spécifique – mais l'hypothèse est très rare –, on interprétera l'instrument en cause en vue de déterminer à partir de quand les parties ont entendu faire entrer le traité en vigueur. Il sera alors essentiel de déterminer par quel mode les Etats parties consentent à être liés au traité (signature, ratification, …) et, à partir de l'ensemble des éléments pertinents (dont le texte du traité dans son ensemble), quelle est la date à laquelle les Etats parties ont entendu que le traité entre en vigueur(41).

3. Le ou les Etats auxquels on pense opposer le traité sont-ils parties au traité?

Conformément au principe incontesté de la relativité des traités, un traité en vigueur ne lie que les Etats qui y sont

(39) V. Catherine Denis, «Article 84» *in Les Conventions de Vienne sur le droit des traités. Commentaire article par article, op. cit.*, p. 2861-2868.

(40) V. Philippe Gautier, *Essai sur la définition des traités entre Etats*, Bruxelles, Bruylant, 1993, p. 149.

(41) V. Albane Geslin, *La mise en application provisoire des traités*, Paris, Pedone, 2005, 380 p.

parties. Il s'agit dès lors de vérifier précisément si tel Etat, en particulier, a exprimé son consentement à être lié par le traité visé qui, par hypothèse, est bien un traité en vigueur. Les différentes manières d'exprimer son consentement à être lié par un traité sont abordées par la Convention de Vienne de 1969 (signature, ratification, adhésion, approbation,...). Pratiquement, les instruments relatifs à chaque Etat concerné doivent être vérifiés, de préférence sur la base de données publiées par les Nations unies(42).

La vérification doit s'opérer à l'égard d'Etats mais également d'organisations internationales, si celles-ci sont parties au traité en cause. Le même exercice peut, le cas échéant, viser d'autres entités encore si du moins l'on estime qu'elles peuvent être parties à des «traités»(43).

On signalera enfin que certains problèmes spécifiques peuvent se poser dans l'hypothèse d'une succession d'Etats. Selon la Convention de Vienne de 1978 sur la succession d'Etats en matière de traités, le traité lie automatiquement l'Etat successeur, à moins que celui-ci ait obtenu son indépendance à l'issue d'un processus de décolonisation, auquel cas on appliquera plutôt le principe de la «table rase»(44). Cette Convention ne lie cependant qu'un nombre relativement limité d'Etats, et sa solution est contestée par une partie importante de la doctrine(45).

4. Des réserves au traité ont-elles été valablement émises par ces Etats?

La question des réserves est essentielle dans le cadre de l'utilisation des traités(46). Une réserve peut avoir pour objet de modi-

(42) V. *supra.*

(43) V. le problème, évoqué ci-dessus, de la définition du traité par référence ou non aux conventions de 1969 et de 1986.

(44) *RTNU*, vol. 1946, p. 3.

(45) V. p. ex. Patrick DAILLIER et Alain PELLET, NGUYEN QUOC DINH, *Droit international public*, 7e éd., *op. cit.*, p. 542, ainsi que Pierre-Michel EISEMANN et Martti KOSKENNIEMI (dir.), *La succession d'Etats: la codification à l'épreuve des faits*, Académie de droit international de La Haye, The Hague/Boston/London, Martinus Nijhoff, 2000, 925 p.

(46) V. W.W. BISHOP, «Reservations to Treaties», *RCADI*, 1961-II, tome 103, p. 245-341.

fier considérablement les obligations de l'Etat réservataire[47]. Il faut ainsi veiller à vérifier rigoureusement le texte des différentes réserves qui ont été émises par les Etats, et, en particulier, par les Etats auxquels on veut opposer le traité[48].

Conformément à la règle énoncée à l'article 19 de la Convention de 1969 sur le droit des traités, la prise en compte d'une réserve suppose que cette possibilité ne soit pas exclue spécifiquement par le traité et que, en tout état de cause, la réserve soit compatible avec l'objet et le but du traité[49]. Ce n'est qu'à ces deux conditions qu'une réserve est susceptible de produire des effets juridiques[50].

La «réserve» est définie par l'article 2 de la Convention de Vienne de 1969 sur le droit des traités comme une «déclaration unilatérale, quel que soit son libellé ou sa désignation [... qui] vise à exclure ou à modifier l'effet juridique de certaines dispositions du traité (...)». Si cette définition semble parfaitement claire théoriquement, elle peut poser pratiquement certaines difficultés lorsqu'il s'agit de différencier les réserves de certaines déclarations visant non à modifier les effets juridiques mais seulement à interpréter les termes de certaines dispositions[51]. On retiendra simplement que la qualification de la réserve s'opère indépendamment de la dénomination formelle qui a été faite par l'Etat concerné. En pratique, et dans la mesure où elle a pour objet ou pour effet d'affecter la portée d'un texte juridique, on peut donc en principe assimiler toute déclaration à une «réserve», et lui appliquer le régime juridique prévu aux articles 19 à 23 de la Convention de Vienne de 1969[52].

[47] V. les 13 rapports élaborés par Alain PELLET dans le cadre des travaux de la Commission du droit international sur les réserves aux traités, http://untreaty.un.org/ilc/guide/1_8.htm, consulté en décembre 2008.

[48] Le régime juridique des réserves reste profondément inspiré du précédent de référence de l'avis rendu le 28 mai 1951 par la Cour internationale de Justice; CIJ, affaire des *Réserves à la Convention pour la prévention et la répression du crime de génocide*, *Recueil 1951*, p. 15-30.

[49] Alain PELLET, «Article 19» *in Les Conventions de Vienne sur le droit des traités*, *op. cit.*, p. 641-788.

[50] V. aussi Karl ZEMANEK, «Some Unresolved Problems Concerning Reservations in the Vienna Convention on the Law of Treaties» *in Essays in International Law in Honour of Judge Manfred Lachs*, The Hague, Martinus Nijhoff, 1984, p. 323-336.

[51] V. D.M. MCRAE, «The Legal Effect of Interpretative Declarations», *BYBIL*, 1978, p. 155-173.

[52] Philippe GAUTIER, «Article 2 – convention de 1969», *loc. cit.*, p. 69-72.

5. Des objections à ces réserves ont-elles été émises par d'autres Etats?

Les objections qui peuvent être émises à une réserve ont des conséquences fondamentales quant à l'étendue des obligations qui vont lier l'Etat réservataire à l'Etat qui objecte à ses réserves. On sait en effet que le régime juridique prévu dans la Convention de Vienne, qui est généralement considéré comme revêtant un caractère coutumier, est fondé sur le principe de la relativité. Un Etat émettant une objection à une réserve ne pourra donc être tenu par la réserve en question[(53)]. La vérification de l'existence de telles objections revêt, dès lors, une importance capitale.

En conclusion, il est primordial d'analyser ces cinq questions chaque fois qu'on utilise un traité. Cette analyse doit s'effectuer sur la base du texte écrit du traité ainsi que de l'ensemble des autres instruments relatifs au traité: instruments de ratification, déclarations interprétatives, réserves, ... On précisera encore à ce sujet que le dépositaire des traités n'a que des compétences limitées de qualification, et ne peut certainement pas trancher unilatéralement les éventuels différends relatifs à ces questions[(54)].

Enfin, on relèvera que les principes méthodologiques énoncés ci-dessus sont applicables indépendamment du courant théorique dans le cadre duquel le chercheur s'inscrit[(55)]. Que l'on soit plutôt volontariste ou plutôt objectiviste, personne ne conteste qu'un traité ne s'applique, en tant que source conventionnelle, que si – et dans la mesure où – les Etats auxquels on entend l'opposer l'ont accepté. Cela n'exclut pas certaines différences d'approche, les objectivistes étant plus restrictifs lorsqu'il s'agit d'admettre la recevabilité de réserves[(56)]. Mais, dans l'ensemble, le droit des traités ne suscite que des débats limités sur le plan

(53) Daniel MÜLLER, «Article 20» et «Article 21» *in Les Conventions de Vienne sur le droit des traités, op. cit.*, p. 797-875 et 883-929.

(54) Fatsah OUGUERGOUZ et Santiago VILLALPANDO, «Article 77» *in Les Conventions de Vienne sur le droit des traités, op. cit.*, p. 2698-2754.

(55) *Supra*, chapitre I.

(56) V. en ce sens le débat relatif aux réserves relatives aux traités visant à protéger les droits de la personne, et not. Gérard COHEN-JONATHAN, «Les réserves dans les traités institutionnels relatifs aux droits de l'homme», *RGDIP*, 1996, p. 915-949; William SCHABAS, «Reservations to Human Rights Treaties: Time for Innovation and Reform», *CYIL*, 1994, p. 39-81; Alain PELLET, «Article 19», *loc. cit.*, p. 679-696.

des approches méthodologiques. Il en va tout autrement si l'on se penche, comme nous allons le faire à présent, sur le droit coutumier.

Section 2

Les problèmes méthodologiques relatifs au droit coutumier

La coutume est sans doute la source à propos de laquelle se marquent le plus les différences d'approches théoriques, en particulier si l'on prend pour base le clivage entre volontarisme et objectivisme. On ne reviendra pas sur cette divergence, qui a déjà été soulignée dans un chapitre précédent(57). A ce stade, on soulignera que, quelle que soit l'approche choisie, il s'avère souvent délicat d'établir l'existence d'une règle coutumière (A). On retiendra cependant que l'établissement d'une règle coutumière s'opère le plus souvent par le biais de la référence à certaines sources documentaires communes (B).

A. Les difficultés liées à l'établissement d'une règle coutumière

La coutume est une source de droit international qui résulte d'une pratique « acceptée comme étant le droit »(58). Pour établir la coutume, on recourt en général à la théorie des deux éléments constitutifs : une pratique, d'une part, et le sentiment que cette pratique exprime une règle de droit, d'autre part(59). Le premier

(57) *Supra*, chapitre I, section 2.

(58) Selon les termes de l'article 38 du Statut de la Cour internationale de Justice (qui, au-delà de sa portée conventionnelle restreinte (il ne vise que le droit applicable par la Cour), est souvent considéré comme le « langage commun » des spécialistes au sujet des sources de droit international; Marcelo Kohen, « La pratique et la théorie des sources du droit international » *in La pratique et le droit international*, SFDI, colloque de Genève, Paris, Pedone, 2004, p. 82; v. aussi Maarten Bos, *A Methodology of International Law*, *op. cit.*, p. 55-56; Shabtai Rosenne, *Practice and Methods of International Law*, *op. cit.*, p. 17-18.

(59) Vladimir Degan, *Sources of International Law*, The Hague/Boston/London, Martinus Nijhoff, 1997, p. 143-144. Le statut de ces deux éléments constitutifs est discuté en doctrine; v. p. ex. Peter Haggenmacher, « La doctrine des deux éléments du droit coutumier dans la pratique de la Cour internationale », *RGDIP*, 1986, p. 108-125; Julio A. Barberis, « La coutume est-elle une source de droit international? » *in Mélanges Michel Virally*, Paris, Pedone, 1991, p. 50-52. En pratique, il est en tout état de cause souvent fait appel à ces deux éléments, comme on le constatera ci-dessous.

comme le second suscitent certaines difficultés que l'on exposera successivement[60].

1. Les difficultés relatives à l'établissement de la pratique

Nombre d'auteurs ont souligné les difficultés qui entourent l'établissement d'une «pratique» coutumière[61].

D'abord, on a relevé que, si la pratique devait en théorie être générale, il était bien difficile de déterminer ce que recouvrait la condition de généralité. Trois remarques peuvent être formulées à cet égard. En premier lieu, il est certain que la généralité ne signifie pas l'universalité. La Cour internationale de Justice a ainsi estimé qu'une «participation très large et représentative» suffise, pourvu qu'elle comprenne «les Etats particulièrement intéressés»[62]. En deuxième lieu, il faut souligner que la pratique susceptible d'être prise en compte peut consister en un comportement actif, mais aussi passif, l'abstention pouvant, en certaines circonstances, être équivalente à une «pratique»[63]. Enfin, en troisième lieu, il faut rappeler que la généralité de la pratique doit être évaluée par rapport à la portée de la règle coutumière[64], celle-ci pouvant être universelle, mais aussi régionale[65] ou même bilatérale[66].

Par ailleurs, on a aussi relativisé les exigences relatives à la durée de la pratique[67]. Si, auparavant, la doctrine semblait

(60) V. aussi Maarten Bos, *A Methodology of International Law*, *op. cit.*, p. 62-68.

(61) V. p. ex. Marcelo Kohen, «La pratique et la théorie des sources du droit international», *loc. cit.*, p. 86.

(62) CIJ, affaire du *Plateau continental de la Mer du Nord*, *Recueil 1969*, p. 43, par. 74. Les Etats «particulièrement intéressés» sont ceux qui sont «en mesure de contribuer concrètement à la naissance d'une règle coutumière» (Patrick Daillier et Alain Pellet, Nguyen Quoc Dinh, *Droit international public*, 7e éd., *op. cit.*, p. 330), comme, pour le droit de l'espace, les puissances capables de développer une activité spatiale.

(63) Charles de Visscher, *Problèmes d'interprétation judiciaire en droit international public*, Paris, Pedone, 1963, p. 228-230.

(64) Marteen Bos, *A Methodology of International Law*, *op. cit.*, p. 231-233; Shabtai Rosenne, *Practice and Methods of International Law*, *op. cit.*, p. 67-68.

(65) CIJ, affaire *Haya de la Torre*, *Recueil 1950*, p. 277.

(66) CIJ, affaire du *Droit de passage en territoire indien*, *Recueil 1960*, p. 39.

(67) V. à ce sujet l'étude de référence de René-Jean Dupuy, «Coutume sage et coutume sauvage» *in La communauté internationale. Mélanges Charles Rousseau*, Paris, Pedone, 1974, p. 75-87.

exiger une pratique très ancienne[68], les évolutions récentes de la jurisprudence ont rendu cette condition caduque[69]. *Ratione temporis*, une coutume peut très bien résulter d'une pratique limitée dans le temps pourvu, ajoute-t-on généralement, qu'elle soit particulièrement intense et univoque[70]. Application de cette théorie a été faite dans des domaines comme le droit de l'espace ou le droit de la mer, dans lesquels les évolutions technologiques induisent une coutume plus souple et plus dynamique[71]. Dans ce contexte, le degré d'exigence relative à l'intensité de la pratique et à la clarté de l'*opinio juris* sera d'autant plus élevé que la période pendant laquelle la pratique a pu être

(68) VATTEL évoque «certaines maximes, certaines pratiques, consacrées par un long usage»; *Le droit des gens ou principes de la loi naturelle appliqués à la conduite et aux affaires des Nations et des Souverains*, 1758, Washington, Carnegie Institution, 1916, p. 14, par. 25. Dans son opinion dissidente à l'affaire de *Compétence de la commission européenne du Danube*, le juge Négulesco affirme que «la doctrine et la jurisprudence internationales sont d'accord pour reconnaître qu'il faut l'existence d'un usage immémorial (...)» (CPJI, avis consultatif du 8 décembre 1927, *Série B*, n° 14, p. 105). Enfin, dans le rapport qu'il a présenté à la Commission du droit international, Manley O. HUDSON exigeait une «*considerable period of time*» (*YILC*, 1950, II, p. 26). La jurisprudence ancienne évoquait une pratique «constante» (CPJI, affaire du *Vapeur Wimbledon*, arrêt du 16 janvier 1923, *Série A*, n° 1, p. 25; affaire de l'*Interprétation de l'article 3, paragraphe 2, du Traité de Lausanne*, avis du 21 novembre 1925, *Série B*, n° 12, p. 13; CIJ, affaire du *Droit d'asile, Recueil 1950*, p. 277) ou «prolongée» (CIJ, affaire du *Droit de passage en territoire indien, Recueil 1960*, p. 39).

(69) Dès 1936, Jules BASDEVANT estimait que «la longue durée n'est pas un élément indispensable, car ce qui est essentiel, c'est d'arriver à prouver que telle règle est reconnue comme faisant droit» («Règles générales du droit de la paix», *RCADI*, 1936, IV, tome 58, p. 513). Dans l'affaire du *Plateau continental de la Mer du Nord*, la CIJ affirme que «le fait qu'il ne se soit écoulé qu'un bref laps de temps ne constitue pas en soi, un empêchement à la formation d'une règle nouvelle de droit international coutumier» (*Recueil 1969*, p. 43, par. 74). V. aussi, Marcelo KOHEN, «La pratique et la théorie des sources du droit international», *loc. cit.*, p. 96; Marteen BOS, *A Methodology of International Law*, *op. cit.*, p. 233-234.

(70) La jurisprudence évoque une pratique «fréquente et particulièrement uniforme» (CIJ, affaire du *Plateau continental de la Mer du Nord*, *Recueil 1969*, p. 43, par. 74), une pratique «constante et uniforme» (CIJ, affaire du *Droit d'asile, Recueil 1950,* p. 277, affaire du *Droit de passage en territoire indien, Recueil 1960*, p. 40), une «pratique constante, effectivement suivie et sans changement» (tribunal arbitral, affaire de l'*Interprétation de l'accord aérien du 6 février 1948*, *RSA*, tome XVI, p. 100). V. aussi Shabtai ROSENNE, *Practice and Methods of International Law*, *op. cit.*, p. 55.

(71) Vladimir DEGAN, *Sources of International Law*, *op. cit.*, p. 153-155; Ian BROWNLIE, *Principles of International Law*, 5th ed., Oxford, Clarendon Press, 1998, p. 5; Laurence BOISSON DE CHAZOURNES, «Qu'est-ce que la pratique en droit international?» *in* SFDI, *La pratique et le droit international*, *op. cit.*, p. 16.

observée est courte[72]. Selon les termes de la Cour internationale de Justice,

> «[b]ien que le fait qu'il ne se soit écoulé qu'un bref laps de temps ne constitue pas nécessairement en soi un empêchement à la formation d'une règle nouvelle de droit international coutumier à partir d'une règle purement conventionnelle à l'origine, il demeure indispensable que dans ce laps de temps, aussi bref qu'il ait été, la pratique des Etats, y compris ceux qui sont particulièrement intéressés, ait été fréquente et pratiquement uniforme dans le sens de la disposition invoquée et se soit manifestée de manière à établir une reconnaissance générale du fait qu'une règle de droit ou une obligation juridique est en jeu»[73].

Il faut à cet égard relever qu'une coutume ne peut en principe être établie que sur la base d'un nombre substantiel de précédents, soit que ces précédents aient pu être accumulés pendant une période étendue, soit qu'ils aient été concentrés pendant un temps plus bref. Il est donc délicat de prétendre qu'une règle coutumière est née en ne se fondant que sur un seul et unique précédent, si clair puisse-t-il paraître[74]. La pratique des Etats dans le cadre d'un seul cas peut en effet s'expliquer par des considérations qui ne relèvent que de la *realpolitik*, sans que cela se traduise par le sentiment d'obéir à une règle de droit. Seul un certain nombre de précédents permettrait en effet de dégager, sans aucun doute raisonnable, une nouvelle pratique mais aussi une nouvelle *opinio juris*.

[72] Patrick DAILLIER et Alain PELLET, NGUYEN QUOC DINH, *Droit international public*, 7e éd., *op. cit.*, p. 329; Joe VERHOEVEN, *Droit international public*, *op. cit.*, p. 329-330; v. aussi Charles DE VISSCHER, *Problèmes d'interprétation judiciaire en droit international public*, *op. cit.*, p. 224.

[73] CIJ, affaire du *Plateau continental de la Mer du Nord*, *Recueil 1969*, p. 43; v. aussi CIJ, affaire des *Pêcheries (Grande-Bretagne/Islande)*, op. indiv. De Castro; *Recueil 1974*, p. 89-90.

[74] A moins, dans une optique résolument volontariste, de montrer qu'un accord tacite peut clairement et instantanément être établi en droit (v. Karl STRUPP, *Eléments du droit international public universel, européen et américain*, tome I, *op. cit.*, p. 14-15). Dans cette perspective, l'exigence même de l'existence d'une pratique disparaît et s'efface derrière la nécessité de démontrer une *opinio juris*.

Exemple. La notion d'« agression indirecte » et l'intervention militaire de 2001 contre l'Afghanistan

Si l'on s'en tient au texte de la définition de l'agression, un Etat peut être qualifié d'Etat agresseur s'il a envoyé des bandes irrégulières attaquer un autre Etat, ou s'il s'est engagé de manière substantielle dans une telle action (article 3g) de la définition annexée à la résolution 3314 (XXIX) de l'Assemblée générale des Nations unies). La guerre menée en octobre 2001 contre l'Afghanistan semble *a priori* pouvoir être interprétée comme un élément d'une pratique tendant à élargir les possibilités à cet égard, dans la mesure où les Etats intervenants ont estimé agir en légitime défense sans avoir prétendu que l'Etat afghan ait, en tant que tel, été impliqué dans l'attaque du 11 septembre 2001(75). La plupart des autres Etats paraissent avoir accepté cette argumentation, dans un contexte où chacun a tenu à marquer sa solidarité avec les Etats-Unis, pour des raisons morales et politiques évidentes. Une évolution de la règle semble donc être en cours. Encore faut-il ajouter que, pour qu'elle soit juridiquement établie, cette évolution devrait se fonder non sur un seul mais sur un nombre substantiel de précédents(76). Ce n'est que dans cette dernière hypothèse, en effet, que l'on pourrait admettre sans aucun doute que des textes qui n'ont pu être élaborés qu'à la suite de longues et laborieuses négociations (comme la résolution 3314 de l'Assemblée générale de l'ONU) doivent être interprétés d'une manière radicalement nouvelle(77).

Enfin, on considère généralement que, pour être prise en compte, la pratique doit être attribuable à des Etats, ou à des organisations internationales, c'est-à-dire à des sujets aptes à générer la création de nouvelles règles de droit international(78). Si l'on range parmi ces derniers d'autres entités, comme les entités fédérées actives dans les relations transnationales, il est logique de considérer que des règles coutumières puissent être établies à partir de leurs pratiques propres, et de ne pas limiter aux Etats ou aux organisations la notion de coutume(79). Pour être prise en compte, la pratique doit en tout état de cause être posée par des organes officiels du sujet concerné, que ces

(75) En ce sens, v. p. ex. Romueldo BERMEJO GARCIA, « El Derecho internacional frente al terrorismo : nuevas perspectivas tras los atentados del 11 de septiembre », *Ann.D.I.*, 2001, p. 21.

(76) V. à ce sujet notre ouvrage, *Le droit contre la guerre. L'interdiction du recours à la force en droit international contemporain*, *op. cit.*, p. 692-699.

(77) Pierre KLEIN, « Le droit international à l'épreuve du terrorisme », *op. cit.*, p. 368 et s.

(78) Karl STRUPP, *Eléments du droit international public universel, européen et américain*, tome I, *op. cit.*, p. 14 ; Marteen Bos, *A Methodology of International Law*, *op. cit.*, p. 234.

(79) En ce sens, Vladimir DEGAN, *Sources of International Law*, *op. cit.*, p. 148.

organes relèvent de l'exécutif, du législatif ou du judiciaire[(80)]. *A contrario*, une pratique résultant d'actes posés par des personnes privées agissant en cette qualité peut difficilement être considérée comme un élément d'une règle coutumière[(81)]. Dans une optique objectiviste, on peut en revanche admettre que les nécessités sociales soient établies à partir des multiples composantes de la «communauté internationale», y compris par exemple les individus ou des organisations non gouvernementales[(82)].

La plupart des difficultés méthodologiques résulte d'ailleurs non de la seule prise en compte de la pratique, mais de la mise en relation de cet élément avec celui de l'*opinio juris sive necessitatis*, qui donne lieu à de multiples débats et controverses.

2. *Les difficultés relatives à l'établissement de l'*opinio juris sive necessitatis

On a déjà relevé que l'article 38 du Statut de la Cour internationale de Justice définit la coutume comme une pratique «acceptée comme étant le droit». L'expression soulignée est généralement définie comme une *opinio juris sive necessitatis*, considérée comme l'élément psychologique de la coutume[(83)]. A ce titre, il constitue un facteur à la fois particulièrement important et délicat à interpréter.

L'importance de ce facteur ne saurait être assez soulignée. Pour reprendre un *dictum* de la Cour internationale de Justice, pour qu'une pratique se transforme en coutume, les Etats «doivent avoir le sentiment de se conformer à ce qui équivaut à une obligation juridique»[(84)]. Un volontariste ne la prendra en compte que si, et dans la mesure où, elle révèle une volonté commune des Etats, le sentiment pour ces Etats qu'un compor-

(80) *Ibid.*, p. 149-150 et 156.

(81) *Ibid.*, p. 148. Cela n'empêche pas les acteurs non étatiques de jouer un rôle d'influence ou d'impulsion qui peut parfois être considérable; v. p. ex. Laurence BOISSON DE CHAZOURNES, «Qu'est-ce que la pratique en droit international?», *loc. cit.*, p. 43-46; Emmanuel ROUCOUNAS, «Civil Society and its international dimension» *in Droit du pouvoir, pouvoir du droit. Mélanges Jean Salmon*, Bruxelles, Bruylant, 2007, p. 555-568.

(82) V. p. ex. Patrick DAILLIER et Alain PELLET, NGUYEN QUOC DINH, *Droit international public*, 7e éd., *op. cit.*, p. 327-328.

(83) V. Jean SALMON (dir.), *Dictionnaire de droit international public*, *op. cit.*, v° *Opinio juris sive necessitatis*, p. 781.

(84) CIJ, affaire du *Plateau continental de la Mer du Nord*, *Recueil 1969*, p. 44 (v. un extrait plus complet exposé ci-dessous).

tement est rendu obligatoire par une règle de droit. Un objectiviste ne verra dans la pratique qu'une illustration de mécanismes de nécessité ou de solidarité sociale qui amènent les sujets de la communauté internationale à se conformer à une règle de droit qui s'impose objectivement[85]. Logiquement, la pratique ne signifie donc rien en tant que telle. Ce n'est que l'*opinio juris sive necessitatis* qui marquera le passage d'un état de fait à un état de droit[86].

De la même manière, une pratique contraire à une règle coutumière ne constitue pas un élément déterminant dans l'établissement d'une nouvelle règle émergente si elle ne révèle pas une volonté claire des Etats de refuser l'autorité ancienne de la règle pour en préférer une nouvelle[87]. Ce principe a été exprimé par la Cour internationale de Justice dans son arrêt sur les *Activités militaires et paramilitaires au Nicaragua,* qui a clairement établi que l'existence d'une pratique contraire à la règle ne suffit pas à démontrer que cette règle soit mise en cause. Ainsi,

> «La Cour ne pense pas que, pour qu'une règle soit coutumièrement établie, la pratique correspondante doive être rigoureusement conforme à cette règle. Il lui paraît suffisant, pour déduire l'existence de règles coutumières, que les Etats y conforment leur conduite d'une manière générale et qu'ils traitent eux-mêmes les comportements non conformes à la règle en question comme des violations de celle-ci et non pas comme des manifestations de la reconnaissance d'une règle nouvelle. Si un Etat agit d'une manière apparemment inconciliable avec une règle reconnue, mais défend sa conduite en invoquant des exceptions ou des justifications contenues dans la règle elle-même, il en résulte une confirmation plutôt qu'un affaiblissement de la règle, et cela que l'attitude de cet Etat puisse ou non se justifier en fait sur cette base»[88].

[85] V. les précisions *supra*, chapitre I, section 2, ainsi que les réfléxions de Pierre-Marie DUPUY, «L'unité de l'ordre juridique international. Cours général de droit international public», *RCADI*, 2002, tome 297, p. 161-179.

[86] V. Marcelo KOHEN, «La pratique et la théorie des sources du droit international», *loc. cit.*, p. 84-85 et 93-95.

[87] V. notre étude «Breach and Evolution of the International Customary Law on the Use of Force» *in* Enzo CANNIZARO and Paolo PALCHETTI (ed.), *Customary International Law on the Use of Force: A Methodological Approach*, Leiden/ Boston, Martinus Nijhoff, 2005, p. 119-144.

[88] CIJ, affaire des *Activités militaires et paramilitaires au Nicaragua et contre celui-ci, Recueil 1986*, p. 98, par. 186.

C'est la justification qu'offre l'Etat adoptant cette pratique qui constitue l'élément essentiel sur lequel se fondera l'analyse visant à l'établissement d'une règle coutumière. Si l'Etat tente de justifier cette pratique en recourant aux exceptions classiques admises à cette règle juridique, cela signifie qu'il ne remet pas en cause l'existence de cette règle comme telle(89). *A contrario*, ce n'est que dans l'hypothèse où l'Etat affirme clairement qu'il n'a pas violé la règle parce qu'il ne s'estime pas lié par elle qu'une telle pratique pourra être considérée comme remettant véritablement la règle en cause, pourvu que l'on puisse établir une acceptation générale de cette position(90). Cette remise en cause découlerait alors non de la pratique en tant que telle, mais de celle de l'*opinio juris*.

Coutume et protection internationale des droits de l'Homme

De nombreuses règles relatives aux droits de l'Homme existent en droit international. Ces règles ont été acceptées par un nombre particulièrement important d'Etats, à la fois sur les plans conventionnel et coutumier. Il est vrai que ces règles font parfois l'objet de violations et qu'il existe donc une certaine pratique de violation des droits de l'Homme. Toutefois, dans la mesure où les Etats n'assument pas cette violation en tant que telle et se prévalent d'une interprétation des règles qui sont prévues par les conventions relatives aux droits de l'Homme pour justifier leur comportement, cette pratique n'a pas pour effet de remettre en cause les règles protectrices des droits de l'Homme. Au contraire, cette attitude a même plutôt pour conséquence de renforcer le caractère obligatoire de ces règles dans la mesure où elle témoigne du sentiment qu'a l'Etat de devoir recourir au système de protection des droits de l'homme pour y puiser des justifications juridiques(91). Cet exemple illustre à quel point la nature de la justification qu'offre l'Etat à certaines violations est essentielle afin d'évaluer l'existence ou non d'une véritable évolution de la règle coutumière.

Coutume et interdiction du recours à la force

Que faut-il penser de la pratique de violation du principe d'interdiction du recours à la force qui est relativement fréquente ? Cette pratique contraire peut amener certains auteurs à douter de l'existence réelle du principe d'in-

(89) Marcelo KOHEN, «La pratique et la théorie des sources du droit international», *loc. cit.*, p. 90-92.

(90) Rudolf BERNHARDT, «Customary International Law» *in* Rudolf BERNHARDT (ed.), *Encyclopedia of Public International Law*, North Holland, Alphabetical Ed., 1992, p. 901.

(91) Pour une application particulière, v. Barbara DELCOURT et Olivier CORTEN, «Kosovo : le droit international renforcé ?», *L'Observateur des Nations Unies*, 2000, n° 8, p. 133-147.

terdiction du recours à la force[92]. A l'inverse, si l'on s'intéresse à la justification officielle qu'offre l'Etat à cette violation, la règle juridique ne semble pas remise en cause en tant que telle. Si l'Etat nie les faits, cela peut être révélateur de la conscience qu'il a, par ailleurs, de l'existence d'un principe juridique d'interdiction. S'il a recours aux exceptions admises classiquement à l'interdiction du recours à la force, et notamment à la notion de légitime défense, cela signifie qu'il accepte de se soumettre au système défini par la Charte des Nations unies et que, sachant que ce recours à la force est interdit, il estime toutefois se trouver dans une situation relevant d'une exception à ce principe d'interdiction. Dans ces cas, la règle de l'interdiction est loin d'être entamée par la pratique. Au contraire, celle-ci vient renforcer l'existence de cette règle et son caractère obligatoire[93].

Il est important de rappeler que seule une justification *juridique* peut définir l'*opinio juris* des Etats face à une règle particulière du droit international. Pour reprendre un *dictum* célèbre de la Cour internationale de Justice,

> «Les Etats intéressés doivent avoir le sentiment de se conformer à ce qui équivaut à une obligation juridique. Ni la fréquence ni même le caractère habituel des actes ne suffisent. Il existe nombre d'actes internationaux (...) qui sont accomplis presque invariablement mais sont motivés par de simples considérations de courtoisie, d'opportunité ou de tradition et non par le sentiment d'une obligation juridique»[94].

La justification *politique* qui est parfois donnée par les Etats ne peut donc être utilisée aux fins de déterminer leur *opinio juris.* La différenciation entre les deux hypothèses n'implique évidemment pas que l'on doive exclure toute motivation politique pour pouvoir prétendre qu'il existe un sentiment d'obligation juridique. Néanmoins, la preuve de l'existence d'une règle coutumière suppose que l'on montre que, outre les motivations politiques, il existe un sentiment qu'il y aurait une obligation

(92) Michael J. GLENNON, «The UN Security Council in a Unipolar World», *Virginia Jnal of I.L.*, 2003, vol. 44, p. 100. V. aussi Thomas FRANCK, «Who Killed Article 2 (4)? or: Changing Norms Governing the Use of Force by States», *AJIL*, 1970, p. 809-837.

(93) V. notre étude précitée, «Breach and Evolution of the International Customary Law on the Use of Force», ainsi que Marie-Ellen O'CONNEL, «Taking Opinio Juris Seriously, A Classical Approach to International Law on the Use of Force» *in Customary International Law on the Use of Force: A Methodological Approach*, *op. cit.*, p. 9-30.

(94) CIJ, affaire du *Plateau continental de la Mer du Nord, Recueil 1969*, p. 44, par. 77.

juridique limitant ou encadrant la marge de manœuvre politique des Etats. La différenciation est difficile à établir mais c'est elle qui, par définition, permet de distinguer l'existence d'une règle de droit non écrite de la simple pratique politique.

L'intervention militaire en Yougoslavie témoigne-t-elle de l'émergence d'un « droit d'intervention humanitaire » ?

Dans le cadre de l'intervention des Etats en Yougoslavie, le discours des Etats visant à justifier leur participation se fondait notamment sur le « devoir moral » qu'avait l'Europe de sauver les Kosovars des persécutions du régime de Milosevic[95]. Il est parfaitement concevable d'admettre une telle justification sans être d'accord *juridiquement* avec l'intervention ou sans se prononcer sur l'aspect *juridique* de l'intervention. Certains Etats ont pu estimer que l'intervention était illicite (discours juridique), tout en partageant néanmoins le sentiment qu'une telle intervention était justifiée moralement. Un discours présentant un caractère éminemment politique ou moral ne pourra dès lors pas être utilisé pour démontrer l'existence ou l'émergence d'une coutume nouvelle que si, et dans la mesure où, ce discours se double d'une position juridique qu'un Etat adopte face à une règle de droit international. Le fait d'affirmer que l'intervention au Kosovo était « justifiée » ne signifie pas que l'Etat considère que l'opération militaire pouvait se fonder sur un éventuel *droit* d'intervention humanitaire. Si, en revanche, un Etat estime que cette intervention était « conforme au droit international », son discours devient pertinent, et il sera intéressant de dégager les arguments juridiques qu'il avance à l'appui de son affirmation. Dans la mesure où ces arguments seraient partagés par d'autres Etats, ils pourraient constituer la base d'une évolution coutumière de la règle de l'interdiction du recours à la force[96].

Comme on le constate dans chacun de ces exemples, l'*opinio juris* constitue un élément décisif, qui doit permettre de déterminer si une pratique peut être constitutive d'une coutume. Il importe dès lors de démontrer son existence d'une manière aussi convaincante que possible. Cela n'exclut pas que l'on se fonde sur un silence ou une abstention, mais encore faut-il montrer que ce silence est circonstancié, c'est-à-dire qu'il s'explique (fût-ce en partie) par des considérations liées au caractère obli-

(95) Déclaration du Conseil européen de Berlin, *Bulletin quotidien Europe*, 26 mars 1999, n° 7433, p. 5-6. V. les autres textes produits et commentés par Laurence Weerts, « Droit, politique et morale dans le discours justificatif de l'Union européenne et de l'OTAN : vers une confusion des registres de légitimité », *loc. cit.*, p. 108-118, et les références citées.

(96) V. le chapitre VIII, section 2 de mon ouvrage précité, *Le droit contre la guerre*, ainsi que « Human Rights and Collective Security : Is There an Emerging Right of Humanitarian Intervention ? » *in* Ph. Alston and E. MacDonald (ed.), *Human Rights, Intervention, and the Use of Force*, Oxford, OUP, 2008, p. 108-111.

gatoire de la règle[97]. Comme l'avait déjà indiqué, la CPJI, «(...) c'est seulement si l'abstention était motivée par la conscience d'un devoir de s'abstenir que l'on pourrait parler de coutume internationale»[98].

L'intervention dans le Kurdistan irakien en avril 1991

En avril 1991, plusieurs Etats occidentaux ont engagé une intervention militaire dans le Kurdistan irakien, officiellement en vue de mettre fin à la répression féroce menée par les troupes commandées par Saddam Hussein. Cette opération, qui n'avait pas été autorisée par l'ONU, n'a guère fait l'objet de condamnations ou de protestations. Ce silence s'expliquait essentiellement par des raisons morales, cela n'implique pas qu'il doive être interprété comme une prise de position juridique tendant à considérer ce type d'intervention militaire comme conforme au droit international[99].

Dans ce contexte, on rappellera que la détermination d'une *opinio juris sive necessitatis* doit pouvoir s'appuyer sur de nombreux précédents et être dégagée d'une pratique constante de l'Etat correspondant à une position juridique également constante. Le positionnement d'un Etat à l'égard d'une règle juridique peut éventuellement évoluer au fil du temps. Cela supposera néanmoins de mettre en évidence la volonté qu'a l'Etat de changer sa position juridique, d'une part, et l'accord (option volontariste) ou le sentiment du caractère objectivement nécessaire (option objectiviste) qui en aurait résulté, d'autre part.

Un dernier facteur de difficulté mérite d'être souligné. En principe, l'*opinio juris* doit pouvoir être déduite des positions de l'ensemble des Etats concernés par la règle coutumière. Si l'on est en présence d'une coutume bilatérale, on doit donc établir cette conviction dans le chef des deux Etats concernés. Si la

[97] V. ci-dessus, ainsi que Luigi CONDORELLI, «La coutume» *in* M. BEDJAOUI (dir.), *Droit international. Bilan et perspectives*, tome I, *op. cit.*, p. 197; Marcelo KOHEN, «La pratique et la théorie des sources du droit international», *loc. cit.*, p. 91-92.

[98] CPJI, affaire du *Lotus*, *Sér. A*, n° 10, p. 28. La formule est faite sienne par la Cour internationale de Justice dans l'affaire du *Plateau continental de la Mer du Nord* (CIJ, *Recueil 1969*, p. 45). V. aussi Vladimir DEGAN, *Sources of International Law*, *op. cit.*, p. 161-162, ainsi que Charles DE VISSCHER, *Problèmes d'interprétation judiciaire en droit international public*, *op. cit.*, p. 168-181.

[99] En ce sens, Note du Département de droit international du ministère suisse des Affaires étrangères du 20 janvier 1993, «La pratique suisse en matière de droit international public», *RSDIE*, 1994, p. 626; pour plus de détails, v. le chapitre VI, section 2 de mon ouvrage précité, *Le droit contre la guerre*.

coutume est régionale, on élargira l'exigence à l'ensemble des Etats de la région en cause. Enfin, si la coutume a une portée universelle, c'est à l'échelle universelle également que devra être établie l'*opinio juris sive necessitatis*[(100)]. Cette exigence rend méthodologiquement critiquable l'établissement présumé d'une coutume sur la seule base de la position de certains Etats, si importants soient-ils[(101)]. Lorsqu'on établit une coutume générale, on prendra soin de ne pas se limiter à la position officielle des quelques Etats occidentaux qui, il est vrai, reçoivent une publicité particulière dans les médias[(102)]. En d'autres termes, il sera tout aussi intéressant de citer la position commune des Etats de la Caricom (Communauté des Etats de la Caraïbe), de l'ASEAN (Association des Etats de l'Asie du Sud-Est), de l'Union africaine, de l'OCI (Organisation de la Conférence islamique, qui compte 57 Etats) ou *a fortiori* du Mouvement des non-alignés (115 Etats) et du «groupe des 77» (130 Etats), que celle des Etats de l'UE, de l'OTAN, du G7/8 ou des Etats membres du Conseil de sécurité[(103)]. Comme on l'a déjà signalé, un volontariste sera à cet égard plus exigeant qu'un objectiviste. Dans la mesure où il adhère à la doctrine de l'objecteur persistant, le volontariste vérifiera l'existence d'une *opinio juris* dans le chef de chacun des Etats auxquels il souhaitera opposer la règle, même s'il est admis que cette opinion puisse résulter d'un silence circonstancié. L'objectiviste se contentera en revanche d'une volonté générale plus diffuse, qui ne supposera pas que soit respectée la règle de l'unanimité. Même dans ce cas, il sera toutefois essentiel de diversifier autant que possible les sources

(100) En ce sens, Marcelo KOHEN, «La pratique et la théorie des sources du droit international», *loc. cit.*, p. 86-90.

(101) Certains auteurs estiment au contraire que la coutume doit être établie principalement à partir de la position des *major States* ou des *leading States*; v. p. ex. Tom J. FARER, «Humanitarian Intervention before and after 9/11: Legality and Legitimacy» *in* J.L. HOLZGREFE and R.O. KEOHANE (ed.), *Humanitarian Intervention. Ethical, Legal and Political Dilemnas*, Cambridge, CUP, 2003, p. 80, ou J.G. CASTEL, «The Legality and Legitimacy of Unilateral Armed Intervention in an Age of Terror, Neo-Imperialism, and Massive Violations of Human Rights: Is International Law Evolving in the Right Direction?», *CYIL*, 2004, p. 4.

(102) Ainsi, «[u]ne coutume générale (...) ne peut plus désormais être reçue en droit international sans que soit strictement tenu compte de l'opinion ou de l'attitude des Etats du tiers monde» (CIJ, affaire de la *Barcelona Traction (Deuxième phase)*, op. indiv. Ammoun, *Recueil 1970*, p. 330).

(103) V. plus de détails dans mon étude, «The Controversies Over the Customary Prohibition on the Use of Force: A Methodological Debate», *loc. cit.*, p. 819-821.

de ses affirmations, en se fondant sur les positions d'Etats porteurs de lignes politiques, d'idéologies, et de cultures différentes.

Finalement, il existe d'autant plus de raisons d'être particulièrement exigeant dans l'établissement d'une règle coutumière que, en droit international actuel, la plupart des règles concernées sont consignées dans des instruments conventionnels applicables en tant que tels. Ces instruments conventionnels prévoient des procédures de révision ou d'amendement particulièrement lourdes. Si l'on peut accepter que les évolutions d'une règle ne soient pas toujours subordonnées à la mise en œuvre de ces procédures, ce qui ne peut s'opérer que par la voie coutumière, il n'existe aucune raison de passer d'un excès, celui d'un formalisme étriqué, à un autre, qui se contenterait de mécanismes entièrement débridés de production de la norme(104). L'évolution par la voie coutumière suppose donc, à tout le moins, que l'établissement de la pratique et de l'*opinio juris sive necessitatis* ne s'opère que sur la base de précédents variés et avec un degré d'exigence particulièrement élevé. En pratique, on constate d'ailleurs que les auteurs ou les juridictions qui procèdent à l'établissement de règles coutumières s'appuient sur des éléments relativement objectifs et complets, que l'on détaillera dans les lignes qui suivent.

B. Les sources documentaires pertinentes en vue de l'établissement d'une règle coutumière

Une question méthodologique importante qui se pose relativement aux règles coutumières est la manière dont leur existence ainsi que leur contenu pourront être établis concrètement. Comment définir, de manière aussi objective que possible, une source qui, par définition, est une source non écrite? La preuve d'une règle coutumière sera pratiquement établie par la réunion de différents indices existant dans certains écrits marquant l'opinion juridique des Etats(105). En d'autres termes, si la coutume est une source non écrite, elle est essentiellement établie à partir de

(104) En ce sens, v. l'étude de référence de Prosper Weil, «Vers une normativité relative en droit international?», *loc. cit.*, p. 5-47.

(105) V. aussi Marteen Bos, *A Methodology of International Law*, *op. cit.*, p. 236-246.

sources écrites[106]. La position des Etats pourra ainsi être déterminée par des moyens directs, c'est-à-dire des documents qui reflètent directement cette position, et des moyens indirects, qui consistent en des opinions relatives à l'existence de règles coutumières. Les premiers renvoient à des instruments comme les résolutions des organisations internationales (1), les traités non applicables à titre conventionnel (2), les travaux de la Commission du droit international (3) et les autres documents établissant la position officielle des Etats (4). Les seconds renvoient principalement à la jurisprudence (5) et à la doctrine (6).

1. Les résolutions d'organisations internationales

En principe, une résolution édictée par une organisation internationale ne produit des effets juridiques que si, et dans la mesure où, l'acte constitutif de cette organisation le prévoit. On est alors non pas dans le domaine de l'établissement d'une règle coutumière mais dans celui du droit dérivé des organisations internationales[107]. La doctrine, ainsi que la jurisprudence, admettent toutefois que l'on utilise certaines résolutions aux fins de l'établissement d'une coutume[108], à certaines conditions bien particulières que l'on se contentera de rappeler brièvement[109].

En premier lieu, il faut en principe que, par le biais de l'adoption de la résolution concernée, les Etats aient entendu exprimer leur position juridique au sujet du contenu d'une règle de droit[110]. Il faudra à cet égard analyser soigneusement les termes de l'instrument concerné, ainsi que les prises de position officielles des Etats au moment de son adoption. On sait que c'est sur cette base que la Cour internationale de Justice a estimé que les résolutions 2625 (XXV) du 24 octobre 1970 relative aux

(106) V. Georges Abi-Saab, «Cours général de droit international public», *RCADI*, 1987, VII, tome 207, p. 177.

(107) *Infra*, section 3 du présent chapitre.

(108) V. p. ex. Georges Abi-Saab, «La coutume dans tous ses Etats ou le dilemme du développement du droit international général dans un monde éclaté» *in Mélanges Roberto Ago*, vol. I, Milan, Giuffrè, 1987, p. 55-56. V. aussi la résolution de l'Institut de droit international, «L'élaboration des grandes conventions multilatérales et des instruments non conventionnels à fonction ou à vocation normative», Session du Caire, 1987, texte disponible sur le site internet de l'Institut; http ://www.idi-iil.org.

(109) V. aussi Maarten Bos, *A Methodology of International Law*, *op. cit.*, p. 84-88.

(110) Vladimir Degan, *Sources of International Law*, *op. cit.*, p. 194-204.

principes du droit international touchant les relations amicales et la coopération entre les Etats conformément à la Charte des Nations unies, et 3314 (XXIX) du 14 décembre 1974 définissant l'agression, reflétaient le droit coutumier(111). Dans certains cas, on peut distinguer, au sein d'un même instrument, d'une part, les règles reconnues comme juridiques par les Etats et, d'autre part, les principes qui en restent à un stade purement politique. C'est en ce sens que l'on a, par exemple, interprété des instruments comme l'Acte final d'Helsinki(112). Enfin, il se peut que la position juridique des Etats se dégage non au moment de l'adoption de l'instrument en cause mais postérieurement à son adoption. La Déclaration universelle des droits de l'homme a ainsi été conçue comme un idéal à atteindre en 1948, mais on a pu estimer ensuite que les Etats la tenaient pour un instrument exprimant, à tout le moins en partie, du droit international coutumier(113).

En second lieu, il faut également appliquer aux résolutions le principe selon lequel tous (option volontariste) ou une large part (option objectiviste) des Etats concernés doivent avoir partagé le sentiment de reconnaître une règle de droit. L'option volontariste est bien illustrée par l'affaire des *Activités militaires*. Dans cette affaire, la Cour internationale de Justice vérifie spécifiquement que le Nicaragua et les Etats-Unis ont accepté la règle générale prohibant le recours à la force dans les relations internationales(114). La Cour analyse à cet effet les déclarations émises par ces Etats au moment de l'adoption de certaines résolutions de l'Assemblée générale énonçant cette prohibition pour vérifier que ni les Etats-Unis ni le Nicaragua n'avaient émis de réserve particulière(115). *A contrario*, la Cour ne se contente pas de constater que ces résolutions ont été acceptées par un grand

(111) CIJ, affaire des *Activités militaires*, *Recueil 1986*, p. 98-101, par. 187-190, p. 103, par. 95; affaire du *Mur*, avis du 9 juillet 2004, p. 171, par. 87; affaire des *Activités armées*, arrêt du 19 décembre 2005, par. 146 et 162; v. aussi affaire de la *Menace ou de l'emploi d'armes nucléaires*, *Recueil 1996*, p. 264, par. 102.

(112) CIJ, affaire des *Activités militaires et paramilitaires au Nicaragua et contre celui-ci*, *Recueil 1986*, p. 100, par. 189.

(113) CIJ, affaire du *Personnel diplomatique et consulaire des Etats-Unis à Téhéran*, *Recueil 1980*, p. 42, par. 91.

(114) Selon ses termes, la Cour constate «que les Parties sont d'accord pour considérer que les principes relatifs à l'emploi de la force qui figurent dans la Charte des Nations unies correspondent, pour l'essentiel, à ceux qui se retrouvent dans le droit international coutumier» (CIJ, *Recueil 1986*, p. 99, par. 188).

(115) *Ibid.*, p. 100, par. 188-189.

nombre d'Etats pour prétendre qu'elles refléteraient un droit coutumier opposable aux Etats parties. On retrouve en revanche un exemple de l'option objectiviste dans l'affaire *Texaco*. L'arbitre estime dans cette affaire qu'une coutume peut être déduite d'une résolution de l'Assemblée générale énonçant des règles juridiques, pourvu que cette résolution ait été acceptée par un grand nombre d'Etats (critère quantitatif), Etats appartenant à des groupes différents, à l'époque occidentaux, socialistes et non alignés (critère qualitatif)[116]. Dans les deux cas, le juge prend soin d'établir une large acceptation de la règle coutumière par le biais des votes au sein de l'Assemblée générale des Nations unies.

Un cas particulier mérite à cet égard d'être souligné, c'est celui de la prise en compte de résolutions du Conseil de sécurité des Nations unies pour établir l'existence d'une règle coutumière d'ordre général. Dans le domaine relatif à l'interdiction du recours à la force, par exemple, la doctrine invoque souvent la pratique du Conseil pour prétendre que la coutume a évolué, dans tel ou tel sens[117]. Cette prise en compte ne pose pas en tant que telle de problème, mais elle suscite parfois des interrogations sur le caractère rigoureux de la démarche[118]. D'abord, parce que le Conseil n'est composé que de quinze membres des Nations Unies, et ne peut prétendre à lui seul exprimer la position juridique de l'ensemble des Etats[119]. La «pratique du Conseil» ne peut donc être prise en compte qu'à certaines conditions. Soit que l'on démontre que la résolution, qui contiendrait par hypothèse une *opinio juris* au sujet d'un point particulier, a été en tant que telle acceptée par l'ensemble des Etats, le cas échéant par le biais de la technique du «silence circonstancié»; l'option supposera donc une recherche fouillée, le chercheur ne pouvant se satisfaire d'une simple citation de la résolution du

(116) Affaire *Texaco/Calasiatic/Gouvernement libyen*, sentence du 19 janvier 1977, texte dans *Journal de droit international*, 1977, p. 376-379, par. 83-88.

(117) V. p. ex. Stanimir A. ALEXANDROV, *Self-Defense Against the Use of Force in International Law*, The Hague/London/Boston, Kluwer, 1996, not. p. 149 et s.

(118) V. mon étude, «La participation du Conseil de sécurité à l'élaboration, à la cristallisation ou à la consolidation de règles coutumières», *RBDI*, 2004, p. 552-567.

(119) V. Vera GOWLLAND-DEBBAS, «The Limits of Unilateral Enforcement of Community Objectives in the Framework of UN Peace Maintenance», *EJIL*, 2000, p. 377; Gérard CAHIN, *La coutume internationale et les organisations internationales. L'incidence de la dimension institutionnelle sur le processus coutumier*, Paris, Pedone, 2001, p. 35.

Conseil. Soit que l'on prenne pour base un grand nombre de résolutions qui s'étalent sur une certaine période, résolutions qui, en raison du renouvellement périodique des dix membres non permanents, impliquent un nombre substantiel d'Etats; dans ce cas, il sera sans doute plus aisé de montrer une acceptation générale du principe en cause[(120)].

Une fois encore, on rappellera le caractère plus exigeant de la démarche volontariste en ce domaine, la démarche objectiviste concluant plus rapidement à l'établissement d'une règle coutumière générale, pourvu que cette dernière puisse être considérée comme le reflet des nécessités sociales qui marqueraient une évolution de la communauté internationale. Même dans ce dernier cas, la rigueur méthodologique suppose cependant de vérifier que ces nécessités, loin de ne résulter que d'une analyse personnelle, sont exprimées dans des sources variées qui impliquent un grand nombre d'Etats ou d'autres acteurs de la société internationale. Ce n'est que dans cette mesure que l'on pourra admettre l'utilisation de résolutions d'organisations internationales aux fins de l'établissement d'une règle coutumière à vocation générale. La même rigueur s'imposera d'ailleurs lorsqu'on utilisera d'autres documents, comme les traités qui ne sont pas applicables à titre conventionnel.

2. *Les traités non applicables à titre conventionnel*

Fort logiquement, un traité ne sortira normalement des effets juridiques que conformément au droit international des traités, dont on a rappelé quelques principes élémentaires ci-dessus. Il se peut toutefois que certains instruments conventionnels soient utilisés aux fins de l'établissement d'une règle coutumière :

- soit parce qu'ils ne sont pas, ou pas encore, entrés en vigueur ; certaines dispositions de la Convention de Vienne de 1969 sur le droit des traités ou de la Convention de Montego Bay de 1982 sur le droit de la mer ont ainsi été considérées par la

(120) Dans son avis sur la Namibie, la Cour prend ainsi soin d'affirmer que « la pratique de l'abstention d'un membre permanent a toujours et uniformément été interprétée (...) comme ne faisant pas obstacle à l'adoption de résolutions (...). La procédure suivie par le Conseil de sécurité (...) *a été généralement acceptée par les Membres des Nations unies* et constitue la preuve d'un pratique générale de l'Organisation » (je souligne ; CIJ, affaire de la *Namibie*, *Recueil 1971*, p. 22, par. 22).

Cour internationale de Justice comme des règles coutumières avant même qu'elles soient entrées en vigueur(121);

- soit parce que ces traités ne sont pas applicables à certains Etats; on a parfois estimé que certaines dispositions conventionnelles de droit des conflits armés s'appliquent, même aux Etats qui ne sont pas parties à ces instruments(122);
- soit parce que, même s'ils pourraient être appliqués, on considère que les traités concernés se doublent d'une règle coutumière ayant un contenu similaire; dans l'affaire des *Activités militaires*, la Cour internationale de Justice affirme ainsi que certains principes juridiques de la Charte de l'ONU ont une existence coutumière autonome, et que la Charte peut être utilisée pour préciser le contenu de cette règle coutumière(123).

Cette méthode ne pose, en tant que telle, pas de problème particulier(124). L'ensemble des précautions mentionnées au sujet de l'utilisation de résolutions d'organisations internationales reste cependant applicable. On ne peut évidemment contourner le principe de la relativité des traités(125) en affirmant, sans une analyse et une motivation fouillées, que le traité reflète par ailleurs une règle coutumière. En réalité, il importera de prouver, pour chacune des dispositions invoquées, qu'elle reflète une *opinio juris* et que, dans cette mesure, il est possible de l'appliquer à titre coutumier. Il importera à cet effet de prendre en compte les travaux préparatoires de l'instrument, ainsi que les prises de positions des Etats concernés postérieurement à son adoption. On pourra par exemple démontrer que le faible nombre de ratifications ou d'adhésions est essentiellement dû à une disposition contestée, mais ne remet pas en cause l'acceptation du caractère obligatoire – dans un premier temps au seul titre de la coutume – d'autres dispositions du même traité.

(121) V. p. ex. CIJ, affaire des *Pêcheries*, *Recueil 1973*, p. 14, par. 24 et p. 63, par. 36; affaire *Elettronica Sicula*, *Recueil 1989*, p. 70-71, par. 118; affaire du *Golfe du Maine*, *Recueil 1984*, p. 294, par. 94; affaire du *Plateau continental (Libye/Malte)*, *Recueil 1985*, p. 30, par. 27.

(122) V. p. ex. CIJ, affaire de la *Licéité de la menace ou de l'emploi d'armes nucléaires*, *Recueil 1996*, p. 267, par. 79.

(123) CIJ, *Recueil 1984*, p. 421; *Recueil 1986*, p. 94-97, par. 176-181.

(124) V. déjà Charles DE VISSCHER, *Problèmes d'interprétation judiciaire en droit international public*, *op. cit.*, p. 230-233.

(125) V. à ce sujet Serge SUR, *L'interprétation en droit international public*, *op. cit.*, p. 192, ainsi que l'étude précitée de Prosper WEIL, «Vers une normativité relative en droit international»?.

3. *Les travaux de la Commission du droit international*

La Commission du droit international est un organe juridique de l'Assemblée générale des Nations unies, composé de juristes particulièrement qualifiés qui, quoique nommés par les Etats, siègent à titre indépendant(126). Les travaux de la Commission sont bien connus, et touchent des domaines aussi importants que le droit des traités, le droit de la responsabilité ou les crimes contre la paix et contre l'humanité, pour ne reprendre que quelques exemples(127). Dans la mesure où leurs auteurs siègent à titre individuel, les textes produits par la Commission ne sont pas des textes publics officiels, et doivent dès lors être considérés comme de la doctrine(128).

Les particularités de la méthode de travail de la Commission permettent cependant une utilisation de certains documents aux fins de l'établissement d'une règle coutumière. En application de ses statuts, la Commission du droit international est chargée de favoriser la «codification» et le «développement progressif» du droit international(129). A cette fin, la Commission nomme, pour chaque sujet qu'elle est amenée à traiter, un rapporteur qui établit un texte en se fondant sur une analyse fouillée de la pratique des Etats(130). Ce texte est discuté en commission, puis

(126) Selon l'article 2, par. 1 des statuts, la Commission se compose de 34 membres «possédant une compétence reconnue en matière de droit international»; texte sur http://untreaty.un.org/ilc/texts/instruments/francais/statut/statute_f.pdf . V. *La Commission du droit international et son œuvre*, 4e éd., New York, Nations unies, 1989, p. 7, ainsi que B.G. Ramcharan, *The International Law Commission. Its Approach to the Codification and Progressive Development of International Law*, The Hague, Martinus Nijhoff, 1977; J.S. Morton, *The International Law Commission of the United Nations*, South Carolina, U.P., 2000.

(127) V. la liste des sujets sur http://www.un.org/law/ilc/index.htm.

(128) V. André Oraison, «Réflexions sur «la doctrine des publicistes les plus qualifiés des différentes nations»», *RBDI*, 1991, p. 561-568; Eric Canal-Forgues, Patrick Rambaud, *Droit international public*, Paris, Flammarion, 2007, p. 148.

(129) Article 1, par. 1, du statut de la Commission. Selon les termes de l'article 15 de ce même statut, «l'expression «développement progressif du droit international» est employée pour la commodité, pour viser les cas où il s'agit de rédiger des conventions sur des sujets qui ne sont pas encore réglés par le droit international ou relativement auxquels le droit n'est pas encore suffisamment développé dans la pratique des Etats. De même, l'expression «codification du droit international» est employée, pour la commodité, pour viser les cas où il s'agit de formuler avec plus de précision et de systématiser les règles du droit international dans des domaines dans lesquels il existe déjà une pratique étatique considérable, des précédents et des opinions doctrinales».

(130) V. *La Commission du droit international et son œuvre*, 6e éd., 2 vol., New York, Nations unies, 2005.

est envoyé aux Etats membres de l'ONU en vue de recueillir leurs positions. En outre, chaque année, un débat sur les travaux de la CDI a lieu au sein de la sixième commission (« commission des questions juridiques ») de l'Assemblée générale des Nations unies, débat au cours duquel l'opinion juridique de nombreux Etats peut être décelée. Ce n'est donc qu'à la suite d'une très longue procédure, intégrant à plusieurs reprises la position des Etats, qu'un texte sera finalement adopté par la Commission du droit international(131). Le cas échéant, ce texte pourra servir de base à l'élaboration d'un traité, comme cela a notamment été le cas pour les Conventions de Vienne sur les relations diplomatiques et consulaires, ou sur le droit des traités. L'ensemble des travaux est publié, principalement dans l'*Annuaire de la Commission du droit international*(132), ainsi que sur un site internet(133). La consultation des débats qui ont eu lieu au sein de la sixième Commission de l'Assemblée générale est plus difficile d'accès, même s'il semble que les documents soient progressivement intégrés dans les bases de données de l'ONU(134).

On ne s'étonnera pas que, dans ces conditions, la jurisprudence(135) comme la doctrine(136) fassent régulièrement référence aux travaux de la Commission pour établir l'existence d'une règle coutumière. La démarche suppose évidemment que le sujet concerné ait été traité par la Commission(137). Si tel est le cas, on se trouve devant une source documentaire tout simplement incontournable. Une fois encore, cela n'empêche pas que l'on soit particulièrement attentif à respecter les précautions méthodologiques qui ont déjà été évoquées au sujet des autres sources documentaires. On veillera en particulier à distinguer

(131) V. des exemples dans *ibidem*, ainsi que sur le site internet de la Commission, dont l'adresse est indiquée plus bas.

(132) Le premier *Annuaire* est paru en 1949. Chaque année, un premier volume comprend un compte rendu analytique des débats entre les membres de la Commission, tandis qu'un second reprend les textes et documents, y compris les rapports ainsi que les projets adoptés par la Commission.

(133) http ://www.un.org/law/ilc.

(134) http ://unbisnet.un.org/indexf.htm.

(135) CIJ, affaire des *Activités militaires et paramilitaires au Nicaragua et contre celui-ci*, *Recueil 1986*, p. 100-101, par. 190.

(136) V. p. ex. *Les Conventions de Vienne sur le droit des traités. Commentaire article par article*, ouvrage précité, où les auteurs se prononcent sur le caractère coutumier des dispositions de ces conventions en se référant abondamment aux travaux de la Commission.

(137) V. à cet égard la liste des sujets traités sur le site de la Commission, site dont l'adresse a été indiquée plus haut.

les différents aspects des textes de la Commission, certains pouvant refléter du droit coutumier, au contraire d'autres qui sont particulièrement contestés. Il sera également indiqué de montrer que la disposition du projet d'articles que l'on souhaite invoquer consacre la «codification», et non le «développement progressif», du droit international, et ce même si la Commission admet que la distinction est bien souvent théorique[138]. Une autre possibilité est encore de montrer que, si telle disposition n'était pas codificatrice à l'origine, elle a été considérée comme telle postérieurement à son élaboration[139].

Finalement, les travaux de la Commission du droit international peuvent être utilisés à plusieurs titres. Comme doctrine particulièrement autorisée, comme élément des travaux préparatoires d'un traité (dans l'hypothèse où un projet d'article a été suivi d'une conférence qui a elle-même abouti à la conclusion d'un instrument conventionnel reprenant l'essentiel du travail de la Commission) ou comme source directe permettant de démontrer l'existence d'une *opinio juris* des Etats dans un domaine particulier.

4. Les autres documents établissant la position officielle des Etats

Indépendamment des moyens relativement institutionnalisés qui viennent d'être exposés, les Etats expriment régulièrement leurs positions par une série de moyens les plus variés et, parfois, les plus informels: documents diplomatiques, déclara-

(138) La Commission du droit international elle-même a admis le caractère indissociable de la codification et du développement progressif (*Annuaire de la Commission du droit international*, 1956, II, p. 256, par. 26). V. aussi Herbert W. Briggs, «Reflections on the Codification of International Law by the International Law Commission and by other Agencies», *RCADI*, 1969, I, tome 126, p. 243; Shabtai Rosenne, *Practice and Methods of International Law*, *op. cit.*, p. 73-74, ainsi que notre étude, «Les aspects idéologiques de la codification du droit international» *in Mélanges Jacques Vanderlinden*, Bruxelles, Bruylant, 2004, p. 500-501.

(139) Peut-être pourrait-on envisager dans cette perspective la notion d'«état de nécessité», contestée à l'origine (notamment par Jean Salmon, «Faut-il codifier l'état de nécessité en droit international» *in Mélanges Manfred Lachs*, Dordrecht, Martinus Nijhoff, 1984, p. 235-270), puis progressivement reconnue comme exprimant un principe coutumier par la jurisprudence internationale; v. CIJ, affaire du *Projet Gabcikovo-Nagymaros*, *Recueil 1997*, p. 40, par. 51-52: affaire des *Conséquences juridiques de l'édification d'un mur dans le territoire palestinien occupé*, *Recueil 2004*, p. 194-195, par. 140.

tions publiques, conférences de presse, prises de position au sein d'instances parlementaires, déclarations de presse, ... Ces prises de position peuvent contribuer à établir l'*opinio juris* des Etats concernés, pourvu que l'on garde à l'esprit toutes les précautions méthodologiques nécessaires[(140)]. Comme souvent, la difficulté réside dans la distinction entre conviction juridique ou simple prise de position politique[(141)].

Une manière de pallier, ou en tout cas d'atténuer, cette difficulté, consiste à recourir à des publications spécialisées de droit international[(142)]. Ces publications ont été réalisées par des auteurs qui ont déjà sélectionné les positions en ne retenant que celles qui sont susceptibles de générer des effets juridiques. L'avantage est la facilité d'accès et la rapidité. L'inconvénient est que la sélection comprend par définition une part de subjectivité, et que l'on risque de négliger certaines positions qui n'ont pas été retenues mais qui, à l'analyse, pourraient s'avérer pertinentes. Il sera en tout état de cause intéressant de consulter ces publications, quitte à ne pas s'en contenter.

- Pour les prises de position déjà relativement anciennes, on se référera notamment à des recueils de pratique publiés sous la forme d'ouvrage[(143)]. Certains sont consacrés à la position d'un Etat dans divers domaines du droit international: il existe ainsi des recueils de la pratique de la France[(144)], du Royaume-Uni[(145)], des Etats-Unis[(146)], du Canada[(147)], de l'Italie[(148)], ou d'autres Etats encore[(149)]... D'autres publica-

(140) V. déjà Dionisio ANZILOTTI, *Cours de droit international*, *op. cit.*, p. 77-79.

(141) Vladimir DEGAN, *Sources of International Law*, *op. cit.*, p. 160.

(142) V. Shabtai ROSENNE, *Practice and Methods of International Law*, *op. cit.*, p. 23-26.

(143) *Ibid.*, p. 58-61.

(144) Alexandre-Charles KISS, *Répertoire de la pratique française en matière de droit international public*, Paris, Editions du CNRS, plusieurs volumes.

(145) Clive PARRY (ed.), *A British Digest of International Law*, London, Stevens & Sons, à partir de 1965, plusieurs volumes.

(146) *Digest of United States Practice*, Washington, Department of State Publication, plusieurs volumes.

(147) Hugh M. KINDRED (ed.), *International Law, chiefly as interpreted and applied in Canada*, 6th ed., Toronto, Edmond Montgomery, 2000.

(148) *La prassi italiana di diritto internazionale*, Instituto di studi giuridici sulla comunita internazionale, Roma, Consiglio nazionale delle ricerche, plusieurs volumes.

(149) V. p. ex. Monroe LEIGH and Merritt R. BLAKESLEE (ed.), *National treaty law and practice: France, Germany, India, Switzerland, Thailand, United Kingdom*, Washington, Studies in transnational legal policy, n° 27, 1995; Monroe LEIGH,

tions reprennent la position de plusieurs Etats à partir d'un événement particulier, comme la crise du Kosovo[150], la guerre du Golfe[151] ou la guerre du Libéria[152], par exemple.

- Pour des positions anciennes mais aussi plus récentes, on se reportera aux sélections opérées dans certaines grandes revues de droit international, qui exposent la position d'un Etat au cours d'une période déterminée, position qui touche à un[153] ou plusieurs domaines du droit international. Citons, par exemple, la *Revue belge de droit international* pour la Belgique[154], l'*Annuaire français de droit international* pour la France[155], l'*International and Comparative Law Quarterly* puis le *British Yearbook of International Law* pour le Royaume-Uni[156], l'*American Journal of International Law* pour les Etats-Unis d'Amérique[157], la *Revista espanola de derecho internacional* pour l'Espagne[158], le *Canadian Yearbook of International Law* pour le Canada[159], l'*Annuaire suisse de droit international* puis la *Revue suisse de droit*

Merritt R. Blakeslee and L. Benjamin Ederington (ed.), *National treaty law and practice: Austria, Chile, Colombia, Japan, the Netherlands, United States*, Washington, ASIL, Studies in transnational legal policy, n° 30, 1999.

(150) Heike Krieger (ed.), *The Kosovo Conflict and International Law. An Analytical Documentation 1974-1999*, Cambridge International Documents Series, vol. I, Cambridge, CUP, 2001, 601 p.; Marc Weller (ed.), *The Crisis in Kosovo 1989-1999*, Cambridge, Documents & Analysis Publ. 1999, 502 p.

(151) M. Weller (ed.), *Iraq and Kuwait: the Hostilities and their Aftermath*, Cambridge International Documents Series, vol. 3, Cambridge, Grotius Publ. Ltd, 1993, 780 p.

(152) M. Weller (ed.), *Regional Peace-keeping and International Enforcement: The Liberian Crisis*, Cambridge, Cambridge University Press, 1994, 465 p.

(153) V. pour le domaine du droit international humanitaire, «A guide to state practice concerning International Humanitarian Law», *YIHL*, à partir de 1997.

(154) «La pratique belge en matière de droit international», *RBDI*, à partir de 1965.

(155) «Pratique française du droit international», *AFDI*, à partir de 1955.

(156) «The Contemporary Practice of the United Kingdom in the Field of International Law – Survey and Comment», *ICLQ*, de 1956 à 1961; «United Kingdom Materials on International Law», *BYBIL*, à partir de 1975. Il existe une version sur cdrom, Geoffrey Marston, «United Kingdom Materials on International Law 1975-2001», Oxford; OUP, disponible à partir de http://www.oup.co.uk/episbn/0-19-925325-0.

(157) «United States Contemporary Practice Relating to International Law», puis «Contemporary Practice of the United States», *AJIL*, à partir de 1959.

(158) «Practica espanola de derecho internacional», *REDI*, de 1978 à 1995; «Cronica de la politica espanola», *REDI*, à partir de 1997.

(159) «Canadian Practice in International Law», *CYIL*, à partir de 1963.

international et européen pour la Suisse[160] ou le *Netherlands Yearbook of International Law* pour les Pays-Bas[161].

- Enfin, pour des positions qui s'étendent à l'actualité, on peut se reporter à certains sites internet consacrés à un domaine particulier du droit international. Il existe par exemple un site consacré à la pratique et à la position des Etats dans le domaine de l'interdiction du recours à la force, qui reprend une série de précédents avec, pour chacun d'entre eux, une sélection des prises de position des Etats[162]. Pour le droit des conflits armés, il est par ailleurs possible de prendre connaissance des pratiques étatiques nationales par l'intermédiaire du site internet du comité international de la Croix-rouge[163].

Ces sources ne sont pas exhaustives. On peut, selon les Etats et les sujets concernés, les compléter par d'autres documents. Un Etat peut par exemple avoir précisé sa position au sujet de l'existence d'une règle coutumière dans le cadre d'une procédure judiciaire. Dans la mesure où les pièces de cette procédure sont rendues publiques, il pourra être intéressant de s'y référer. La Cour internationale de Justice publie ainsi, en ligne, les écritures et plaidoiries exposées devant elle, plaidoiries dont l'analyse peut bien évidemment présenter le plus haut intérêt pour préciser la position juridique d'un Etat[164].

Au-delà de ces sources strictement juridiques, on pourra encore recourir à des documents qui livrent des prises de position diplomatique au sujet de questions d'actualité. Sous la forme écrite, on pense à l'*International Legal Materials*[165] ou aux *Documents d'Actualité internationale*[166], par exemple. Sur internet, on se référera aux sites des ministères des Affaires étrangères de certains Etats ou de certaines organisations internationales (en particulier le site de l'ONU mais aussi de l'UE, de l'OTAN, de l'OCI, de l'UA, du groupe des 77, du

(160) «Droit international public» puis «La pratique suisse en matière de droit international public», *ASDI*, de 1944 à 1990; *RSDIE*, à partir de 1991.

(161) «Netherlands State Practice», *NYIL*, à partir de 1970.

(162) Actuellement sur http://www.ulb.ac.be/droit/cdi/Site/Cahiers_documentaires.html.

(163) http://www.icrc.org/ihl-nat.

(164) http://www.icj-cij.org.

(165) Washington, American Society of International Law, depuis 1962.

(166) Paris, La documentation française, depuis 1972.

MNA, ...)[167]. L'accès à ces sites est également possible par l'intermédiaire d'autres sites spécifiquement consacrés au droit international[168]. Ces prises de positions sont donc extrêmement nombreuses et variées. Internet permet en particulier d'accéder à la position de certains Etats du Tiers Monde qui, il y a quelques années encore, n'était que peu, ou pas, accessible.

Pour chaque position sélectionnée, cependant, il faudra d'abord vérifier que les organes ou personnes concernées sont aptes à engager l'Etat – ou l'organisation internationale – concerné(e) à l'échelle internationale.

Déclaration du secrétaire général de l'ONU et établissement d'une règle coutumière

Il arrive régulièrement que le secrétaire général des Nations unies exprime sa position au sujet de la licéité d'une opération militaire, comme cela a par exemple été le cas en 2003 avant le déclenchement de la guerre contre l'Irak[169]. De telles prises de position ne manquent pas d'intérêt, dans la mesure où elles peuvent susciter des réactions officielles de la part des Etats membres de l'ONU. En tant que telle, cependant, une déclaration du secrétaire général n'est pas de nature à engager juridiquement les Nations unies en tant qu'organisation internationale, ni *a fortiori* les Etats membres de l'organisation[170].

Prise de position d'un jurisconsulte dans un cénacle privé et établissement d'une règle coutumière

Il arrive que certains jurisconsultes fassent part de ce qu'ils estiment être la position officielle d'un Etat dans un cadre privé, lors d'une rencontre de type académique, par exemple[171]. Une telle prise de position ne peut toutefois

(167) V. les adresses reproduites en annexe.

(168) V. la liste reproduite en annexe.

(169) V. p. ex. la déclaration du 10 février 2003; SG/SM/8600.

(170) V. les articles 97 à 101 de la Charte des Nations unies, commentés dans Jean-Pierre COT et Alain PELLET (dir.), *La Charte des Nations Unies. Commentaire article par article,* 3e éd., Paris, Economica, 2005, ainsi que Bruno SIMMA (ed.), *The Charter of the United Nations. A Commentary*, 2nd ed., Oxford, OUP, 2002. Ni les textes ni la pratique ne laissent entendre que le secrétaire général aurait des pouvoirs aussi étendus. Cela n'empêche pas que le secrétaire général joue un rôle dans le cadre de l'élaboration de la pratique de l'organisation; v. Laurence BOISSON DE CHAZOURNES, «Qu'est-ce que la pratique en droit international?», *loc. cit.*, p. 39.

(171) V. le jurisconsulte de la France, cité par Pierre D'ARGENT, «Which Law Through Which War? *Law Through War* Revisited», *Buffalo L.R.,* 2004, p. 642-643.

être utile pour déterminer la position de l'Etat concerné que si, et dans la mesure où, elle a été relayée par une personnalité apte à engager l'Etat au plan international, comme le ministre des Affaires étrangères, par exemple(172).

Ensuite, à supposer que la position officielle soit bien celle de l'Etat ou de l'organisation internationale concerné(e), il importera de déterminer dans quelle mesure l'on est en présence d'une véritable *opinio juris*, ce qui peut s'avérer délicat en raison des contraintes et considérations diplomatiques qui caractérisent souvent les questions d'actualité.

Cette préoccupation est, on l'a vu, commune à toute utilisation de moyens directs. Le caractère «brut» des positions récoltées a pour contrepartie le fait que l'on sera amené à les traiter de la manière la plus rigoureuse possible. Pour les moyens indirects, comme la jurisprudence ou la doctrine, le traitement a déjà été opéré, l'auteur ou le juge affirmant spécifiquement que telle ou telle règle revêt un caractère coutumier. Cela constitue à la fois un inconvénient, dans la mesure où rien ne remplace la consultation de sources directes, mais aussi un avantage, puisque la sélection entre le juridique et le (simplement) politique a déjà été opérée.

5. La jurisprudence comme élément de preuve de l'existence d'une règle coutumière

La jurisprudence, qui peut être considérée elle-même comme une source indirecte du droit international, et sera analysée ultérieurement comme telle(173), peut également constituer un moyen de prouver l'existence d'une coutume(174). On ne pense pas, ici, aux décisions du juge national, lorsqu'il agit comme organe de l'Etat, décisions qui peuvent constituer un élément de la pratique aux fins de l'établissement d'une règle coutumière, comme dans le domaine des immunités, par exemple(175). On a

(172) Comp. Shabtai ROSENNE, *Practice and Methods of International Law, op. cit.*, p. 61-63.

(173) V. les précisions au sujet de cette source *infra*, section 3 du présent chapitre.

(174) V. Charles DE VISSCHER, *Problèmes d'interprétation judiciaire en droit international public, op. cit.*, p. 237-242.

(175) Ainsi, la pratique des juridictions nationales peut constituer un élément pertinent démontrant l'existence ou précisant la portée de telle ou telle règle coutumière dans laquelle la pratique est souvent liée à celle du juge; Jean SALMON, *Manuel de droit diplomatique*, Bruxelles, Bruylant, 1994, p. 11; v. aussi Marteen

vu, en effet, que la pratique d'un Etat était le fait de ces organes, y compris dans le domaine judiciaire(176). On est alors devant un moyen direct de détermination de la règle de droit. La jurisprudence, au sens entendu ici, renvoie plutôt à l'opinion de juges sur l'existence d'une coutume existante. Théoriquement confiné à cet égard à un rôle de simple constatation de la coutume, le juge a en réalité un rôle très actif, et ses décisions sont des références incontournables(177). Les précédents dans lesquels une juridiction est amenée à établir le droit international en recourant à des sources coutumières sont innombrables, et devront évidemment être identifiés et sélectionnés par le chercheur qui se penche à son tour sur cette question.

Tous les précédents ne se valent pas, sur le plan méthodologique tout au moins. Un arrêt particulièrement motivé aura une force de persuasion supérieure à un arrêt ne reprenant qu'une décision d'autorité.

La jurisprudence contrastée de la Cour internationale de Justice

Dans des affaires comme celles des *Activités militaires* ou des *Armes nucléaires*, la Cour internationale de Justice prend soin de justifier soigneusement sa position sur le plan du droit coutumier. Dans la première de ces affaires, elle prend notamment pour base des résolutions de l'Assemblée générale, des traités non applicables à titre conventionnel, des travaux de la Commission du droit international ainsi qu'une sélection de prises de positions individuelles ou collectives de différents Etats impliqués(178). Ce n'est donc qu'à l'issue d'un raisonnement élaboré qu'elle formule ses conclusions. Dans des affaires comme celles du *Différend frontalier (Burkina Faso/Mali)* ou du *Mandat d'arrêt (RDC/Belgique)*, la Cour conclut dans le premier cas à l'existence d'une règle coutumière selon laquelle l'*uti possidetis juris* serait un principe universellement applicable en matière de décolonisation(179), dans le second à l'inexistence d'une règle coutumière selon laquelle l'im munité de juridiction plierait dans les cas de crimes graves de droit interna-

Bos, *A Methodology of International Law*, *op. cit.*, p. 235, ainsi que CPJI, affaire du *Lotus*, arrêt du 7 septembre 1927, *Série A*, n° 10, p. 23.

(176) *Supra*, présente section.

(177) Peter HAGGENMACHER, «La doctrine des deux éléments du droit coutumier dans la pratique de la Cour internationale», *loc. cit.*, p. 113-125.

(178) CIJ, affaire des *Activités militaires et paramilitaires au Nicaragua et contre celui-ci*, *Recueil 1986*, p. 99-110, par. 188-211. Le raisonnement est plus succinct dans l'affaire de la *Menace ou de l'emploi de l'arme nucléaire*, *Recueil 1996*, p. 253-255, par. 64-73.

(179) CIJ, *Recueil 1986*, p. 565-567, par. 21-26.

tional[180]. Sa décision n'est cependant, en particulier dans le deuxième cas, que très peu motivée[181]. Si l'on souhaite se prononcer dans le même sens que la Cour, il importerait tout particulièrement d'expliciter et de compléter son raisonnement.

On constate ainsi que la jurisprudence n'est qu'une source indirecte, dont le chercheur ne pourra se contenter. Son utilisation est donc certainement nécessaire ; on imagine mal qu'une recherche sérieuse visant à démontrer l'existence de telle ou telle règle coutumière ne mentionne pas un précédent jurisprudentiel existant. Mais la simple référence à une décision judiciaire n'est pas suffisante, le scientifique se devant de garder son esprit critique et ne pas plier devant le simple argument d'autorité. Cette précaution vaut également, *a fortiori* sans doute, pour l'utilisation de la doctrine aux fins d'établissement d'une règle coutumière.

6. La doctrine comme élément de preuve de l'existence d'une règle coutumière

La doctrine constitue elle-même une source indirecte qui sera analysée comme telle[182]. A ce stade, on mentionnera qu'il existe un grand nombre d'études qui se prononcent sur le caractère coutumier de telle ou telle règle de droit international[183]. Le recours aux œuvres doctrinales peut ainsi s'avérer particulièrement utile. Même si personne ne peut prétendre, en particulier sur certains sujets d'ordre général, connaître et encore moins lire la totalité des études existantes, une recherche sérieuse consacrée à l'établissement ou l'interprétation d'une règle coutumière ne peut faire l'impasse sur les positions doctrinales les plus généralement défendues.

La distance critique s'imposera ici plus que jamais. Sur un plan strictement scientifique, une œuvre solidement motivée et qui s'appuie sur un grand nombre de sources directes,

(180) CIJ, *Recueil 2002*, p. 24, par. 58.

(181) V. Les critiques émises par différents auteurs dans le dossier consacré à «l'affaire du *Mandat d'arrêt du 11 avril 2000*», *RBDI*, 2002, p. 469-559.

(182) V. les précisions opérées ci-dessous, section 3.

(183) V. p. ex. Jean-Marie Henckaerts et Louise Doswald-Beck, *Droit international humanitaire coutumier*, vol. I : règles, Bruxelles, Bruylant, 2006, avec notamment des précisions méthodologiques intéressantes relatives au phénomène coutumier, p. XLVI-LXIV.

même si elle est le fait d'un auteur peu connu, sera toujours préférable à celle d'une personnalité mondialement connue qui, dans ce cas précis, n'aurait que peu motivé sa position. Il reste que, comme c'est le cas pour la jurisprudence, la référence à une multitude d'auteurs, particulièrement lorsqu'ils sont renommés, aura souvent davantage de force de persuasion dans le pratique. L'idéal est évidemment de combiner les aspects qualitatif et quantitatif, en fournissant des références doctrinales aussi variées que possible. Bien entendu, le recours à la doctrine complète, mais ne remplace pas, l'utilisation de sources directes, notamment lorsqu'on veut établir l'existence d'une règle coutumière.

Doctrine et caractère non coutumier de la notion de la légitime défense préventive

A l'occasion d'un appel relatif à la guerre contre l'Irak, plus de 300 spécialistes de droit international de différents pays ont considéré que le droit international actuel ne connaissait pas la notion de légitime défense préventive(184). L'affirmation n'est cependant pas motivée. La citation de cet appel sera opportune dans le cadre d'une recherche consacrée à ce thème. Elle ne saurait cependant servir à autre chose qu'à appuyer un raisonnement scientifique qui intègre la prise en compte des sources directes mentionnées ci-dessus(185).

En conclusion, on rappellera le caractère particulièrement ouvert d'une recherche consacrée à l'établissement d'une règle coutumière. Les règles méthodologiques qui ont été exposées ne visent nullement à laisser entendre que leur utilisation permettrait de surmonter la difficulté de trancher, sur le fond, tel ou tel problème particulier. Pour reprendre l'exemple de la légitime défense préventive, il est, *a priori*, tout aussi scientifique de prétendre que cette notion est coutumière que de défendre la position inverse. La valeur scientifique de la position défendue ne dépendra pas du contenu de cette position, mais de la méthode qui aura été suivie pour la présenter. Dans ce contexte, il sera particulièrement important de suivre aussi rigoureusement que possible les principes qui ont été exposés. Si l'on admet qu'il n'existe, *a priori*, aucune solution qui s'impose, seule la rigueur de l'argumentation est susceptible de fournir un critère relative-

(184) Texte et liste des signataires dans *RBDI*, 2003, p. 266-285.
(185) V. à ce sujet notre ouvrage précité, *Le droit contre la guerre*, p. 617-669.

ment objectif d'évaluation scientifique. Bien entendu, ce n'est pas parce qu'une argumentation est rigoureuse qu'elle convaincra nécessairement. Car la science ne peut prétendre déterminer les sentiments qui, dans une certaine mesure, sous-tendent toujours les prises de positions personnelles, que ces positions soient ou non juridiques. Mais, précisément parce qu'il subsistera toujours des controverses sur le caractère coutumier de tel ou tel principe, le respect de principes méthodologiques rigoureux semble le seul à même d'offrir un langage relativement commun, qui doit permettre un débat rationnel. Une conclusion qui s'applique aussi aux débats relatifs à d'autres sources de droit international, comme on le constatera à présent.

Section 3

Les problèmes méthodologiques relatifs à d'autres sources de droit international

Si les problèmes méthodologiques les plus aigus concernent sans doute l'établissement d'une règle coutumière, et que nous avons déjà évoqué ceux qui touchent au droit des traités, il en existe d'autres encore qui concernent les engagements unilatéraux (A), les décisions obligatoires des organisations internationales (B), les principes généraux de droit (C), l'équité (D) ainsi que la jurisprudence (E) et la doctrine (F) comme sources indirectes. Comme on le constatera, ces autres sources se rattachent souvent à du droit conventionnel ou du droit coutumier, lesquels demeurent «les deux piliers du droit international»[(186)].

A. Les engagements unilatéraux

Qu'il s'agisse du droit des traités ou du droit coutumier, on a vu que, en bonne méthode, il convenait de prêter une attention toute particulière aux prises de position individuelles des Etats. Dans une perspective volontariste, on peut même affirmer que les traités comme la coutume ne sont que des manières différentes de réaliser un accord qui résulte lui-même de la réunion d'engagements unilatéraux (modes d'expression à être liés à un traité,

(186) Jean Combacau, Serge Sur, *Droit international public*, 8e éd., Paris, Montchrestien, 2008, p. 44.

ou *opinio juris* des Etats auxquels la coutume est opposable)[187]. Dans une perspective objectiviste, si les actes unilatéraux des Etats peuvent s'expliquer par l'existence de nécessités ou de solidarités sociales qui en conditionnent l'existence, personne ne conteste leur importance, que ce soit pour établir une règle coutumière ou, bien davantage encore, lorsqu'on se situe dans le cadre du droit des traités[188]. On admet aussi que des engagements unilatéraux puissent produire des effets juridiques en dehors de ces cadres spécifiques. C'est en ce sens que l'on évoque les engagements internationaux comme sources autonomes de droit international[189].

Les problèmes méthodologiques suscités par cette source spécifique peuvent être exposés en reprenant successivement les trois conditions auxquelles un Etat peut valablement s'engager au regard du droit international.

Selon une première condition, un Etat ne pourra être lié par un engagement que si celui-ci a été exprimé par une personne apte à engager cet Etat au plan international. La jurisprudence existante s'est ainsi fondée sur des déclarations émises par le chef de l'Etat[190], le gouvernement[191] ou le ministre des Affaires étrangères[192]. On peut concevoir par ailleurs qu'un ministre engage l'Etat dont il relève dans le domaine spécifique de ses compétences[193]. Ont ainsi été considérés comme engageant

(187) *Supra*, chapitre I, section 2.

(188) *Supra*, chapitre I, section 2.

(189) Patrick DAILLIER, Alain PELLET, NGUYEN QUOC DINH, *Droit international public*, 7e éd., *op. cit.*, p. 364-366; Pierre-Marie DUPUY, *Droit international public*, 9e éd., *op. cit.*, p. 368-370; Jean COMBACAU et Serge SUR, *Droit international public*, 8e éd., *op. cit.*, p. 98; Krzysztof SKUBISZEWSKI, «Les actes unilatéraux des Etats» *in* M. BEDJAOUI (dir.), *Droit international. Bilan et perspectives*, tome I, *op. cit.*, p. 241; Charles DE VISSCHER, *Problèmes d'interprétation judiciaire en droit international public*, *op. cit.*, p. 186-187; v. cependant la critique de Maarten Bos, *A Methodology of International Law*, *op. cit.*, p. 88-89.

(190) CIJ, affaire des *Essais nucléaires*, *Recueil 1974*, p. 267-270, par. 42-54 (les références énoncées ici le sont à l'affaire ayant opposé la France à l'Australie; les mêmes extraits se retrouvent dans l'affaire ayant opposé la France à la Nouvelle-Zélande).

(191) Dans l'affaire des *Activités militaires*, la Cour examine une déclaration de la junte du Nicaragua; CIJ, *Recueil 1986*, p. 130-133, par. 257-265.

(192) CPJI, affaire du *Statut juridique du Groenland oriental*, arrêt du 5 avril 1933, *Série AB*, n° 33, p. 69-73.

(193) Selon les termes de la Cour internationale de Justice, «il est de plus en plus fréquent, dans les relations internationales modernes, que d'autres personnes représentant un Etat dans des domaines déterminés soient autorisées par cet Etat à engager celui-ci, par leurs déclarations, dans les matières relevant de leur compé-

valablement l'Etat le ministre de la Défense ou le ministre de la Justice[(194)]. Si, au-delà de ces cas de figure, l'Etat souhaite déléguer à des fonctionnaires spécialisés une compétence spécifique en ce domaine, il le fera dans un cadre conventionnel spécifique, moyennant le respect de certaines formalités. Dans les autres cas, il y a lieu d'observer la plus extrême prudence. De la même manière que l'*opinio juris* d'un Etat ne peut être établie qu'à partir des prises de position de ses plus hauts responsables, un engagement unilatéral suppose des critères d'attribution particulièrement stricts.

Une deuxième condition est que l'engagement ait été émis publiquement. La condition du caractère public de l'engagement exclut ainsi la possibilité d'un «engagement» résultant d'une discussion privée et informelle. L'engagement doit avoir été fait publiquement, ce qui peut prendre des formes variées, écrites ou orales[(195)]. Cette deuxième condition suscite *a priori* peu de problèmes méthodologiques. Les choses se compliquent si on la met en relation avec la question de la relativité de l'engagement. Pour qu'un engagement soit, en droit, valablement contracté, il doit l'avoir été vis-à-vis d'autres sujets de droit susceptibles d'en exiger le respect. C'est aussi en ce sens que l'on peut interpréter la condition de publicité. Un Etat ne s'engage pas *in abstracto*: il ne crée un droit que dans le chef des destinataires de l'engagement. La Cour internationale de Justice a insisté sur ce point, lorsqu'elle a estimé qu'un éventuel engagement du Nicaragua n'avait jamais été souscrit envers les Etats-Unis, mais seulement envers l'OEA, seule cette dernière étant dès lors recevable à exiger le respect dudit engagement[(196)]. Par conséquent, il sera essentiel, dans chaque cas particulier, de déterminer avec précision les destinataires de l'engagement

tence. Il peut en être ainsi, par exemple, des titulaires de portefeuilles ministériels techniques exerçant, dans les relations extérieures, des pouvoirs dans leur domaine de compétence, voire même de certains fonctionnaires» (CIJ, affaire des *Activités armées (RDC/Rwanda)*, arrêt du 3 février 2006, par. 47). V. aussi le 4e des «principes directeurs applicables aux déclarations unilatérales des Etats susceptibles de créer des obligations juridiques»; CDI, *Conclusions de la Commission du droit international sur les actes unilatéraux des Etats*, A/CN.4/L.703, 20 juillet 2006.

(194) CIJ, affaire des *Essais nucléaires, Recueil 1974*, p. 474, par. 51; affaire des *Activités armées (RDC/Rwanda)*, arrêt du 3 février 2006, par. 48.

(195) CDI, *Conclusions de la Commission du droit international sur les actes unilatéraux des Etats*, principe 5 et CIJ, affaire des *Essais nucléaires, Recueil 1974*, p. 267-68, par. 45, p. 473, par. 48.

(196) CIJ, *Recueil 1986*, p. 132-133, par. 262.

juridique. Il peut s'agir de l'ensemble des autres Etats (engagement unilatéral à vocation universelle) ou seulement d'un groupe d'Etats (engagement unilatéral à vocation régionale) ou encore d'un seul autre Etat (engagement unilatéral à vocation bilatérale)(197). Selon certains auteurs, une acceptation par les destinataires de l'engagement serait nécessaire(198). La question est essentiellement théorique, et renvoie au problème du fondement de l'engagement souscrit(199). En pratique, le destinataire aura le choix entre exiger le respect de l'engagement souscrit (ce qui n'implique pas qu'il l'a «accepté» au préalable, même si rien n'empêche d'interpréter son comportement en ce sens), ou ne rien exiger de la part de l'Etat qui s'est engagé (ce qui n'implique pas que le destinataire nie qu'il existe un engagement, ni qu'il renonce à en exiger ultérieurement le respect)(200). En

(197) Dans l'affaire du *Groenland oriental*, l'engagement était pris dans un cadre bilatéral (CPJI, *Série AB*, n° 33, p. 71). Dans l'affaire des *Activités militaires*, la Cour évoque un engagement en faveur d'une organisation internationale (CIJ, *Recueil 1986*, p. 132-133, par. 262). Dans l'affaire des *Essais nucléaires*, la Cour estime que l'engagement de la France a eu pour destinataires «tous les Etats du monde», puis évoque «la communauté internationale dans son ensemble» (CIJ, *Recueil 1974*, p. 269-270, par. 51). La Commission du droit international évoque encore comme destinataires possibles «d'autres entités», mais ne cite en ce sens que le cas particulier de l'OLP (v. le 5e des «principes directeurs applicables aux déclarations unilatérales des Etats susceptibles de créer des obligations juridiques», et son commentaire; *Principes directeurs applicables aux déclarations unilatérales des Etats susceptibles de créer des obligations juridiques et commentaires y relatifs*, A/61/10, *ACDI*, 2006, vol. II (2), p. 395-396).

(198) Jean SALMON, «Le droit international à l'épreuve au tournant du XXIe siècle», *loc. cit.*, p. 68; Jean SALMON, avec la collaboration d'Eric DAVID, *Droit des gens*, tome I, 20e éd., Bruxelles, PUB, 2006, p. 208-210. Les auteurs fondent leur position sur la jurisprudence de la Cour dans l'affaire des *Activités militaires*; CIJ, *Recueil 1986*, p. 132, par. 261.

(199) Selon la Commission du droit international, qui s'appuie sur la jurisprudence, «le caractère obligatoire de telles déclarations repose sur la bonne foi» (1er des «principes directeurs applicables aux déclarations unilatérales des Etats susceptibles de créer des obligations juridiques», et son commentaire; *Principes directeurs applicables aux déclarations unilatérales des Etats susceptibles de créer des obligations juridiques et commentaires y relatifs*, *op. cit.*, p. 388), tout dépendant «de l'intention de l'Etat considéré» (CIJ, affaire du *Différend frontalier (Burkina Faso/Mali)*, *Recueil 1986*, p. 573, par. 39). Víctor RODRÍGUEZ CEDEÑO estime que, dans ce contexte, aucune acceptation de la part du ou des destinataires de l'engagement n'est nécessaire; *Deuxième rapport sur les actes unilatéraux des Etats*, A/CN.4/500, 14 avril 1999, p. 11, par. 63; v. enfin Vladimir DEGAN, *Sources of International Law*, *op. cit.*, p. 272.

(200) On pourrait certes imaginer une situation intermédiaire, dans laquelle un Etat A aurait déclaré qu'un engagement unilatéral souscrit par un Etat B n'aurait aucun effet juridique, dans un premier temps, puis aurait exigé le respect de cet engagement dans un second temps. En pareille hypothèse, on pourrait considérer

tout état de cause, et c'est cet élément qui est décisif, le destinataire ne peut évidemment lui-même être lié par les termes de l'engagement[201]. Tout au plus ceux-ci limitent-ils la portée de l'engagement dont l'Etat destinataire sera susceptible d'exiger le respect.

Le troisième facteur qui conditionne la validité de l'engagement juridique est le plus problématique : il s'agit précisément de démontrer qu'on est bien en présence d'un engagement spécifiquement juridique, et non d'un engagement qui serait simplement politique. La jurisprudence de la Cour internationale de Justice est à la fois claire et ambiguë sur ce point. Claire, dans la mesure où l'importance de cette condition est systématiquement rappelée, et où sa vérification amène bien souvent à refuser de considérer qu'un engagement juridique a été valablement souscrit[202]. Ambiguë, dans la mesure où il est bien difficile de comprendre sur quelle base on peut conclure tantôt au caractère juridique, tantôt au caractère purement politique, de l'engagement. La comparaison des solutions respectivement retenues dans les affaires des *Essais nucléaires* et des *Activités militaires* est significative à cet égard[203], comme on le constatera au vu des deux encadrés reproduits ci-dessous. D'un certain point de

que la déclaration initiale de l'Etat A aurait pour conséquence qu'aucun engagement de l'Etat B n'ait été valablement souscrit vis-à-vis de l'Etat A, ce dernier ne pouvant dès lors valablement en exiger le respect. On pourrait cependant aussi interpréter la déclaration initiale de l'Etat A comme un engagement unilatéral de ne pas exiger le respect de l'engagement de l'Etat B, engagement unilatéral initial qui exclurait tout effet juridique à l'exigence ultérieure formulée par l'Etat A. En tout état de cause, on ne connaît pas de précédent dans lequel un Etat aurait déclaré invalide un engagement unilatéral souscrit par un autre Etat, ce qui tend à accréditer la thèse selon laquelle cet engagement est valable sans devoir être accepté ultérieurement par son ou ses destinataires.

(201) V. le 9e des « principes directeurs applicables aux déclarations unilatérales des Etats susceptibles de créer des obligations juridiques », et son commentaire ; *Principes directeurs applicables aux déclarations unilatérales des Etats susceptibles de créer des obligations juridiques et commentaires y relatifs*, *op. cit.*, p. 398-399.

(202) CIJ, affaire des *Activités militaires et paramilitaires au Nicaragua et contre celui-ci*, *Recueil 1986*, p. 132, par. 261 ; affaire du *Différend frontalier (Burkina Faso/Mali)*, *Recueil 1986*, p. 573-574, par. 39-40 ; affaire relative à l'*Application de la Convention pour la prévention et la répression du crime de génocide (Bosnie-Herzégovine/Yougoslavie)*, ordonnance du 8 avril 1993, *Recueil 1993*, p. 17-18, par. 27-32 ; v. aussi ordonnance du 13 septembre 2003, p. 340-341, par. 32, ainsi que arrêt du 11 juillet 2006, p. 617-618, par. 37 ; affaire des *Activités armées (RDC/Rwanda)*, arrêt du 3 février 2006, par. 50.

(203) CIJ, affaire des *Essais nucléaires*, *Recueil 1974*, p. 268-269, par. 40-41 ; affaire des *Activités militaires et paramilitaires au Nicaragua et contre celui-ci*, *Recueil 1986*, p. 132, par. 261.

vue, on ne peut se départir de l'impression que la Cour aurait pu aboutir à des solutions inverses, tant sa marge de manœuvre semblait étendue en ce domaine. On se retrouve ici devant une problématique fort proche de celle que l'on a pu observer dans le cas de la coutume(204). Il est souvent bien délicat de distinguer le juridique du (purement) politique. Dans ces conditions, la Commission du droit international a estimé que, «[e]n cas de doute sur la portée des engagements résultant d'une telle déclaration, ceux-ci doivent être interprétés restrictivement»(205). La motivation n'en sera, comme on l'a déjà souligné, que plus importante.

Déclarations interprétées par la CIJ comme comportant un engagement juridique

«Le 22 juillet [1919], M. Ihlen fit au ministre de Danemark une communication portant que «le Gouvernement norvégien ne ferait pas de difficultés au règlement de cette affaire» (savoir la question soulevée le 14 juillet par le gouvernement danois). Telles sont les expressions qui figurent dans la minute dont M. Ihlen est l'auteur. D'après le rapport fait à son Gouvernement par le ministre du Danemark, la communication de M. Ihlen était à l'effet que «les projets du Gouvernement royal [danois] relatifs à la souveraineté du Danemark sur l'ensemble du Groenland (...) ne rencontreront pas de difficultés de la part de la Norvège» [communication du ministre norvégien des Affaires étrangères](206).

«J'avais moi-même précisé que cette campagne d'expériences atmosphériques serait la dernière» [président de la République française, lors d'une réunion de presse faite le 25 juillet 1974].

«Parvenus désormais, dans la technologie nucléaire, à un degré où il devient possible de poursuivre nos programmes par des essais souterrains, nous avons pris nos dispositions pour nous engager dans cette voie dès l'année prochaine» [ministre français des Affaires étrangères, 25 septembre 1974(207).

(204) *Supra*, section 2.

(205) Principes directeurs applicables aux déclarations unilatérales des Etats susceptibles de créer des obligations juridiques, *op. cit.*, principe 7, qui précise aussi qu'une déclaration unilatérale n'entraîne des obligations que «si elle a un objet clair et précis», expression que l'on retrouve également dans la jurisprudence (CIJ, affaire des *Activités armées (RDC/Rwanda)*, arrêt du 3 février 2006, par. 50).

(206) CPJI, affaire du *Groenland oriental*, arrêt du 5 avril 1933, *Série AB*, n° 53, p. 36.

(207) CIJ, affaire des *Essais nucléaires*, *Recueil 1974*, p. 471, par. 40 et 42.

Déclarations interprétées par la CIJ comme ne comportant pas un engagement juridique

«notre ferme intention de faire pleinement respecter les droits de l'homme dans notre pays, conformément à la déclaration universelle des droits de l'homme des Nations unies et à la charte des droits de l'homme de l'organisation des Etats américains» [télégramme envoyé par le gouvernement du Nicaragua au secrétaire général de l'OEA](208).

«Le Mali (...) s'étend sur 1 240 000 kilomètres carrés, nous ne pouvons nous battre de manière injustifiée, pour un bout de territoire d'une longueur de 150 kilomètres. Même si la Commission de l'Organisation de l'unité africaine décide objectivement que la ligne de frontière passe par Bamako, le gouvernement que je préside s'inclinera devant la décision» [interview accordée par le président du Mali à l'agence France Presse le 11 avril 1975](209).

«La RF yougoslave est d'avis que toutes les disputes légales qui ne peuvent pas être résolues entre la RF yougoslave et les anciennes républiques yougoslaves, devraient être soumises à la Cour internationale de la Paix, qui est le principal organe judiciaire des Nations unies. En conséquence, et étant donné que les questions demandées dans votre lettre sont de nature légale, la RF yougoslave propose que, au cas où une solution n'est pas trouvée entre les participants à la conférence, les questions susmentionnées soient jugées par la Cour internationale de la Paix, en concordance avec son Statut» [lettre des présidents de la Serbie et du Montenegro, adressée à la commission d'arbitrage le 8 juin 1992](210).

«Le Rwanda a été parmi les premiers pays à avoir ratifié plus d'instruments internationaux relatifs aux droits de l'homme. Rien qu'en 2004, notre gouvernement en a ratifié une dizaine dont ceux relatifs aux droits de la femme, à la prévention et lutte contre la corruption, à l'interdiction d'armes de destructions massives, ainsi qu'à l'environnement. Les quelques instruments non encore ratifiés, ainsi que les réserves formulées dans le passé non encore levées le seront prochainement» [déclaration faire le 17 mars 2005 par le ministre de la Justice du Rwanda(211).

B. Les décisions obligatoires des organisations internationales

On sait que, à côté des sources conventionnelles en tant que telles, le droit dérivé des organisations internationales a pris une importance considérable, que l'on se situe à l'échelle universelle (au sein de l'ONU, avec l'accroissement de l'activité normative

(208) CIJ, *Recueil 1986*, p. 89, par. 167.

(209) CIJ, affaire du *Différend frontalier (Burkina Faso/Mali)*, *Recueil 1986*, p. 571, par. 36.

(210) CIJ, affaire de l'*Application de la Convention sur le génocide*, *Recueil 1996*, p. 618, par. 37.

(211) CIJ, affaire des *Activités armées sur le territoire du Cong (nouvelle requête : 2002)*, *Recueil 2006*, par. 45.

du Conseil de sécurité) ou à l'échelle régionale (le cas de l'UE étant particulièrement éclairant à cet égard). Ce droit dérivé dépendra, par définition, des spécificités du droit institutionnel de l'organisation concernée. De manière générale, on rappellera que le caractère obligatoire d'une décision prise par un organe d'une organisation internationale est soumis à deux conditions.

En premier lieu, il faut vérifier si l'organe qui a adopté la décision est bel et bien compétent, en vertu du droit de l'organisation, pour produire des actes juridiques obligatoires[(212)]. Ce n'est que si, et dans la mesure où, cette compétence a été respectée qu'une décision sera susceptible d'avoir une portée juridique contraignante. Certains auteurs paraissent remettre en cause cette condition dans le cas particulier du Conseil de sécurité des Nations unies, dont les compétences semblent interprétées de manière très large[(213)]. Cette tendance doctrinale semble parfois s'écarter des principes méthodologiques de base et même de la logique du droit des organisations internationales[(214)]. Comme tout organe, le Conseil de sécurité ne tire ses compétences que de son acte constitutif, ce qui suppose bien que l'on vérifie, dans chaque cas particulier, s'il ne s'est rendu coupable d'aucun excès de pouvoir[(215)]. Tel serait par exemple le cas si

(212) C.F. AMERASINGHE, *Principles of the Institutional Law of International Organizations*, Cambridge, CUP, 1996, p. 191. On sait en effet que les compétences des organisations internationales sont d'attribution; v. Henry G. SCHERMERS and Niels M. BLOKKER, *International Institutional Law*, 3rd ed., The Hague/London/Boston, 1995, p. 141-142; Jean SALMON (dir.), *Dictionnaire de droit international public*, *op. cit.*, v° compétence d'attribution, p. 216; CPJI, affaire de la *Compétence de la Commission européenne du Danube*, avis du 8 décembre 1927, *Série B*, n° 14, p. 64; CIJ, affaire de la *Licéité de l'utilisation des armes nucléaires par un Etat dans un conflit armé*, avis du 8 juillet 1996, *Recueil 1996*, p. 78, par. 25.

(213) Voy. p. ex. Christian TOMUSCHAT, «Obligations Arising for States Without or Against Their Will», *RCADI*, 1993, IV, tome 241, p. 344-346; Jean-Marc SOREL, «Le caractère discrétionnaire des pouvoirs du Conseil de sécurité: remarques sur quelques incertitudes partielles», *RBDI*, 2004, p. 470-472.

(214) V. à ce sujet Catherine DENIS, *Le pouvoir normatif du Conseil de sécurité des Nations unies: portée et limites*, *op. cit.*, not. p. 17-19.

(215) Mohammed BEDJAOUI, «Un contrôle de la légalité des actes du Conseil de sécurité est-il possible?» *in* SFDI, *Le chapitre VII de la Charte des Nations Unies*, colloque de Rennes, Paris, Pedone, 1995, p. 264-266; Nicolas ANGELET, «International Law Limits to the Security Council» *in* Vera GOWLLAND-DEBBAS (ed.), *United Sanctions and International Law*, The Hague, London, Boston, Kluwer, 2001, p. 71-82; Gaetano ARANGIO-RUIZ, «On the Security Council's «Law Making»», *Riv.dir.int.*, 2000, p. 609-725; Patrick DAILLIER et Alain PELLET, NGUYEN QUOC DINH, *Droit international public*, 7e éd., *op. cit.*, p. 373; Thomas FRANCK, «The «Powers of Appreciation»: Who is the Ultimate Guardian of.

le Conseil adoptait des mesures coercitives à l'encontre d'un Etat sur la seule base d'une violation du droit international par ce dernier, sans qu'aucun lien soit par ailleurs établi avec une menace ou une rupture de la paix ou de la sécurité internationales comme le requiert l'article 39 de la Charte(216).

En deuxième lieu, il importera de démontrer que l'organe en question a véritablement entendu créer des effets juridiques, ce qui renvoie à une interprétation de la décision concernée(217). Cette condition est bien connue, et ne fait que renvoyer sur le plan méthodologique à l'ensemble des principes d'interprétation qui seront analysés dans le chapitre suivant(218).

Pour plus de détails, on se reportera au droit institutionnel de chaque organisation concernée(219).

C. Les « principes généraux de droit »

En tant que source autonome de droit international, «les principes généraux de droit reconnus par les nations civilisées»(220) sont des principes reconnus par les Etats dans leurs ordres juridiques nationaux, principes qui sont transposables à

U.N. Legality?», *AJIL*, 1992, p. 522-523. V. aussi des cas d'application: CIJ, affaire de la *Namibie*, *Recueil 1971*, p. 53, par. 115; TPIY, Chambre d'appel, affaire *Tadic*, décision du 2 octobre 1995, IT-94-I-T, par. 26-48.

(216) V. mon ouvrage, *Le droit contre la guerre*, *op. cit.*, p. 491-498, ainsi que Erika de Wet, *The Chapter VII Powers of the United Nations Security Council*, Oxford, Hart Publ., 2004, p. 133-177.

(217) C.F. Amerasinghe, *Principles of the Institutional Law of International Organizations*, *op. cit.*, p. 192; Maarten Bos, *A Methodology of International Law*, *op. cit.*, p. 61; v. CIJ, affaire de la *Namibie*, *Recueil 1971*, p. 53, par. 114.

(218) *Infra*, chapitre IV, section 1; v. aussi Michael C. Wood, «The Interpretation of Security Council Resolutions», *Max Planck Yearbook of U.N. Law*, 1998, p. 73-95.

(219) V. les précisions en fonction des organisations dans Philippe Sands et Pierre Klein, *Bowett's Law of International Institutions*, 5th ed., *op. cit.*, p. 23-257.

(220) Selon les termes de l'article 38 du Statut de la Cour internationale de Justice; v. Maarten Bos, *A Methodology of International Law*, *op. cit.*, p. 68-75. Par facilité, la doctrine se réfère souvent à cette disposition pour évoquer les sources du droit international (v. p. ex. Vladimir Degan, *Sources of International Law*, *op. cit.*, p. 14). En toute rigueur, cependant, l'article 38 ne fait qu'énoncer les sources faisant partie du droit applicable par cette juridiction particulière, et non le droit international de manière générale (v. les développements de Alain Pellet, «Article 38» *in* Andreas Zimmerman, Christian Tomuschat, Karin Oellers-Fragm (ed.), *The Statute of the International Court of Justice*, New York, OUP, 2006, p. 677-792; v. aussi Hermann Mosler, «General Principles of Law» *in* R. Bernhardt (ed.), *EPIL*, vol. II, North Holland, 1995, p. 512).

l'ordre juridique international(221). Ce renvoi du droit international aux droits nationaux est bien illustré par l'article 21 du Statut de la Cour pénale internationale, qui évoque :

> «les principes généraux du droit dégagés par la Cour à partir des lois nationales représentant les différents systèmes juridiques du monde y compris, selon qu'il convient, les lois nationales des Etats sous la juridiction desquels tomberait normalement le crime, si ces principes ne sont pas incompatibles avec le présent Statut ni avec le droit international et les règles et normes internationales reconnues»(222).

On retrouve dans cet extrait quatre caractéristiques essentielles du «principe général de droit» :

- il doit s'agir d'un principe que l'on retrouve dans différents systèmes juridiques du monde(223) ;
- ce principe doit, par définition, être transposable en droit international, ce qui fait notamment de la procédure (pénale notamment) un champ privilégié d'application(224) ;
- ce principe est complémentaire aux règles de droit international provenant d'autres sources plus classiques (traités et coutume, en particulier), et ne pourrait être utilisé qu'en complément ou le cas échéant en l'absence de telles sources(225) ;

(221) Les «principes généraux de droit international» se distinguent ainsi des «principes généraux du droit international», lesquels ne constituent pas une source autonome de droit international mais désignent certaines règles fondamentales de droit international général que l'on retrouve dans des conventions ou des coutumes à portée universelle ; v. p. ex. Michel VIRALLY, «Le rôle des «principes» dans le développement du droit international» *in Le droit international en devenir. Essais écrits au fil des ans*, *op. cit.*, p. 195-212.

(222) V. le commentaire de cette disposition par Alain PELLET, «Applicable Law» *in* A. CASSESE, P. GAETA, John R.W.D. JONES (ed.), *The Rome Statute of the International Criminal Court. A Commentary*, vol. II, New York, OUP, 2002, p. 1073-1076.

(223) *Ibid.*, p. 1073-1075.

(224) Patrick DAILLIER et Alain PELLET, NGUYEN QUOC DINH, *Droit international public*, 7e éd., *op. cit.*, p. 353 ; Marteen BOS, *A Methodology of International Law*, *op. cit.*, p. 264-265 et p. 279 ; Frede CASTBERG, «La méthodologie du droit international public», *loc. cit.*, p. 370-372. Cette condition pose le problème du raisonnement par analogie, souvent refusé au nom des spécificités de l'ordre juridique international ; v. p. ex., au sujet de la notion de mandat, CIJ, affaire du *Sud-Ouest africain*, *Recueil 1950*, p. 132.

(225) Hermann MOSLER, «General Principles of Law», *loc. cit.*, p. 517-518 ; Vladimir DEGAN, *Sources of International Law*, *op. cit.*, p. 67 ; Frede CASTBERG, «La méthodologie du droit international public», *loc. cit.*, p. 373.

– on ajoutera encore que le principe doit, par définition, être «général»[226], mais en gardant à l'esprit qu'il peut exister des principes généraux qui ne s'appliquent qu'à l'échelle régionale, au sein du Conseil de l'Europe ou de l'Union européenne, par exemple[227].

Chacune de ces caractéristiques pose des problèmes méthodologiques considérables, en raison des options théoriques qui la sous-tendent[228]. En particulier, les courants volontaristes et objectivistes développent des visions très différentes de ce que peut recouvrir la notion de «principe général de droit»[229].

Pour un volontariste, en effet, la notion même de «principe général de droit» est sujette à caution, dans la mesure où cette notion semble difficilement pouvoir être réduite à l'expression de la volonté des Etats[230]. Cette source ne pourrait dès lors être acceptée – lorsqu'elle l'est, ce qui n'est généralement pas le cas des auteurs volontaristes – que grâce au schéma théorique suivant: en admettant l'existence juridique d'un principe dans son ordre interne, un Etat accepterait implicitement que ce principe soit transposé dans l'ordre juridique international, dans la seule mesure où le procédé ne servirait qu'à compléter

[226] Béla VITANYI, «La signification de la généralité des principes de droit», *RGDIP*, 1976, p. 536-545; v. aussi Marteen Bos, *A Methodology of International Law*, *op. cit.*, p. 262-263. Dans l'affaire du *Sud-Ouest africain*, la Cour internationale de Justice rejette la notion d'*actio popularis* car «s'il se peut que certains systèmes de droit interne connaissent cette notion, le droit international tel qu'il existe actuellement ne la reconnaît pas et la Cour ne saurait y voir l'un des «principes généraux de droit» mentionnés à l'article 38, paragraphe 1 c), de son Statut» (CIJ, *Recueil 1966*, p. 47, par. 88).

[227] Ces cas sont très particuliers, d'une part, en raison de dispositions conventionnelles propres renvoyant explicitement (article 288, alinéa 2 du traité de l'UE) ou implicitement (référence à la «société démocratique» dans les articles 8 à 11, par. 2, de la Convention européenne des droits de l'homme) à des principes généraux et, d'autre part, parce que ces systèmes régionaux sont caractérisés par une intégration forte des ordres juridiques nationaux considérés. Il apparaît donc particulièrement délicat de comparer la jurisprudence régionale à la jurisprudence universelle.

[228] V. not. Bin CHENG, *General Principles of Law as applied by International Courts and Tribunals*, London, Stevens & Sons Limited, 1953, p. 2-6.

[229] V. l'étude de Béla VITANYI, «Les positions doctrinales concernant le sens de la notion de «principes généraux de droit reconnus par les nations civilisées»», *RGDIP*, 1982, p. 48-116.

[230] V. les auteurs cités en ce sens *supra*, chapitre I, section 2, ainsi que Céza HERCZEGH, *General Principles of Law and the International Legal Order*, Budapest, Akadémiai, 1969, p. 122-1125.

les sources existantes[(231)]. Dans cette perspective, le juge devrait, s'il souhaite faire appel à cette source, vérifier soigneusement que ce principe «général» (caractéristique qui dicte un exercice de droit comparé s'étendant à divers systèmes juridiques) peut être opposé à l'Etat ou aux Etats concernés, ce qui suppose que les ordres juridiques nationaux de ces Etats comprennent bien le principe en cause.

Dans une optique objectiviste, en revanche, la notion même de «principe général de droit» confirmerait qu'il existe des règles de droit objectives, qui s'imposent logiquement à tous les systèmes juridiques, qu'ils soient d'ordre national ou international[(232)]. Pour attester l'existence d'un principe général, il ne serait nullement nécessaire de vérifier son existence dans le droit national du ou des Etats directement concernés, le principe de relativité ayant ici moins de sens que jamais. Il suffirait donc de se référer à un ensemble de systèmes juridiques suffisamment représentatifs de la «communauté internationale», et de dégager un principe général, tout en le mettant en relation avec les mécanismes de nécessités ou de solidarités sociales qui le sous-tendent. Le «principe général» pourrait d'ailleurs être induit tant d'ordres juridiques nationaux que de certains mécanismes du droit international, que l'on pourrait appliquer par analogie au nom de leur caractère général[(233)]. Le principe *pacta sunt servanda*, par exemple, serait un principe général de droit à la fois parce qu'on le retrouve dans des droits internes mais aussi parce qu'il se retrouve dans plusieurs règles fondamentales de droit international[(234)].

(231) V. Michel VIRALLY, pour lequel le texte de l'article 38 «*suggests a notion of common consent comparable to that requisite for the creation of customary law*», pour ajouter aussitôt que la jurisprudence existante est plus pragmatique; «Sources of International Law» *in* Max SORENSEN (ed.), *Manual of Public International Law*, London, Macmillan, New York, St Martin's press, 1968, p. 146.

(232) V. les auteurs cités en ce sens *supra*, chapitre I, section 2, ainsi que Marcelo KOHEN, «La pratique et la théorie des sources du droit international», *loc. cit.*, p. 104-105; Frede CASTBERG, «La méthodologie du droit international public», *loc. cit.*, p. 370.

(233) V. Shabtai ROSENNE, *The Law and Practice of the International Court, 1920-1996*, 3rd ed., vol. III, The Hague/Boston/London, Martinus Nijhoff, 1997, p. 1604-1605.

(234) Vladimir DEGAN, *Sources of International Law*, *op. cit.*, p. 74.

Un examen de la méthode suivie par la jurisprudence et la doctrine existantes ne permet guère de trancher clairement dans l'un ou l'autre sens(235).

D'un côté, on constate que le recours explicite aux « principes généraux de droit » reste relativement rare dans la jurisprudence, ce qui semble donner un certain crédit à l'optique volontariste(236). Le juge ne fera appel à ce type de sources que dans des hypothèses limitées et, lorsque tel sera le cas, il se gardera bien de vouloir contourner, atténuer ou écarter une source conventionnelle ou coutumière existante(237). Quant à la doctrine, si elle cite toujours les principes généraux de droit lorsqu'elle évoque les sources de droit international, elle n'utilise le plus souvent ces principes que de manière très parcimonieuse lorsqu'il s'agit d'exposer des règles de droit matériel(238).

D'un autre côté, le recours aux principes généraux de droit, dans les rares cas où il a lieu, ne s'accompagne pas toujours, loin s'en faut, d'une méthodologie très rigoureuse, ce qui laisse penser que l'existence de tels principes s'imposerait par l'évidence, conformément à une perspective de type objectiviste. Dans l'affaire du *Détroit de Corfou*, par exemple, la Cour internationale de Justice a recours à des moyens de preuve indirects, en arguant du fait que ces moyens de preuve seraient admis

(235) V., outre les exemples mentionnés ci-après, ceux exposés par Marteen Bos, *A Methodology of International Law*, *op. cit.*, p. 266-273.

(236) Si la CPJI, et à sa suite la CIJ, font parfois appel à des « principes généraux », il n'est pas toujours évident de déterminer si elle fait référence à la source indiquée à l'article 38, par. 1c) de son Statut, article qui n'est le plus souvent pas cité ; v. la jurisprudence commentée par Vladimir Degan, *Sources of International Law*, *op. cit.*, p. 53-68, ainsi que par Alain Pellet, qui mentionne quatre références explicites depuis 1922 (« Article 38 », *loc. cit.*, p. 766), quatre cas dans lesquels la Cour s'est au demeurant refusée à appliquer un principe général de droit (CIJ, affaire du *Droit de passage en territoire indien*, *Recueil 1960*, p. 43 ; affaire du *Sud-Ouest africain*, *Recueil 1966*, p. 47 ; affaire du *Plateau continental de la Mer du Nord*, *Recueil 1969*, p. 21, par. 17 ; affaire *Avena*, *Recueil 2004*, p. 61, par. 127). En réalité, ce n'est que dans la deuxième de ces affaires que la Cour mentionne elle-même cette disposition ; dans la première, elle n'est pas citée en tant que telle (même si la Cour évoque les « principes généraux de droit reconnus pas les nations civilisées ») ; dans les deux dernières affaires, la Cour expose l'argumentation de l'une des parties, laquelle cite en effet l'article 38, par. 1c).

(237) Cette réticence de la jurisprudence est soulignée par certains auteurs volontaristes ; v. p. ex. Gennady M. Dalinenko, *Law-Making in the International Community*, *op. cit.*, p. 182-186.

(238) V. p. ex. Patrick Daillier et Alain Pellet, Nguyen Quoc Dinh, *Droit international public*, 7e éd., *op. cit.*

«dans tous les systèmes de droit»(239). La Cour semble donc conditionner l'existence de ce qui paraît être un principe général de droit à des impératifs d'exhaustivité. Toutefois, aucune référence à l'ensemble – ou même à l'un – de ces systèmes juridiques n'est ensuite opérée. Dans certains précédents relevant du droit pénal international, on peut certes trouver une motivation plus détaillée(240). Certains juges du Tribunal pénal international pour l'ex-Yougoslavie se sont parfois montrés très rigoureux lorsqu'ils ont tenté d'établir l'existence d'un principe général de droit. Dans l'affaire *Erdemovic*, qui portait sur l'admissibilité de la contrainte comme cause d'exonération de crimes internationaux, la motivation est extrêmement poussée. Des sources en provenance d'un grand nombre de droits nationaux sont examinées successivement, et ces droits nationaux illustrent des systèmes juridiques différents Ce n'est ainsi qu'à la suite de nombreuses pages de motivation que la conclusion est établie(241). En l'espèce, les juges concluent cependant qu'aucun principe général ne peut être établi(242), et s'appuient ensuite sur une logique de type objectiviste pour fonder le rejet de la contrainte comme cause d'exonération(243).

Au vu de ces incertitudes, trois consignes d'ordre méthodologiques doivent être gardées à l'esprit.

- Premièrement, le caractère controversé de cette source invite à ne s'y référer, en tant que telle, qu'avec parcimonie. Au-delà d'un appel à des «principes de» ou «du droit international» qui devra s'accompagner d'une référence à des sources conventionnelles ou coutumières existantes, le recours aux

(239) CIJ, *Recueil 1949*, p. 18.

(240) Encore que cela soit loin d'être la règle; v. p. ex la jurisprudence du Tribunal pénal pour le Rwanda, qui se réfère parfois à «l'esprit du Statut et des principes généraux du droit», en s'appuyant sur l'article 89 (B) de son Statut, pour déterminer et apprécier les règles de preuve (affaires *Barayagwiza*, ICTR-99-52, 3 décembre 2003, par. 95, *Kajelijeli*, ICTR-88-44A, 1er décembre 2003, par. 36, *Niyitegeka*, ICTR-96-14, 16 mai 2003, par. 38, *Rutaganda*, ICTR-96-3, 26 mai 2003, par. 26, *Semanza*, ICTR-97-20, 15 mai 2003, par. 35, textes disponibles dans *Tribunal pénal international pour le Rwanda. Recueil des ordonnances, décisions et arrêts*, 2003, vol. IV, Bruxelles, Bruylant, 2007, resp. p. 437, 1767, 2461, 3211 et 3649). Aucune motivation ne complète cependant le raisonnement.

(241) TPIY, affaire *Erdemovic*, opinion individuelle présentée conjointement par Madame le juge McDonald et Monsieur le juge Vohrah, 7 octobre 1997, par. 56-72.

(242) *Ibid.*, par. 72.

(243) *Ibid.*, par. 75.

«principes généraux de droit» en tant que source autonome devrait rester exceptionnel.

- Deuxièmement, si on décide d'y recourir, la démonstration de l'existence de principes généraux de droit se conçoit plus facilement dans certains domaines où la transposition du droit national au droit international paraît plus aisée: procédure, preuve, interprétation. *A contrario*, il semble délicat de les utiliser lorsqu'on se trouve dans des domaines classiques gouvernant les relations interétatiques.
- Troisièmement, et ceci est fondamental, toute affirmation selon laquelle telle règle peut être fondée sur un «principe général» de droit devra être appuyée par une démonstration aussi rigoureuse que possible ce qui, on l'a vu, implique d'utiliser une méthodologie relevant essentiellement du droit comparé.

Bien entendu, mais il n'est pas inutile de le rappeler une fois encore à ce stade, même en respectant rigoureusement ces consignes, il se peut que des auteurs traitant d'un même sujet arrivent, sur le fond, à des solutions particulières très différentes. Qu'il s'agisse du droit des traités, de la coutume, des engagements unilatéraux, des actes des organisations internationales ou des principes généraux de droit, la méthodologie laisse ouvert le raisonnement scientifique, mais exige de lui une motivation rationnelle. Un constat qui vaut, plus encore peut-être, pour une source comme l'équité.

D. L'ÉQUITÉ

L'équité peut très généralement être définie comme ce qui détermine une solution juste dans un cas particulier[244]. On distingue généralement l'équité *infra legem*, qui ne résulte que de l'application de la règle de droit, l'équité *praeter legem*, qui permet de combler l'absence ou les insuffisances de la règle de droit, et l'équité *contra legem*, qui permettrait de corriger ou d'atténuer la règle de droit[245]. Seul le premier type d'équité est généralement considéré comme une source de droit international positif, les deux autres ne pouvant être utilisés par un juge

(244) Jean SALMON (dir.), *Dictionnaire de droit international public*, *op. cit.*, v° équité, sens A, p. 441.

(245) *Ibid.*, p. 442-443.

que si celui-ci s'est vu spécifiquement reconnaître la faculté de trancher *ex æquo et bono*(246).

Les problèmes méthodologiques afférant à l'application de cette source sont *a priori* considérables, dans la mesure où, par définition, l'équité renvoie aux circonstances particulières propres à chaque cas d'espèce(247), ce qui rend pour le moins délicate l'élaboration d'une méthode générale. La seule exigence générale qui semble s'imposer est celle de rester dans le droit existant, *infra legem*, une exigence dont la rigueur contraste, à première vue, avec le manque de précision de la notion(248). On peut cependant avancer les remarques suivantes, en distinguant deux cas de figure: celui où l'équité fait partie intégrante d'une règle primaire, d'une part, et celui où l'équité est seulement un critère permettant d'appliquer une règle primaire dont elle n'est pas partie intégrante, d'autre part.

Dans la première hypothèse, l'équité ne constitue en réalité pas une source autonome mais ne représente qu'un élément d'une règle primaire(249). Il s'agit d'une notion que l'on retrouve dans un traité, ou dans un texte utilisé pour établir l'existence d'une règle coutumière(250). Certains instruments protecteurs des droits de la personne obligent ainsi leurs Etats parties à garantir un «procès équitable» aux personnes relevant de leurs

(246) Alain Pellet, «Article 38», *loc. cit*, p. 730-735.

(247) V. Jules Basdevant, *Dictionnaire de la terminologie du droit international*, *op. cit.*, v° équité, p. 95; André Lalande, *Vocabulaire technique et critique de la philosophie*, *op. cit.*, v° équité, p. 295; v. aussi Frede Castberg, «La méthodologie du droit international public», *loc. cit.*, p. 362-366.

(248) Selon l'Institut de droit international, le juge est, «de par sa tâche même, appelé à en tenir compte dans la mesure compatible avec le respect du droit» («La compétence du juge international en équité», 3 septembre 1937, session de Luxembourg, http://www.idi-iil.org). La résolution ne donne ensuite aucune précision sur la notion d'équité.

(249) Jean Salmon (dir.), *Dictionnaire de droit international public*, *op. cit.*, v° équité, sens D, p. 442.

(250) Outre le domaine des droits de l'Homme ou celui du droit de la mer, évoqué ci-dessous, la notion d'équité se retrouve dans de nombreuses sources de droit international; v. p. ex. l'article XII de la Convention de 1972 sur la responsabilité pour les dommages causés par les objets spatiaux (*RTNU*, vol. 961, p. 260), ou dans l'article 5 de la *Convention on the Law of the Non-navigational Uses of International Watercourses*, adoptée par l'Assemblée générale le 21 mai 1997, resolution 51/229, annex, Official Records of the General Assembly, Fifty-first Session, Supplement n° 49, non encore entrée en vigueur, texte disponible sur http://untreaty.un.org/ilc/texts/instruments/english/conventions/8_3_1997.pdf. (A/51/49).

juridictions[251]. Par ailleurs, le droit de la mer prévoit que les plateaux continentaux d'Etats dont les côtes sont adjacentes ou se font face doivent être délimités de manière à arriver à une «solution équitable»[252]. Dans de telles situations, le chercheur sera tout simplement amené à interpréter les traités, ou l'*opinio juris* des Etats s'il s'agit d'une règle coutumière. A ce stade, la question sera de savoir si tel ou tel Etat est lié par une obligation qui implique le respect d'un critère d'équité, mais la source de l'obligation ne sera pas l'équité elle-même. Une fois la règle établie, il restera à donner une signification à la notion d'équité. L'équité donnera alors lieu à des problèmes d'interprétation, au même titre qu'un grand nombre d'autres concepts juridiques («raisonnable», «bonne foi», ...)[253]. La méthodologie appropriée consistera alors à se référer aux principes d'interprétation reconnus en droit international[254]. Le chercheur ne manquera pas de faire appel à des sources indirectes, comme la doctrine et la jurisprudence, qui ont donné des indications sur ce qu'il fallait entendre par «équitable» dans le cadre des sources pertinentes. C'est ainsi que, pour reprendre les exemples qui ont été mentionnés, de nombreux développements doctrinaux ou jurisprudentiels sont consacrés à la règle du procès équitable[255], ou aux principes équitables en droit de la mer[256].

Il se peut toutefois que la règle primaire ne contienne pas la notion d'équité, mais que l'équité intervienne lors de l'application de cette règle à un cas particulier. Dans cette deuxième hypothèse, mais dans cette deuxième hypothèse seulement, l'équité pourrait alors être considérée comme une source autonome, dans la mesure où elle n'est pas en tant que telle inscrite

(251) V. p. ex. l'article 6 de la Convention européenne des droits de l'homme, ou l'article 14 du Pacte de l'ONU sur les droits civils et politiques.

(252) V. l'article 59 de la Convention de Montego Bay sur le droit de la mer.

(253) V. la comparaison entre ces concepts (ainsi que d'autres concepts voisins) dans notre ouvrage, *L'utilisation du «raisonnable» par le juge international. Discours juridique, raison et contradictions*, *op. cit.*, p. 495-525.

(254) V. les précisions *infra*, chapitre IV, section 1.

(255) V. p. ex. Jean-Claude SOYER et Michel DE SALVIA, «Article 6» *in* Louis-Edmond PETTITI, Emmanuel DECAUX, Pierre-Henri IMBERT (dir.), *La convention européenne des droits de l'homme. Commentaire article par article*, Paris, Economica, 1995, p. 265-266.

(256) V. p. ex. Michel VIRALLY, «L'équité dans le droit. A propos des problèmes de délimitation maritime», *loc. cit.*, p. 405-413.

dans un traité ou une coutume liant les Etats en cause[257]. A la différence des traités ou de la coutume, par exemple, l'équité n'est pas une source susceptible de fonder l'existence d'une série variée de règles. Au vu de la jurisprudence existante, on doit plutôt considérer que cette «source» permet d'utiliser «l'idée de justice»[258], et plus spécialement le concept d'égalité, que l'on pourra le cas échant tempérer en fonction des circonstances de l'espèce[259]. L'encadré reproduit ci-dessous, qui concerne un problème de délimitation frontalière dans une zone (la «mare de Soum») où les documents existants ne permettaient pas de trancher, fournit un exemple concret illustrant une méthode d'utilisation de l'équité.

> «(...) la Chambre n'a reçu aucun mandat des Parties pour se substituer à elles et choisir en toute liberté une frontière appropriée. Cela étant, la Chambre ne peut perdre de vue ni la mission confiée à la Cour – le règlement pacifique, conformément au droit international, des différends qui lui sont soumis – ni le fait que dans leur compromis les Parties lui ont demandé non pas de donner des indications susceptibles de les éclairer quand à la détermination de leur frontière commune mais bien de tracer une ligne, et une ligne précise.
> Comme elle l'a indiqué, la Chambre peut faire appel à l'équité *infra legem* dont les Parties ont toutes deux reconnu l'applicabilité en l'espèce (voir paragraphe 27 ci-dessus). A cet égard l'idée qui la guide est simplement celle-ci: «l'équité en tant que notion juridique procède directement de l'idée de justice» (*Plateau continental (Tunisie/Jamahiriya arabe libyenne), CIJ Recueil 1982*, p. 60, par. 71). La Chambre tient néanmoins à souligner que rien n'autorise un recours à la notion d'équité pour modifier une frontière établie. Dans le contexte africain en particulier, on ne saurait invoquer les insuffisances manifestes, du point de vue ethnique, géographique ou administratif, de maintes frontières héritées de la colonisation pour affirmer que leur modification s'impose ou se justifie par des considérations d'équité. Ces frontières, aussi peu satisfaisantes soient-elles, jouissent de l'autorité de l'*uti possidetis* et sont à ce titre entièrement conformes au droit international contemporain. Hormis le cas d'une décision rendue, avec l'assentiment des Parties, *ex æquo et bono*, «il ne s'agit pas simplement d'arriver à une solution équitable, mais d'arriver à une solution équitable qui repose sur le droit applicable» (*Compétence en matière de pêcheries*, *CIJ Recueil 1974*, p. 33, par. 78) (...).

[257] V. p. ex. Pierre-Marie DUPUY, qui range l'équité comme l'un des «modes traditionnels de formation du droit international»; *Droit international public*, 9e éd., *op. cit.*, p. 373-375.

[258] CIJ, affaire du *Plateau continental (Tunisie/Libye)*, *Recueil 1982*, p. 60, par. 71.

[259] CIJ, affaire du *Plateau continental de la Mer du Nord*, *Recueil 1969*, p. 49-50, par. 91.

La Chambre conclut dès lors qu'il lui faut reconnaître le caractère frontalier de la mare de Soum et qu'en l'absence d'indications précises dans les textes quant à l'emplacement de cette ligne frontière celle-ci doit diviser la mare de Soum en deux, de façon équitable. Bien que « l'équité n'implique pas nécessairement l'égalité» (*Plateau continental de la mer du Nord, Recueil 1969*, p. 49, par. 91), il reste qu'en l'absence de circonstances spéciales c'est en général celle-ci qui traduit le mieux celle-là (...) »[260].

Ce texte montre le souci du juge d'écarter toute conception jusnaturaliste de l'équité, ce dont témoignent non seulement plusieurs affirmations de fond, mais aussi une forme qui consiste à se référer à plusieurs reprises à de la jurisprudence existante, c'est-à-dire à une source de droit positif. *A contrario*, le juge ne se réfère pas à des considérations morales ni même d'opportunité. En même temps, le résultat du raisonnement est, en l'absence d'éléments précis ressortant du droit positif, de partager en deux la zone à délimiter, ce qui semble bien revenir, en dépit des dénégations de la Cour, à appliquer une forme d'équité *praeter legem*. L'ambiguïté de cet extrait traduit bien celle du concept d'équité lui-même.

Dans ce contexte, on comprendra que l'on insiste sur les consignes méthodologiques suivantes.

En premier lieu, on appréhendera l'équité de manière fondamentalement différente selon que la notion soit un élément de la règle primaire, ou qu'elle constitue une source autonome de droit international. Dans le premier cas, on appréhendera la notion à partir de la ou des sources de la règle primaire en cause, en utilisant les principes d'interprétation reconnus du droit international[261]. Dans le second, on aura conscience que le recours à l'équité est purement facultatif, et on aura tendance, étant donné les ambiguïtés de la notion, à l'éviter autant que possible. En fait, le recours à l'équité ne se justifie, à première vue, que dans certains domaines, dont le droit de la délimitation constitue un bon exemple[262]. En général, les autres sources existantes doivent permettre d'offrir un appui suffisant à une démonstration juridique. En tout cas, l'équité ne peut aboutir à contredire des règles telles qu'elles peuvent être

(260) CIJ, affaire du *Différend frontalier (Burkina Faso/Mali)*, *Recueil 1986*, p. 633, par. 148-150.

(261) *Infra*, chapitre IV, section 1.

(262) V. sp. Michel VIRALLY, «L'équité dans le droit. A propos des problèmes de délimitation maritime», *loc. cit.*, p. 405-413.

établies à partir de ces autres sources; tout au plus peut-elle servir à les interpréter[263].

En deuxième lieu, lorsqu'elle est utilisée, l'équité *infra legem* ne peut par définition renvoyer aux (seuls) sentiments de son utilisateur. La question qu'il s'agit de se poser n'est pas de savoir ce que l'on considère, personnellement, comme équitable. En bonne méthode, il faut plutôt se demander ce que les Etats considèrent comme tel (option volontariste), ou ce qui peut être qualifié d'équitable au regard des nécessités et solidarités sociales qui caractérisent la communauté internationale (option objectiviste). C'est dans cette optique que l'on peut concevoir d'appuyer sa référence à l'équité par des instruments de droit international qui ne sont pas obligatoires mais à partir desquels on pourrait donner un certain contenu à la notion d'équité[264]. Des instruments conventionnels non encore entrés en vigueur, des actes d'organisations internationales ou les déclarations issues de conférence contiennent souvent des considérations sur ce qui serait équitable ou raisonnable. S'y référer, dans les limites strictes qui viennent d'être tracées, est certainement plus rigoureux sur le plan méthodologique que de donner un contenu à l'équité en ne s'appuyant que sur son seul «bon sens»[265].

Il reste que, en pratique, l'équité n'est que rarement utilisée avec toute la rigueur méthodologique qui vient d'être évoquée, avec pour conséquence que cette source est souvent critiquée, ou n'est considérée que comme une source indirecte du droit international[266], au même titre que la jurisprudence ou que la doctrine.

E. La jurisprudence

On a déjà analysé la jurisprudence comme élément contribuant à établir l'existence d'une règle coutumière, et l'on se contentera donc ici de formuler quelques remarques additionnelles générales sur les caractéristiques de cette «source», pour

(263) L'équité pourrait alors être assimilée à un principe complémentaire d'interprétation; v. *infra*, chapitre IV, section 1.

(264) Pour un exemple, v. CEDH, affaire *S/Suisse*, *Série A*, n° 220, 28 novembre 1991, par. 48.

(265) Olivier Corten, «Motif légitime et lien de causalité suffisant: un modèle d'interprétation rationnel du «raisonnable»», *AFDI*, 1998, p. 203; *L'utilisation du «raisonnable» par le juge international. Discours juridique, raison et contradictions*, *op. cit.*, p. 660-663.

(266) V. p. ex. Charles Rousseau, qui range l'équité parmi les «sources subsidiaires»; *Droit international public*, tome I, *op. cit.*, p. 398-415.

autant que l'on puisse utiliser ce terme(267). Lorsqu'on se réfère à de la jurisprudence, on invoque l'opinion de juges sur l'état du droit international(268). Il s'agit avant tout d'une source indirecte, dans la mesure où les juges eux-mêmes prétendent ne pas créer mais simplement interpréter le droit international, comme peut l'illustrer cet extrait célèbre de l'affaire du *Sud-Ouest africain*:

> «Tout au long de la présente affaire, on a dit ou laissé entendre que des considérations humanitaires suffisent à faire naître des droits et obligations juridiques et que la Cour peut et doit agir en conséquence. La Cour ne le pense pas. La Cour juge le droit et ne peut tenir compte de principes moraux que dans la mesure où on leur a donné une forme juridique suffisante. Le droit, dit-on, répond à une nécessité sociale, mais c'est précisément pour cette raison qu'il ne peut y répondre que dans le cadre et à l'intérieur des limites de la discipline qu'il constitue. Autrement, ce n'est pas une contribution juridique qui serait apportée»(269).

Trente ans plus tard, la Cour répétera qu'elle:

> «dit le droit existant, et ne légifère point. Cela est vrai même si la Cour, en disant et en appliquant le droit, doit nécessairement en préciser la portée et, parfois, en constater l'évolution»(270).

En fait, le pouvoir prétorien est pourtant difficilement contestable, en droit international comme en droit interne(271). Mais, pour des raisons que l'on n'élucidera pas ici(272), ce pouvoir n'est pas assumé. Un juge, ou un auteur, qui ferait appel à la jurisprudence en prétendant créer une nouvelle règle serait dès lors critiquable, sur le plan méthodologique tout au moins.

(267) Comme on le constatera ci-dessous, la jurisprudence est supposée constater, et non créer, le droit existant; v. Patrick DAILLIER et Alain PELLET, NGUYEN QUOC DINH, *Droit international public*, 7e éd., *op. cit.*, p. 397-398; v. aussi Maarten BOS, *A Methodology of International Law*, *op. cit.*, p. 75-80.

(268) V. Jean SALMON (dir.), *Dictionnaire de droit international public*, *op. cit.*, v° jurisprudence internationale, p. 629-630.

(269) CIJ, *Recueil 1966*, p. 34, par. 49.

(270) CIJ, affaire de la *Menace ou de l'emploi d'armes nucléaires*, *Recueil 1996*, p. 237.

(271) V. mon ouvrage précité, *L'utilisation du «raisonnable» par le juge international*, sp. p. 325-331.

(272) Voy. des développements à cet égard dans *ibidem*.

Cela étant, on formulera les remarques méthodologiques suivantes[273].

Tout d'abord, avant de pouvoir utiliser une décision au titre de «jurisprudence», il convient de démontrer qu'elle a été rendue par une «juridiction», notion qui peut être définie comme une:

> «[i]nstitution investie du pouvoir de juger, c'est-à-dire de trancher des litiges entre Etats par décision obligatoire, qu'il s'agisse d'un organe arbitral ou judiciaire ou de tout autre organisme disposant de pouvoirs juridictionnels»[274].

Les contours de cette notion sont parfois difficiles à définir. La terminologie consistant à se référer à «la jurisprudence» du Conseil de sécurité serait, en tout état de cause, formellement incorrecte; tout au plus pourrait-on évoquer une pratique, quitte à utiliser celle-ci dans le cadre de l'établissement d'une règle coutumière, moyennant le respect des précautions méthodologiques mentionnées plus haut[275]. Pour chaque organe, il convient donc de déterminer s'il peut être qualifié de juridiction ou non. Si, pour la plupart d'entre eux, cette détermination est relativement aisée, certains peuvent poser des difficultés. Au sein de l'OMC, de l'OIT ou de l'OSCE, par exemple, il existe des organes de règlement de conflits qui ne peuvent être classifiés aussi clairement[276]. Des précédents comme ceux de la Commission d'arbitrage pour la Yougoslavie (parfois désignée comme la «Commission Badinter»), ont donné lieu à des controverses plus aiguës encore[277].

Ensuite, il faut pouvoir démontrer que la juridiction tranche en droit international positif, même s'il s'agit d'une juridiction

(273) V. aussi à ce sujet Marteen Bos, *A Methodology of International Law*, *op. cit.*, p. 185-217.

(274) V. Jean SALMON (dir.), *Dictionnaire de droit international public*, *op. cit.*, v° juridiction internationale, p. 628.

(275) *Supra*, section 2 du présent chapitre.

(276) V. p. ex. Eric CANAL-FORGUES, «Le système de règlement des différends de l'OMC», *RGDIP*, 1994, p. 688-707; Carlo SANTULLI, «Qu'est-ce qu'une juridiction internationale? Des organes répressifs internationaux à l'ORD», *AFDI*, 2000, p. 58-81.

(277) V. le chapitre III de notre ouvrage, rédigé avec Barbara DELCOURT, *Ex-Yougoslavie: droit international, politique et idéologies*, *op. cit.*, 1998. On peut par ailleurs s'interroger sur le Comité des droits de l'homme des Nations unies, dont les décisions sont parfois qualifiées de «jurisprudence» (Patrick DAILLIER et Alain PELLET, NGUYEN QUOC DINH, *Droit international public*, 7e éd., *op. cit.*, p. 1455), alors qu'il est délicat de les qualifier comme telle si l'on retient la définition reprise ci-dessus.

nationale[278]. Un tribunal belge peut être considéré comme une juridiction dont la jurisprudence est pertinente lorsque le sujet examiné relève du droit international et est traité selon ce cadre de référence (immunité des Etats, interprétation de la Convention européenne des droits de l'homme, ...). Diverses revues de droit international publient ainsi des chroniques de jurisprudence issue de juridictions nationales[279]. Il sera cependant parfois délicat de déterminer si, et dans quelle mesure, tel juge national a invoqué le droit international à l'appui de sa décision[280]. Les instances arbitrales doivent, par ailleurs, faire l'objet d'un examen particulier. La pertinence de leurs décisions dépendra essentiellement de leur fonctionnement tel qu'il est défini par le compromis d'arbitrage ou par le règlement qui aurait été adopté sur la base de ce compromis. Dans certains cas, les arbitres peuvent juger en se référant à des considérations d'équité au sens large[281]. Dans cette dernière hypothèse, leurs décisions ne peuvent pas être invoquées pour établir l'existence d'une règle de droit positif[282]. La doctrine se réfère souvent à des arbitrages anciens, dans des domaines comme celui de la responsabilité internationale ou la protection des étrangers[283]. Théoriquement, on ne peut parler de jurisprudence au sens strict du terme que si chacune des décisions est bel et bien motivée en droit positif[284].

(278) Shabtai ROSENNE, *Practice and Methods of International Law*, *op. cit.*, p. 83.

(279) Pour la *RBDI*, v. «Jurisprudence belge relative au droit international public», publiée depuis 1965. Il existe aussi un recueil à vocation internationale, les *International Legal Reports*, qui reprennent de la jurisprudence nationale mais aussi internationale, et ce depuis 1919.

(280) Clive PARRY, *The Sources and Evidences of International Law*, Manchester, MUP, New York, Oceana Pub., 1965, p. 96-97. Il se peut en effet que le juge interne se réfère à un principe relevant du droit international mais qui est par ailleurs reproduit dans une source nationale, les relations entre les deux ordres juridiques dépendant de chaque système juridique, certains admettant, plus ou moins aisément, le recours au droit international en tant que tel.

(281) V. Karl STRUPP, «Le droit du juge international de statuer selon l'équité», *RCADI*, 1930, tome 33, p. 357-581.

(282) Michel VIRALLY, «The Sources of International Law» *in* Max SORENSEN (ed.), *Manual of Public International Law*, *op. cit.*, p. 152.

(283) V. p. ex. Karl ZEMANEK, Jean SALMON, *Responsabilité internationale*, Paris, Pedone, 1987, 235 p.

(284) A titre d'exemple, la première affaire reproduite dans le *Recueil des sentences arbitrales* publié par les Nations unies se fonde sur un compromis d'arbitrage en vertu duquel le tribunal tranchera «en statuant d'après le droit conventionnel éventuellement applicable et, à défaut, d'après les dispositions et les

En troisième lieu, il importera d'être attentif à la structure interne du texte jurisprudentiel invoqué. Si la juridiction concernée est un organe d'une organisation internationale, le dispositif de la décision renvoie en effet à une source conventionnelle[285]. La valeur obligatoire de sa décision dépend des conditions de validité du droit dérivé de cette organisation. Si cette juridiction a été créée à la suite d'un accord conventionnel, le caractère obligatoire de son arrêt dépendra des termes de cet accord[286]. On est alors dans le cadre de sources directes de droit international, qui ne seront opposables qu'aux Etats qui sont parties à l'acte constitutif de l'organisation ou à l'accord[287]. En tant que source indirecte, la «jurisprudence» renvoie donc plutôt aux motivations de la décision, c'est-à-dire à l'interprétation du droit international qui a été effectuée par la juridiction[288]. Dans cette optique, plus l'affirmation utilisée est générale, plus son utilisation au titre de jurisprudence est aisée. Un *obiter dictum* acquiert ainsi un caractère plus opérationnel qu'un développement très lié aux circonstances de l'affaire, et on peut même considérer que, plus l'affirmation est détachée du cas particulier, plus la juridiction a entendu poser une interprétation générale d'une règle de droit international[289].

principes généraux du droit et de l'équité» (article III du compromis d'arbitrage du 31 juillet 1913, affaire des *Propriétés religieuses expropriées (France/Espagne)*, *RSA*, tome I, p. 9). Si l'on souhaite se référer à une telle affaire, il faudra montrer que l'énoncé invoqué s'est spécifiquement appuyé sur du droit international positif. Pour un autre exemple de ce type, v. aussi l'affaire *Pinson*, *RSA*, vol. V, p. 354-355.

(285) Michel VIRALLY, «The Sources of International Law», *loc. cit.*, p. 149-150.

(286) V. ci-dessus.

(287) Ainsi, le dispositif d'un arrêt de la Cour internationale de Justice, obligatoire pour les parties en application de l'article 59 du Statut, est, sur le plan des sources, une décision de l'Organisation des Nations unies.

(288) Jean COMBACAU, Serge SUR, *Droit international public*, 8e éd., *op. cit.*, p. 44; Shabtai ROSENNE, *Practice and Methods of International Law*, *op. cit.*, p. 91.

(289) On a ainsi relevé que, dans l'affaire des *Plates-formes pétrolières*, la Cour avait manifestement tenu à effectuer certaines mises au point au sujet de certaines interprétations contemporaines de la règle de l'interdiction du recours à la force, alors que, en théorie, ces mises au point n'étaient sans doute pas indispensables au règlement du litige en l'espèce (v. Clarisse BARTHE-GAY, «Le jeu de l'unilatéral, du bilatéral et du multilatéral en droit international. Observations sous l'arrêt de la Cour internationale de Justice du 6 novembre 2003 dans l'affaire des *Plates-formes pétrolières (Iran/Etats-Unis)*», *RBDI*, 2004, p. 75). Les propos de la Cour au sujet de cette règle n'en acquièrent donc, en tant que jurisprudence, que d'autant plus de valeur.

En quatrième lieu, et cette exigence n'est pas la moins importante, une qualification de «jurisprudence» suppose de pouvoir invoquer un nombre substantiel de décisions allant dans le même sens[290]. Un précédent unique n'est pas plus susceptible de constituer une jurisprudence qu'il ne l'est, dans le domaine interétatique, de générer une coutume[291]. Le chercheur veillera ainsi à sélectionner et à interpréter le plus grand nombre possible de décisions. Rien ne l'empêchera bien sûr, en fonction du résultat qu'il cherche à atteindre, de disqualifier tel précédent :

- en prétendant qu'il ne répond pas aux critères susceptibles de le qualifier de précédent jurisprudentiel[292],
- en estimant qu'il vise en l'espèce des circonstances très particulières qui rendent une généralisation ou une transposition hasardeuse[293];
- en montrant que ce précédent est dépassé en raison de l'évolution du droit international, conventionnel ou coutumier, depuis le moment de son adoption[294];

(290) Moustapha SOURANG, «La jurisprudence et la doctrine» *in Droit international. Bilan et perspectives*, *op. cit.*, p. 298; Patrick DAILLIER et Alain PELLET, NGUYEN QUOC DINH, *Droit international public*, 7e éd., *op. cit.*, p. 396.

(291) V. ci-dessus, section 1, B.

(292) A titre d'exemple, Jean SALMON se prononce ainsi pour réfuter la valeur jurisprudentielle des avis de la «Commission d'arbitrage» sur la Yougoslavie: «la Commission, dite d'arbitrage, ne ressemble en rien à l'institution de droit international public du même nom. Elle n'est pas constituée par les parties au litige. Elle est composée de cinq présidents de Cours constitutionnelles d'Etats de la Communauté présidée par Robert Badinter. Aussi respectables et respectés qu'en soient les membres, cela ne confère à cette institution aucune compétence spéciale dans les questions de droit international, encore moins le droit de statuer sur des problèmes relevant des affaires intérieures des pays tiers à la Communauté, sans parler de l'impartialité et des garanties minimales de procédure que l'on devrait attendre d'un organe qui s'intitule «Commission d'arbitrage»»; «Reconnaissance d'Etats», *RBDI*, 1992, p. 234.

(293) Certains auteurs estiment ainsi que l'arrêt rendu en 1986 par la Cour internationale de Justice dans l'affaire du *Différend frontalier (Burkina Faso/Mali)* ne peut être invoqué pour prétendre que l'*uti possidetis juris* serait un principe applicable à toute situation de succession d'Etat, un examen attentif de la motivation montrant que ce principe resté lié au phénomène de la décolonisation; v. p. ex. Suzanne LALONDE, *Determining Boundaries in A Conflicted World. The Role of* Uti possidetis, Montreal, McGill-Queen's University Press, 2002, p. 191-192.

(294) On a ainsi critiqué la doctrine qui invoque la jurisprudence de Nuremberg pour fonder la persistance des enseignements de l'affaire de la *Caroline* (v. p. ex. Derek W. BOWETT, *Self-Defence in International Law*, Manchester, MUP, 1958, p. 138). Si le tribunal s'est, en effet, furtivement référé à ce précédent, ce n'est que pour éclairer le droit applicable tel qu'il existait au moment des faits qui étaient portés à son jugement, soit le droit international antérieur à la Charte des Nations

- ou encore en critiquant le caractère léger voire erroné du raisonnement adopté en l'espèce par la juridiction concernée, qui aurait interprété le droit existant de manière incorrecte(295).

On constate que, comme c'était déjà le cas pour les autres sources de droit international (en particulier pour certaines d'entre elles, comme la coutume, les principes généraux de droit ou l'équité), la marge de manœuvre du chercheur est considérable lorsqu'il vise à établir l'existence d'une règle de droit international. En l'occurrence, la rigueur méthodologique requiert toutefois de motiver soigneusement toute affirmation selon laquelle telle solution est dictée par la «jurisprudence». Une exigence qui peut être transposée aux autres sources de droit international, et en particulier à la doctrine.

F. La doctrine

La «doctrine des publicistes les plus qualifiés des différentes nations» est reconnue comme une source auxiliaire de droit international(296).

Dans la mesure où il ne s'agit pas d'une «source» au plein sens du terme, la référence à la doctrine ne peut théoriquement servir qu'à appuyer des conclusions qui ont été formulées à partir d'une analyse des sources directes(297). Cela n'empêche pas que le renvoi à des études doctrinales soit très utile, voire

unies. La jurisprudence de Nuremberg ne pourrait donc plus être invoquée pour éclaircir le droit international actuel relatif à la légitime défense; v. notre ouvrage précité, *Le droit contre la guerre*, p. 631-632.

(295) V. p. ex. Maurice Kamto, «Une troublante «immunité totale» du ministre des Affaires étrangères. Sur un aspect de l'arrêt du 14 février 2002 dans l'affaire relative au *Mandat d'arrêt du 11 avril 2000*», *RBDI*, 2002, sp. p. 519-523. Exceptionnellement, une juridiction critique une autre juridiction dans cette perspective; v. ainsi la critique de la CIJ opérée par le TPIY dans l'affaire *Tadic*; CA, aff. IT-94-1-A, 15 juillet 1999, titre (ii) et par. 115 et s., ainsi que les propos rendus par la Cour quelques années plus tard; affaire du *Crime de génocide (Bosnie-Herzégovine/Serbie/Montenegro)*, arrêt du 26 février 2007, sp. par. 403.

(296) Selon les termes de l'article 38 du Statut de la Cour internationale de Justice, avec toutes les réserves déjà mentionnées au sujet de la référence à cette disposition. Ce caractère «auxiliaire» n'empêche pas la doctrine de jouer parfois un rôle décisif dans l'évolution du droit international; Clive Parry, *The Sources and Evidences of International Law*, *op. cit.*, p. 103.

(297) Moustapha Sourang, «La jurisprudence et la doctrine», *loc. cit.*, p. 297; Maarten Bos, *A Methodology of International Law*, *op. cit.*, p. 80-82; Shabtai Rosenne, *Practice and Methods of International Law*, *op. cit.*, p. 119.

indispensable. D'une part, une étude scientifique doit pouvoir être située par rapport à l'état de la littérature existante[298]. L'originalité de l'hypothèse de travail et du raisonnement ne peut être évaluée que par rapport à d'autres études portant sur des sujets ou des thèmes similaires. Un travail négligeant – ou *a fortiori* omettant toute référence à – la doctrine serait donc très critiquable sur le plan méthodologique. D'autre part, la doctrine fournit souvent un moyen de formuler certaines affirmations qui ne feront pas l'objet de la démonstration scientifique, mais que l'on souhaite en même temps justifier par un argument d'autorité. Un raisonnement qui part du présupposé que l'interdiction du recours à la force ne connaît que deux exceptions, et qui se consacre essentiellement à l'interprétation de l'une d'entre elles (comme la légitime défense), fondera ainsi son présupposé sur des références doctrinales (et éventuellement jurisprudentielles). Tout en étant auxiliaire, la doctrine apparaît ainsi comme un élément indispensable à la réalisation d'un travail scientifique.

La prise en compte de la «doctrine» nécessite, sur le plan méthodologique, la prise en compte des préoccupations suivantes.

Tout d'abord, et toujours si l'on suit une perspective relevant de la technique juridique[299], la doctrine considérée doit se prononcer en *droit international public positif*. Puisqu'il doit s'agir de «droit international public», le recours à de la doctrine nationale n'est recevable que par l'intermédiaire d'une recherche axée sur un principe général de droit, à moins que l'on invoque plus généralement de la doctrine de théorie du droit que l'on souhaite appliquer ou transposer au droit international. Dans la mesure où il doit aussi s'agir de droit «positif», la référence à des ouvrages de droit international très anciens est délicate, la doctrine classique ne connaissant pas de distinction nette entre droit positif et droit naturel[300]. Il conviendra donc

(298) V. p. ex. Philip ALLOTT, «Language, Method and the Nature of International Law», *loc. cit.*, p. 118-119.

(299) V. *supra*, chapitre I, section 1. Dans le cadre de ce chapitre rappelons également que l'on se situe dans le cadre d'une approche «positiviste», au sens où il s'agit de se prononcer sur le droit existant (pour les différents clivages théoriques qui peuvent se décliner à partir de cette approche très générale, v. *supra*, chapitre I, section 2).

(300) Il arrive cependant que soient cités des auteurs classiques; v. p. ex. le contre-mémoire déposé par la Belgique le 28 septembre 2001 dans l'affaire du *Mandat d'arrêt du 11 avril 2000*, qui cite Vattel comme auteur ayant écarté l'im-

d'observer la plus extrême prudence dans l'utilisation de telles sources. Pour ce qui concerne la doctrine actuelle, la prudence requiert de même que l'on ne retienne, en vue de déterminer l'état du droit international, que les énoncés qui ont prétention à décrire le droit existant, *de lege lata*, et non les évaluations ou propositions tendant à modifier le droit international, *de lege ferenda*. La distinction n'est pas toujours aisée, comme l'illustre l'examen de certaines parties de projets édictés par la Commission du droit international[(301)]. Elle est en tout cas supposée être maintenue dans son principe.

Ensuite, seuls les «publicistes les plus qualifiés des différentes nations» peuvent constituer de la doctrine. Cette exigence ne concerne en réalité que le cas spécifique de la Cour internationale de Justice[(302)]. Son appréciation laisse au demeurant une marge de manœuvre considérable. Il s'agit simplement de recourir aux auteurs les plus renommés possibles, tout en gardant à l'esprit que l'autorité ne peut se substituer à la valeur intrinsèque d'un raisonnement, mais seulement la renforcer. L'expression a cependant le mérite d'inciter le chercheur à diversifier ses sources, et par conséquent à ne pas limiter son matériau à de la doctrine provenant d'un pays, d'une langue ou d'une culture uniques[(303)]. En pratique, on sait que, depuis de nombreuses années maintenant, la littérature anglophone a tendance à s'imposer comme incontournable[(304)]. Enfin, rien n'empêche de recourir, au titre de doctrine et non de jurisprudence, à des déclarations ou opinions (individuelles ou dissidentes) de juges, en particulier pour interpréter la décision concernée[(305)].

Idéalement, une étude scientifique doit pouvoir s'appuyer sur une grande variété d'auteurs, ce qui suppose soit de recourir

munité pour certains crimes particulièrement graves, p. 154 (disponible sur le site internet de la Cour).

(301) Ainsi la notion de «crime international», tel que la Commission l'a élaborée dans le cadre de ses travaux sur la responsabilité internationale, a-t-elle fait l'objet de nombreuses controverses qui ont empêché que la notion subsiste, en tant que telle, dans le projet; v. not. James Crawford, Pierre Bodeau, Jacqueline Peel, «La seconde lecture du projet d'article sur la responsabilité des Etats de la Commission du droit international. Evolutions ou bouleversements?», *RGDIP*, 2000, p. 930-932.

(302) Michel Virally, «The Sources of International Law», *loc. cit.*, p. 153.

(303) En ce sens, Michel Virally, *ibid.*

(304) V. déjà Shabtai Rosenne, *Practice and Methods of International Law*, *op. cit.*, p. 12-14.

(305) V. à ce sujet *ibid.*, p. 97-99.

à des institutions savantes les regroupant – comme l'Institut de droit international[306], l'*International Law Association*[307], sans oublier la Commission du droit international[308] – soit de récolter des œuvres rédigées par des auteurs de nationalité et de langues différentes[309]. Dans cette même perspective, il faut encore souligner que, de même qu'un arrêt ne suffit pas à constituer une jurisprudence, de même un auteur ne peut – si prestigieux soit-il – suffire à évoquer une véritable «doctrine». La citation d'un auteur isolé ne présente donc en tant que telle qu'une autorité limitée, cet auteur pouvant fort bien défendre une opinion très minoritaire[310].

Conclusion

En théorie, on s'accorde généralement à considérer qu'il n'existe pas de hiérarchie entre les sources, si ce n'est celle qui distingue les sources directes des sources indirectes[311]. En pratique, on constate que les sources conventionnelles sont, quand elles existent, privilégiées. La citation d'un instrument conventionnel applicable prêtera *a priori* moins le flanc à la critique qu'un raisonnement consistant à établir l'existence d'une règle coutumière, et ce en raison du caractère particulièrement souple de la méthodologie applicable dans ce dernier cas. Les sources comme les actes unilatéraux, les principes généraux de droit ou l'équité, génèrent en pratique plus de controverses encore; elles ne seront dès lors mobilisées qu'en cas de nécessité,

(306) L'Institut de droit international a été créé à Gand, en 1873. Il comprend plus de 130 membres et associés, qui se réunissent tous les deux ans et adoptent des résolutions sur différents aspects du droit international, public ou privé; v. le site internet de l'Institut: http://www.idi-iil.org.

(307) L'*International Law Association* a été fondée à Londres, en 1873, et regroupe de nombreux auteurs provenant de diverses régions du monde; v. http://www.ila-hq.org/.

(308) V. les détails mentionnés ci-dessus.

(309) V. André Oraison, «Réflexions sur «La doctrine des publicistes les plus qualifiés des différentes nations»», *RBDI*, 1991, p. 558-561, ainsi que Shabtai Rosenne, *Practice and Methods of International Law*, *op. cit.*, p. 20-23.

(310) Comme l'indique Pierre-Marie Dupuy, «les membres de la doctrine ne représentent qu'eux-mêmes, c'est-à-dire pas grand chose dans un contexte normatif dominé par la prééminence étatique»; *Droit international public*, 9e éd., *op. cit.*, p. 372.

(311) V. p. ex. Patrick Daillier et Alain Pellet, Nguyen Quoc Dinh, *Droit international public*, 7e éd., *op. cit.*, p. 114-116.

sauf peut-être si elles ne servent qu'à appuyer des affirmations déjà énoncées à partir d'autres sources. Quant aux sources indirectes, leur caractère théoriquement subordonné n'empêche pas qu'il y sera fréquemment fait appel. A la limite, il est souvent plus aisé de citer un jugement ou une étude scientifique que d'établir soi-même l'existence d'une règle (coutumière par exemple) à partir d'une multiplicité de sources directes. Tout dépend par ailleurs du contexte dans le cadre duquel la recherche a lieu. Si l'on s'adresse à une juridiction, par exemple, il va de soi que la référence à la jurisprudence de la juridiction en question sera loin de constituer un argument accessoire. En pratique, il conviendra donc, selon le contexte, d'établir une hiérarchie *ad hoc*, sur une base pragmatique. Enfin, on rappellera une dernière fois que les exigences méthodologiques resteront toujours impuissantes à dicter une (seule) solution de fond. La marge d'appréciation du scientifique est telle, à ce stade, qu'il sera toujours possible de conclure dans différentes directions, et ce avec une rigueur méthodologique similaire. Ce qui importe sera avant tout de motiver correctement sa décision au regard des principes qui ont été exposés dans ce chapitre. De la même manière, on verra dans le chapitre suivant que c'est surtout sur le plan de l'exposé du raisonnement que la rigueur s'impose lorsque l'on cherche à justifier l'interprétation d'une règle de droit international et son application à une situation particulière.

CHAPITRE IV

Les problèmes méthodologiques spécifiques relatifs à l'application des règles juridiques

Après avoir effectué la recherche des différentes sources formelles formulant les règles juridiques pertinentes, il reste à préciser le sens de ces règles en vue de les appliquer à la situation ou au sujet qui font l'objet de la recherche. L'opération qui consiste à appliquer une règle juridique à une situation particulière a été décrite par référence au modèle du « syllogisme judiciaire »[1], selon lequel une solution juridique correcte résultera de la confrontation entre les deux opérations intellectuelles suivantes :

- d'une part, l'établissement puis l'interprétation de la règle de droit ;
- d'autre part, l'établissement des faits pertinents au regard de cette règle.

Comme son nom l'indique, ce modèle a été conçu pour conceptualiser le travail judiciaire, l'action de juger, et non pas, en principe, pour désigner un travail de type académique. Il est cependant parfaitement possible que l'on retrouve ces deux opérations, si le travail a été construit autour d'une problématique liée à une question de licéité d'un comportement donné. Un chercheur peut ainsi se demander si l'intervention militaire menée par l'armée russe en Tchétchénie est conforme au droit international, ce qui suppose à la fois que soient interprétées des règles juridiques pertinentes (en particulier celles qui relèvent du

[1] V. la critique de ce concept par Chaïm PERELMAN, « Le raisonnement juridique » *in Ethique et droit*, Bruxelles, Editions de l'Université de Bruxelles, 1990, p. 576-586.

droit des conflits armés), et établis des faits qui se sont produits sur le terrain(2). Cette option n'est pas sans poser certaines questions au regard des exigences spécifiques de la phase de l'établissement des faits, comme nous le verrons plus loin(3). Aussi les chercheurs préfèrent-ils parfois se concentrer sur un travail d'interprétation plus abstrait, en se demandant quel est la portée ou le sens de telle ou telle règle, sans pour autant chercher à évaluer des faits en relation avec cette règle(4). On peut ainsi concevoir de travailler sur la définition de l'objectif militaire dans les conflits armés, ce qui suppose de se fonder sur divers instruments conventionnels, et en même temps sur l'*opinio juris sive necessitatis* dans la perspective de la prise en compte d'une règle coutumière(5). Dans ce dernier cas, la prise en compte du conflit tchétchène ne sera pas sans pertinence, dans la mesure où elle pourra permettre de mesurer la position des Etats telle qu'elle a été exprimée à partir d'un précédent concret. Mais, fondamentalement, il ne s'agira pas de juger ce qui s'est passé; l'objectif sera de dégager le sens général d'une règle, non d'affirmer qu'elle a été respectée ou violée(6).

On se concentrera dès lors principalement, dans le cadre de ce chapitre, sur le processus d'interprétation de la règle juridique (section 1), pour offrir ensuite quelques indications générales sur le processus d'établissement des faits en droit international (section 2).

Section 1

Les problèmes méthodologiques liés à l'interprétation du droit

Les manuels de droit international réservent le plus souvent une place limitée au processus d'interprétation(7). L'interpréta-

(2) V. p. ex. Rahim Kherad, «De la nature juridique du conflit tchétchène», *RGDIP*, 2000, p. 155.

(3) Ci-dessous, section 2, B.

(4) Sur la notion d'«interprétation abstraite», v. Charles de Visscher, *Problèmes d'interprétation judiciaire en droit international public*, *op. cit.*, p. 30-31.

(5) V. p. ex. Eric David, *Principes de droit des conflits armés*, 4e éd., *op. cit.*, p. 272-295.

(6) Pour un exemple en ce sens dans le domaine du *jus contra bellum*, v. mon ouvrage précité, *Le droit contre la force*, introduction et chapitre I, section 2.

(7) Patrick Daillier et Alain Pellet, Nguyen Quoc Dinh, *Droit international public*, 7e éd., *op. cit.*, p. 252-266; Jean Combacau et Serge Sur, *Droit international public*, 8e éd., *op. cit.*, p. 170-181; Pierre-Marie Dupuy, *Droit international public*,

tion est pourtant une étape décisive de la recherche scientifique, et elle est d'autant plus importante que, en droit international, les Etats eux-mêmes ont une grande liberté d'interpréter les règles existantes[8]. Dans bien des cas, la difficulté réside non pas tant dans la collecte et la sélection des sources applicables, mais dans leur articulation et leur interprétation particulières. C'est souvent l'originalité et la rigueur d'une interprétation qui permettront de distinguer différentes études menées sur un même sujet. Il est donc impératif de motiver soigneusement cette étape du raisonnement en respectant autant que possible une méthodologie rigoureuse. Le «bon sens» du chercheur, s'il peut contribuer à guider son choix en faveur de telle ou telle interprétation, ne constituera nullement un argument scientifique pertinent. Son choix, tout personnel qu'il soit à l'origine, devra être motivé rationnellement, de manière à se prêter au débat scientifique. Il est donc particulièrement important de se pencher sur des problèmes méthodologiques à la fois généraux, qu'il s'agisse du statut de l'interprétation ou de l'articulation des moyens d'interprétation (A) et spécifiques, qui touchent à chacun de ces moyens pris individuellement (B).

A. Les problèmes méthodologiques généraux liés au processus d'interprétation

On précisera ci-dessous la place du processus d'interprétation dans le raisonnement scientifique (1), avant de s'interroger sur l'articulation générale des moyens d'interprétation repris dans la Convention de Vienne sur le droit des traités (2). Avant de développer ces questions, il faut préciser que, à l'instar de ce qu'on a pu relever lorsqu'on a examiné la phase de l'établissement de la règle, les principes méthodologiques seront appréhendés différemment selon l'optique théorique dans laquelle on se place. Un volontariste mettra, par définition, l'accent sur la volonté des Etats, l'intention des parties, et c'est dans cette perspective qu'il abordera le sens ordinaire du texte, l'objet et le but de l'instrument, ou encore les travaux préparatoires[9].

9e éd., *op. cit.*, p. 334-342; Eric Canal-Forgues et Patrick Rambaud, *Droit international public*, *op. cit.*, p. 36-41.

[8] Serge Sur, *L'interprétation en droit international public*, *op. cit.*, p. 108-156; Marteen Bos, *A Methodology of International Law*, *op. cit.*, p. 127-130.

[9] Selon l'expression de Dionisio Anzilotti, «de même que les normes internationales s'établissent par le moyen des accords entre Etats, de même il n'y a

Un objectiviste insistera en revanche sur des éléments «objectifs», en considérant par exemple que le texte ou l'objet et le but sont des critères qui peuvent partiellement être détachés de la volonté des parties[10]. Ces différences seront, lorsqu'elles sont manifestes, précisées dans les lignes qui suivent. L'ensemble des développements que nous reprendrons sont toutefois tellement fondamentaux qu'on peut considérer qu'ils s'appliquent quelle que soit l'option théorique sous-jacente à la recherche.

1. La place et l'importance de l'interprétation dans le raisonnement scientifique

La place souvent limitée de l'interprétation dans l'enseignement du droit international s'explique sans doute par une conception sous-jacente particulière du phénomène que l'on peut synthétiser comme suit[11]. L'interprétation constituerait une phase chronologiquement postérieure à celle de l'établissement de la règle juridique. L'essentiel, pour le chercheur, consisterait à déterminer l'existence de la règle de droit, qu'elle soit d'origine conventionnelle ou coutumière. Il serait donc parfaitement normal de consacrer de longs développements à chacune des sources formelles du droit international, et de confiner l'interprétation à une place restreinte. Une fois la règle établie, il ne resterait en effet plus qu'à l'interpréter correctement pour obtenir la solution juridique valide. L'interprétation pourrait ainsi être réduite à une opération marginale, qui nécessiterait finalement peu de précisions.

Cette vision, qui n'est il est vrai que rarement assumée comme telle[12], repose en premier lieu sur le principe de la

que les accords des Etats qui puissent en déterminer d'une manière obligatoire la signification» (*Cours de droit international*, *op. cit.*, p. 109).

(10) V. Antoine Favre, «L'interprétation objectiviste des traités», *ASDI*, 1960, p. 75-98.

(11) Pour plus de développements, v. Robert Kolb, *Interprétation et création du droit international. Esquisse d'une herméneutique juridique moderne pour le droit international public*, Bruxelles, Bruylant, 2006, p. 16-23 et 74-79.

(12) Ainsi, selon Patrick Daillier et Alain Pellet, «il est rare qu'une règle de droit puisse s'appliquer automatiquement à un cas concret» (Nguyen Quoc Dinh, *Droit international public*, 7e éd., *op. cit.*, p. 253). *A contrario*, il existerait donc des hypothèses dans lesquelles la règle de droit pourrait «s'appliquer automatiquement à un cas concret». Une telle affirmation semble refléter l'état d'esprit d'une large partie de la doctrine qui, tout en constatant l'ampleur des problèmes d'interprétation, semble considérer que ces problèmes peuvent, dans certains cas, s'avérer inexistants.

distinction entre établissement et interprétation de la règle juridique. Cette distinction peut être faite intellectuellement, et c'est elle qui a dicté la séparation entre le chapitre précédent et le présent chapitre dans le cadre de ce cours. Il faut toutefois bien se rendre compte que cette séparation a surtout une fonction didactique, mais ne peut certainement prétendre refléter toutes les nuances de la réalité, loin s'en faut. En pratique, il convient même de nuancer cette distinction de manière substantielle.

En réalité, l'interprétation de la règle et l'établissement de cette règle désignent souvent différents aspects d'une même opération intellectuelle. Lorsqu'on se demande si une exception à une règle est établie, on se fondera à la fois sur l'interprétation des textes exprimant cette règle, et sur la prise en compte de la pratique et de l'*opinio juris sive necessitatis*, c'est-à-dire sur des éléments relevant théoriquement de l'établissement d'une règle juridique. Les deux exemples repris dans les encadrés suivants l'illustrent: interpréter une règle, c'est déterminer sa portée, c'est-à-dire, d'un certain point de vue, en établir l'existence.

L'arrêt de la CIJ dans l'affaire *Yerodia*

Dans cet arrêt, le raisonnement de la Cour consiste à tester l'hypothèse d'une règle coutumière permettant d'écarter l'immunité des chefs d'Etats dans le cadre de certains crimes revêtant une gravité particulière[13]. Afin de se prononcer sur l'existence d'une telle règle, la Cour s'est notamment appuyée sur une interprétation du principe juridique général des immunités. En l'occurrence, l'établissement de la portée de l'exception à la règle dépend de l'interprétation de cette règle.

La portée de la notion de «légitime défense préventive»

Si l'on cherche à argumenter sur ce point, on se fondera notamment sur l'interprétation des grands textes établissant la règle générale de l'interdiction du recours à la force (Charte des Nations unies, résolutions 2625 (XXV) ou 3314 (XXIX) de l'Assemblée générale des Nations unies, ...). En même temps, on prendra en compte la coutume existante en vue d'attester, ou de contester, l'existence d'une coutume relative à la légitime défense préventive. Ici, encore, l'établissement de la règle va être intimement lié à son interprétation[14].

L'étroitesse des liens entre les deux opérations se confirme, si l'on se penche sur certains moyens d'interprétation, comme

(13) CIJ, *Recueil 2002*, p. 24-26, par. 68-71.

(14) V. p. ex. le chapitre VII de mon ouvrage précité, *Le droit contre la guerre*.

la pratique révélant un accord des Etats parties. La «Déclaration sur les relations amicales», annexée à la résolution 2625 (XXV) de l'Assemblée générale des Nations unies, par exemple, est un élément qui sera pris en compte à la fois pour interpréter la Charte des Nations unies et pour dégager et préciser le caractère coutumier de certains principes inscrits dans la Charte(15). La résolution constitue à la fois la preuve de l'existence d'une règle coutumière et un instrument permettant de préciser le sens de cette règle. Nous avons d'ailleurs signalé que, sur un plan méthodologique, l'établissement d'une règle coutumière consistait en réalité à prendre en compte, et par conséquent à interpréter, des textes écrits: traités non ratifiés, actes d'organisations internationales, positions officielles d'Etats, ...(16). De même, on a souligné, dans le cadre de l'établissement d'une règle conventionnelle, l'importance d'étudier les réserves et les objections aux réserves, étude qui suppose elle aussi un travail d'interprétation(17). En pratique, on peut donc conclure que l'interprétation intervient à différents stades du raisonnement juridique, et ne peut être confinée à un stade technique et limité, qui serait celui de l'application d'une règle déjà établie.

Dans ce contexte, on écartera aussi toute survivance de l'imagerie positiviste surannée de l'interprétation objective qui ne pourrait mener qu'à une et une seule solution juridique correcte(18). Cette imagerie prend sa source dans la doctrine de l'exégèse, qui réduit l'interprétation à une opération passive consistant à consacrer le sens, souvent qualifié de «clair», du texte législatif applicable(19). En réalité, la marge de manœuvre de l'interprète, qu'on le veuille ou non, est considérable(20). C'est lui qui décidera si le texte est applicable et, dans l'affirmative, s'il est clair ou doit être interprété dans tel ou tel sens. Il n'y a pas lieu de développer ici toutes les théories contemporaines

(15) V. les précédents de jurisprudence cités ci-dessus.

(16) *Supra*, chapitre III, section 2.

(17) *Supra*, chapitre III, section 1.

(18) V. l'exposé didactique de l'école de l'exégèse, qui rompt avec la tradition de l'herméneutique des Anciens, qui admettait la pluralité des sens possible, par Benoît FRYDMAN, *Le sens des lois*, Bruxelles, Bruylant, Paris, LGDJ, 2005, p. 365-367 (y compris les citations des auteurs rattachés à cette école).

(19) Robert KOLB, *Interprétation et création du droit international*, *op. cit.*, p. 16-18 ainsi que Léon HUSSON, «Analyse critique de la méthode de l'exégèse», *APD*, 1972, p. 115-133.

(20) Charles DE VISSCHER, *Problèmes d'interprétation judiciaire en droit international public*, *op. cit.*, p. 13-15.

de l'interprétation, sinon pour confirmer qu'elles confèrent toutes à l'interprète un pouvoir décisif[21]. Les exemples sont nombreux qui montrent que le texte n'est qu'un élément parmi d'autres, dont le sens littéral est parfaitement susceptible d'être dépassé[22].

La portée du « droit de veto » au sein du Conseil de sécurité

On sait que, si on s'en tient à la lettre de l'article 27, par. 3 de la Charte des Nations unies, une résolution du Conseil de sécurité ne peut être adoptée qu'avec une majorité de 9 voix sur 15, y compris le « vote affirmatif » des cinq membres permanents. Ce « texte clair » n'a pas empêché la Cour internationale de Justice de considérer qu'une abstention ne faisait pas obstacle à l'adoption d'une résolution[23]. La Cour s'est fondée sur la pratique qui, selon elle, révélait un accord général des Etats, dans la mesure où le Conseil de sécurité a, depuis bien longtemps, adopté des résolutions selon cette modalité de vote sans que cela fasse l'objet de contestation. Le texte est en l'occurrence écarté au moyen d'une interprétation *contra legem*, elle-même fondée sur la pratique[24]. L'établissement de la règle se confond largement avec son interprétation, et celle-ci n'a rien d'une opération passive ou mécanique.

Le rôle de l'interprétation apparaît ainsi essentiel puisque, outre qu'on retrouve l'opération à tous les stades du raisonnement juridique, elle confère au juriste – qu'il soit juge ou chercheur – une marge d'appréciation considérable[25].

Doit-on en conclure que, dans ces circonstances, le raisonnement juridique devrait être réduit à la pure subjectivité de l'interprète? C'est en ce sens que se prononcent certains courants théoriques que l'on qualifie parfois de « post-modernes », pour lesquels l'objectivité du droit – et même, à la limite, de la science elle-même, car toute science se fonde elle-même sur des interpré-

(21) V. p. ex. Umberto Eco, *Les limites de l'interprétation*, Paris, Grasset, 1992, 406 p. François Recanati *La transparence et l'énonciation. Pour introduire à la pragmatique*, Paris, Seuil, 1979, 215 p., ainsi que les développements et les références dans notre ouvrage, *L'utilisation du « raisonnable » par le juge international, op. cit.*, p. 173 et p. 181-186.

(22) Robert Kolb, *Interprétation et création du droit international, op. cit.*, p. 416.

(23) CIJ, affaire de la *Namibie*, *Recueil 1971*, p. 22, par. 21-22.

(24) Marcelo Kohen, « La pratique et la théorie des sources du droit international », *loc. cit.*, p. 99.

(25) V. p. ex. François Ost et Michel van de Kerchove, *De la pyramide au réseau? Pour une théorie dialectique du droit, op. cit.*, p. 396-402.

tations – est un mythe dépourvu de toute crédibilité[26]. Dans cette optique, la notion même de méthodologie juridique semble dénuée de sens.

Une manière de concilier l'incontestable subjectivité de l'interprétation et l'objectivité indispensable du raisonnement scientifique renvoie dès lors à la nécessité de motiver aussi rationnellement que possible l'interprétation qui a été choisie. Les principes méthodologiques d'interprétation ne doivent donc pas être compris comme des outils qui permettraient de déterminer une et une seule solution possible[27]. Ce choix ne peut certainement être dicté par la science, tant il met en jeu une évaluation personnelle. La méthode ouvrira en revanche la possibilité d'un débat scientifique, dans la mesure où elle offrira des critères aptes à justifier son choix, critères qui pourront donner lieu à vérification ou à contestation dans le chef des autres membres de la communauté scientifique. Seule la rigueur de la méthode utilisée afin d'appuyer l'interprétation permettra dès lors à une telle interprétation d'être préférée à une autre sur le plan scientifique. Il est évident que certaines interprétations sont plus difficiles à défendre que d'autres. Mais formellement, seule la méthodologie pourra rendre possible un débat critique.

Finalement, on insistera sur le fait que toutes les règles juridiques peuvent être interprétées[28]. Quelle que soit la précision éventuelle des textes applicables, il n'existe jamais une et une seule interprétation possible. Dans le même sens, il n'existe jamais d'interprétation prépondérante qui s'imposerait *a priori,* par la seule force d'un «bon sens» dont l'interprétation est elle-même très variable[29]. En revanche, on peut distinguer des interprétations plus ou moins correctement motivées, ce qui, en droit international, renvoie aux principes repris dans la Convention de Vienne de 1969 sur le droit des traités.

(26) V. p. ex. les travaux de Jacques DERRIDA, et notamment *Force de loi*, Paris, Galilée, 1994, 146 p.

(27) En ce sens, Serge SUR, «L'interprétation en droit international public» *in* P. AMSELEK (dir.), *L'interprétation en droit*, Bruxelles, Bruylant, Presses universitaires d'Aix-Marseille, 1995, p. 162-163.

(28) Jean COMBACAU et Serge SUR, *Droit international public*, 8e éd., *op. cit.*, p. 172.

(29) V. notre ouvrage précité, *L'utilisation du «raisonnable» par le juge international. Discours juridique, raison et contradictions*, sp. p. 186-190.

2. L'articulation générale des principes d'interprétation repris dans la Convention de Vienne

La Convention de Vienne de 1969 sur le droit des traités comprend trois articles relatifs à l'interprétation des traités entre Etats(30). Ces articles sont reproduits tels quels dans la Convention de 1986 sur le droit des traités entre Etats et organisations internationales(31). On considère généralement que les principes d'interprétation qui y sont énoncés ont une portée générale, et peuvent être utilisés pour interpréter non seulement les traités mais aussi d'autres sources de droit international, comme les engagements unilatéraux(32) ou encore les résolutions du Conseil de sécurité(33). Il est, pour autant et en dépit de certaines formules que l'on retrouve dans la jurisprudence(34), délicat de leur conférer un statut coutumier, au sens strict du terme(35). Pour les raisons que l'on a déjà indiquées, les principes d'interprétation n'ont pas la prétention de constituer une règle obligatoire, dont la violation engagerait la responsabilité de l'interprète, ou donnerait lieu à d'autres sanctions, au sens juridique du terme. On est plutôt en présence de règles d'ordre

(30) Articles 31 à 33; *RTNU*, vol. 1155, p. 331 (http://treaties.un.org).

(31) Articles 31 à 33 de cette convention qui, pour rappel, n'est toujours pas en vigueur (Doc. A/CONF.129/15, http://treaties.un.org/Pages/ViewDetails.aspx?src=TREATY&id=469&chapter=23&lang=fr#1).

(32) Bien entendu, il convient d'adapter les principes de la Convention de Vienne aux spécificités des sources concernées; v. le 7e des «principes directeurs applicables aux déclarations unilatérales des Etats susceptibles de créer des obligations juridiques»; CDI, *Conclusions de la Commission du droit international sur les actes unilatéraux des Etats*, A/CN.4/L.703, 20 juillet 2006; CIJ, affaire des *Activités militaires (compétence et recevabilité), Recueil 1984,* p. 420, par. 63; affaire des *Pêcheries (Espagne/Canada)*, *Recueil 1998*, p. 453, par. 46, affaire de la *Frontière terrestre et maritime (exceptions préliminaires)*, *Recueil 1998*, p. 293; par. 30.

(33) Catherine Denis, *Le pouvoir normatif du Conseil de sécurité: portée et limites*, *op. cit.*, p. 24; Marteen Bos, *A Methodology of International Law*, *op. cit.*, p. 173-184; v. CIJ, affaire de la *Namibie*, *Recueil 1971*, p. 53, par. 113.

(34) Ainsi, selon la CIJ, «[i]l est généralement admis que ces propositions, reprises aux articles 31 et 32 de la convention de Vienne sur le droit des traités, font partie du droit international coutumier»; affaire de l'*Application de la convention pour la prévention et la répression du crime de génocide (Bosnie-Herzégovine/Serbie-et-Monténégro)*, arrêt du 26 février 2007, par. 160; v. aussi affaire de la *Sentence arbitrale du 31 juillet 1989*, *Recueil 1991*, p. 70, par. 48; affaire des *Conséquences juridiques de l'édification d'un mur dans le territoire palestinien occupé*, *Recueil 2004*, p. 174, par. 94; affaire *Avena et autres ressortissants mexicains*, *Recueil 2004*, p. 48, par. 83; affaire *Lagrand*, *Recueil 2001*, p. 501, par. 99; affaire de la *Souveraineté sur Pulau Litigan*, *Recueil 2002*, p. 645, par. 37.

(35) Jean-Marc Sorel, «Article 31 – Convention de 1969» *in Les Conventions de Vienne sur le droit des traités. Commentaire article par article*, *op. cit.*, p. 1296.

méthodologique, qui conditionnent le caractère plus ou moins convaincant d'une interprétation donnée[36].

Les dispositions pertinentes se présentent comme suit:

- l'article 31 de la Convention décrit une «règle générale d'interprétation», règle qui intègre des éléments tels que le texte, le contexte, l'objet et le but de la règle, ou encore la manière dont le texte a été appliqué en pratique par les parties;
- l'article 32 énonce des «moyens complémentaires d'interprétation», en citant à titre d'exemples les travaux préparatoires et les circonstances dans lesquelles le traité a été conclu;
- l'article 33 est consacré au problème spécifique de l'interprétation de traités authentifiés en deux ou plusieurs langues.

On constate donc immédiatement qu'une certaine hiérarchie a été établie, les moyens complémentaires ne pouvant par définition être utilisés que de manière accessoire, dans certaines conditions déterminées qui seront précisées ci-dessous. C'est d'ailleurs à la suite de longues discussions au sein de la Commission du droit international que les travaux préparatoires – puisque c'est essentiellement d'eux dont il s'agit – ont été relégués à un rang subalterne[37]. En théorie, les différents éléments repris à l'article 31 – de même que ceux repris dans le cadre particulier de l'hypothèse visée à l'article 33 – peuvent en revanche être utilisés de la même manière, sans aucune forme de hiérarchie *a priori*[38].

En pratique, on peut toutefois dégager une logique générale qui induit une certaine forme de séquence logique entre tous ces différents éléments. Cette logique dépend avant tout de la date critique à laquelle l'interprétation doit être opérée[39]. Si, par

(36) Patrick DAILLIER et Alain PELLET, NGUYEN QUOC DINH, *Droit international public*, 7e éd., *op. cit.*, p. 264; Marteen BOS, *A Methodology of International Law, op. cit.*, p. 133; Charles DE VISSCHER, *Problèmes d'interprétation judiciaire en droit international public, op. cit.*, p. 69-72.

(37) V. not. *ACDI*, 1966, II, p. 107-108, par. 20, ainsi que Mustapha YASSEEN, «L'interprétation des traités d'après la convention de Vienne sur le droit des traités», *RCADI*, 1976, tome 151, p. 84-87; Olivier CORTEN, *L'utilisation du «raisonnable» par le juge international, op. cit.*, p. 309-310; Jean-Marc SOREL, «Article 31 – Convention de 1969», *loc. cit.*, p. 1301-1307.

(38) V. le commentaire de la CDI dans *ACDI*, 1966, II, p. 239, ainsi que Mustapha YASSEEN, «L'interprétation des traités d'après la convention de Vienne sur le droit des traités», *op. cit.*, p. 74-75.

(39) Jean COMBACAU et Serge SUR, *Droit international public*, 8e éd., *op. cit.*, p. 173.

exemple, un texte a été élaboré en 1945 et qu'on se demande, en 2009, s'il a été violé en 1999, c'est cette dernière date qui sera déterminante dans le cadre de l'interprétation du texte. La question qui se posera sera en effet de savoir si, *au moment où se déroulent les faits pertinents*, le traité avait telle ou telle signification[40]. De la même manière, l'interprétation d'une résolution du Conseil de sécurité adoptée à un moment x, pour évaluer la licéité d'une action qui s'est déroulée à un moment y, supposera de se placer à cette dernière date pour prendre en compte tous les éléments pertinents.

Date critique et interprétation d'un traité

Se prononcer sur la licéité de l'intervention militaire des Etats de l'OTAN contre la Yougoslavie en 1999 supposera de vérifier si, à cette date, un droit d'intervention humanitaire avait été reconnu comme compatible avec la Charte des Nations unies. Qu'un tel droit existait avant (en 1950 par exemple) ou soit né après (en 2000 par exemple) importera peu: car c'est au moment du comportement qui fait l'objet du jugement qu'il s'agira de se prononcer sur l'interprétation qu'il convient de retenir. Cela n'empêche pas que l'on puisse, par ailleurs, s'interroger sur l'évolution de la règle à la suite d'un tel précédent[41].

Date critique et interprétation d'une résolution du Conseil de sécurité

Se prononcer sur la licéité de l'intervention militaire des Etats-Unis en Irak en mars 2003 supposera de vérifier si, à cette date, une action militaire avait été autorisée par le Conseil de sécurité. Des résolutions antérieures (comme les résolutions 678 (1990) et 687 (1991)) ou postérieures (comme les résolutions 1483 (2003) et 1511 (2003)) pourront être prises en compte, mais uniquement dans la mesure où ces résolutions permettraient d'interpréter une décision du Conseil de sécurité d'autoriser une intervention militaire au mois de mars 2003, ce qui supposera de mettre ces textes en relation avec les résolutions adoptées peu avant cette date (et en particulier la résolution 1441 (2002))[42].

(40) Comp. Marteen Bos, *A Methodology of International Law*, *op. cit.*, p. 155; Shabtai Rosenne, *Practice and Methods of International Law*, *op. cit.*, p. 15-16.

(41) V. p. ex. Antonio Cassese, «*Ex iniuria ius oritur*: Are We Moving towards International Legitimation of Forcible Humanitarian Countermeasures in the World Community?», *EJIL*, 1999, p. 23-30.

(42) V. p. ex. notre étude, «Opération *Iraqi Freedom*: peut-on admettre l'argument de l'autorisation implicite du Conseil de sécurité?», *RBDI*, 2003, p. 205-247.

Date critique et interprétation de l'article 27, par. 3 de la Charte

On a déjà signalé que la Cour internationale de Justice avait consacré une interprétation contredisant le sens ordinaire des termes de l'article 27, par. 3 de la Charte des Nations unies(43). La Cour a donc admis qu'une pratique l'ait emporté sur la lettre du texte, pourtant clair, parce qu'elle révélait un accord plus récent des Etats Parties quant à l'interprétation du texte.

Cette séquence logique suppose de développer une vision dynamique de l'interprétation, en privilégiant les éléments qui sont le plus proches de la date critique(44). Prenons le cas de figure suivant, dans lequel on distinguera les négociations précédant la conclusion d'un traité (moment 1), la conclusion du traité elle-même (moment 2), un éventuel accord qui se dégage de la pratique au sujet de l'interprétation du traité (moment 3), le comportement d'un Etat dont il s'agit de se demander s'il est conforme au traité (moment 4), et une pratique qui se développe à une date ultérieure et de laquelle on peut déduire l'évolution vers une certaine interprétation du traité (moment 5). En toute logique, l'accord mentionné au moment 3 doit logiquement prévaloir sur le sens, par hypothèse dépassé, que les parties avaient entendu conférer initialement au texte (moment 2), et *a fortiori* sur un sens envisagé au moment des travaux préparatoires mais qui n'a pas été retenu (moment 1). Quant à tous les éléments qui sont postérieurs à la date critique (qui est en l'occurrence fixée au moment 4), ils ne peuvent être pris en compte que dans la mesure où ils éclairent la volonté antérieure des Etats, et non s'ils servent à promouvoir un véritable changement de sens.

On comprend tout particulièrement cette logique si l'on se place dans une perspective volontariste. Interpréter, c'est déterminer la portée de la volonté des Etats au moment des faits pertinents. Si cette volonté a changé depuis l'élaboration du texte, il convient bien évidemment d'en prendre acte. Si, en revanche, elle a évolué après la date critique, on ne saurait en déduire une modification rétroactive. Mais cette logique se conçoit aussi si l'on opte pour une approche objectiviste. Car il va de soi que la prise en compte des mécanismes de nécessités ou de solidarités sociales dicte, elle aussi, une interprétation dynamique, qui

(43) CIJ, affaire de la *Namibie*, *Recueil 1971*, p. 22, par. 21-22.

(44) V. en ce sens nos développements ci-dessous, lorsque sera abordée la prise en compte de la pratique comme moyen essentiel d'interprétation.

suppose de prendre en compte ces mécanismes tels qu'ils existent au moment de la date critique[45]. En bref, la méthode prescrite par la Convention de Vienne exclut clairement l'idée d'une interprétation statique, selon laquelle il faudrait faire prévaloir un texte et l'intention des parties au moment de son élaboration. Techniquement, le recours aux travaux préparatoires est ainsi exclu pour contredire ou même atténuer le sens qui se dégagerait d'éléments postérieurs[46]. On reviendra sur ce point dans le cadre de l'examen de chacun des moyens d'interprétation, mais il convenait d'emblée d'exposer la logique générale qui préside à l'ensemble du processus interprétatif.

B. Les problèmes méthodologiques liés à chacun des moyens d'interprétation

Avant de reprendre chacun de ces moyens un à un, on énoncera les deux principes généraux suivants.

- Premièrement, et toutes choses égales par ailleurs, on préférera autant que possible recourir au plus grand nombre de principes d'interprétation possibles[47]. Une interprétation qui ne se fonderait que sur le texte, ou que sur l'objet et le but, ne serait guère rigoureuse sur le plan méthodologique. Idéalement, une interprétation doit non seulement énumérer différents arguments qui plaident en sa faveur, mais aussi énoncer les arguments qui plaident en sens inverse, en les rencontrant autant que possible. L'interprète doit donc pouvoir démontrer que son choix est compatible avec chacun des moyens d'interprétation existants.
- Deuxièmement, et ce deuxième principe est un corollaire du premier, on veillera à concilier autant que possible les différents moyens d'interprétation disponibles, en évitant de les opposer. L'interprétation repose sur le postulat du «législateur rationnel»[48]. Les Etats parties à un traité sont

[45] V. les développements dans Pierre-Marie Dupuy, *Droit international public*, 9e éd., *op. cit.*, p. 339-341.

[46] V. *infra*, sous B.

[47] Patrick Daillier et Alain Pellet, Nguyen Quoc Dinh, *Droit international public*, 7e éd., *op. cit.*, p. 264.

[48] Le concept est exposé par Jacques Lenoble et François Ost, *Droit, mythe et raison*, *op. cit.*, p. 89 et 138 et s.; pour une transposition au droit international, v. mon ouvrage, *L'utilisation du «raisonnable» par le juge international*, *op. cit.*, not. p. 193-196.

supposés avoir entendu lui conférer un sens bien particulier, les différents éléments (texte, objet et but, contexte, ...) ne représentant qu'autant de moyens de découvrir cette volonté commune. Ce postulat ne doit, par définition, faire l'objet d'aucune démonstration. Il s'agit d'un présupposé, qui dicte l'ensemble de l'opération d'interprétation. Comme on le détaillera ci-dessous, il ressort de l'article 32 de la Convention de Vienne une présomption de l'existence d'un «sens raisonnable»[49]. On ne peut donc considérer qu'un texte n'a aucun sens, ou encore que le sens est incohérent ou absurde.

C'est dans cette perspective qu'il faut envisager chacun des moyens d'interprétation, en commençant par ceux qui sont repris à l'article 31 (1), pour passer ensuite aux moyens complémentaires retenus dans l'article 32 (2), avant d'opérer quelques brèves remarques au sujet du cas particulier envisagé par l'article 33 (3) ainsi que des moyens non spécifiquement prévus par la Convention (4).

1. Les moyens d'interprétation repris à l'article 31 de la Convention de Vienne

Les moyens principaux d'interprétation sont définis par l'article 31 de la Convention de Vienne. Comme on vient de le préciser, sous réserve du principe *lex posterior derogat priori*, il n'existe aucune hiérarchie entre les différents moyens énumérés par cet article. L'interprète pourra donc recourir librement à chacun d'entre eux.

a) **Le texte de la disposition interprétée (article 31, par. 1 et 4)**

Selon la première phrase de l'article 31, par. 1, un traité doit être interprété «suivant le sens ordinaire à attribuer aux termes du traité». Le paragraphe 4 de ce même article précise qu'un «terme sera entendu dans un sens particulier s'il est établi que telle était l'intention des parties». Ces deux dispositions doivent être lues en parallèle[50] et, en réalité, la logique dicte

[49] *Ibid.*, p. 36-45.

[50] On retrouve d'ailleurs les deux principes dans le cadre de l'article premier de la résolution de l'Institut de droit international sur l'interprétation des traités; *AIDI*, 1956, session de Grenade, disponible sur http://www.idi-iil.org v. aussi Eric CANAL-FORGUES, Patrick RAMBAUD, *Droit international public*, *op. cit.*, p. 38.

de commencer par vérifier s'il n'existe pas un sens particulier, le sens ordinaire n'étant utilisé qu'à défaut.

Le *sens particulier* est en effet, par définition, un sens qui déroge au sens ordinaire, mais qui a été préféré par les parties(51). Dans le droit conventionnel, le moyen le plus fréquent consiste à rédiger, en début de traité, un article consacré à des définitions de termes qui seront ensuite utilisés dans l'ensemble du texte. L'article 2 de la Convention de Vienne, intitulé « expressions employées », contient ainsi plusieurs définitions : « traité », « ratification », « acte de confirmation formelle », « réserve », ... De même, l'article 1er de la Convention de Montego Bay sur le droit de la mer définit les concepts de « zone », de « pollution du milieu marin » ou encore d'« immersion ». La terminologie est ainsi établie d'emblée, et elle déterminera l'interprétation de l'ensemble de la Convention(52). Un sens particulier peut théoriquement être déduit d'autres éléments que le texte, l'article 31, par. 4 exigeant seulement que ce sens soit « établi » au regard de l'« intention des parties », sans plus de précision. Un sens particulier ne peut cependant, par définition, être présumé(53).

La notion d'« agression » au sens de la Charte des Nations unies

L'article 39 de la Charte de l'ONU revêt une importance considérable, puisqu'il ouvre la possibilité au Conseil de sécurité d'utiliser les mesures prévues au chapitre VII en distinguant trois situations, également exprimées dans l'intitulé de ce chapitre : la menace contre la paix, la rupture de la paix ou l'acte d'agression. Aucune de ces situations n'est définie dans la Charte, ce qui semble dicter un recours au sens ordinaire. En 1974, l'Assemblée générale a cependant adopté, par consensus, une définition de l'agression, et ce en vue de guider l'action du Conseil de sécurité en ce domaine (définition annexée à la résolution 3314 (XXIX)). Cette définition pourra donc être utilisée pour préciser le sens particulier qu'il convient de donner à l'expression dans le système de la Charte(54).

(51) Jean COMBACAU et Serge SUR, *Droit international public*, 8e éd., *op. cit.*, p. 180-181.

(52) Robert KOLB, *Interprétation et création du droit international*, *op. cit.*, p. 438.

(53) *Ibid.*, p. 438-439 ; Mustapha YASSEEN, « L'interprétation des traités d'après la convention de Vienne sur le droit des traités », *op. cit.*, p. 29.

(54) V. not. CIJ, affaire des *Activités armées sur le territoire du Congo*, arrêt du 19 décembre 2005, par. 146.

Le *sens ordinaire* est celui que l'on retrouve dans les dictionnaires; c'est le sens usuel d'une expression[(55)]. On présume donc que, à défaut d'avoir prévu un sens particulier, les parties ont entendu se référer aux termes du langage courant. En dépit de certaines approximations terminologiques de la jurisprudence[(56)], le sens «ordinaire» ne peut être assimilé au sens «naturel», qui viendrait spontanément à l'esprit de l'interprète[(57)]. Il renvoie plutôt à un sens conventionnel, et donc inévitablement relatif. En pratique, on se référera donc à un dictionnaire de la langue utilisée par le texte[(58)], en s'assurant que ce dictionnaire soit bien contemporain de la rédaction du texte[(59)]. Le cas échéant, on pourra aussi se référer à des dictionnaires plus spécialisés, et en particulier au dictionnaire de droit international public, édité en 2001[(60)]. On peut en effet penser que, lorsque la terminologie utilisée a elle-même une connotation juridique, les parties ont entendu se référer à une sorte de «sens ordinaire spécialisé», qui renvoie au sens généralement donné à l'expression sur le plan juridique. La jurisprudence se réfère parfois à d'autres instruments juridiques pour préciser le terme d'un traité, en présumant que ce terme est conçu de la même manière[(61)]. C'est ainsi que des expressions comme

(55) Charles DE VISSCHER, *Problèmes d'interprétation judiciaire en droit international public*, *op. cit.*, p. 53-55; Dominique CARREAU, *Droit international*, 9e éd., Paris, Pedone, 2007, p. 154.

(56) V. p. ex. CIJ, affaire des *Conditions d'admission*, *Recueil 1947-1948*, p. 62 et 63; affaire du *Sud-Ouest africain*, *Recueil 1955*, p. 72; affaire du *Temple de Préah Vihéar*, exceptions préliminaires, *Recueil 1961*, p. 32; affaire de la *Sentence arbitrale du 31 juillet 1989*, *Recueil 1991*, p. 69, par. 48; affaire de la *Licéité de l'emploi de la force (Serbie-et-Monténégro/Belgique)*, *Recueil 2004*, p. 318, par. 101; v. aussi l'article premier, par. 1 de la résolution de l'Institut de droit international sur l'interprétation des traités, *loc. cit.*

(57) Jean SALMON, «Le fait dans l'application du droit international», *RCADI*, 1982, tome 175, p. 281; Olivier CORTEN, *L'utilisation du «raisonnable» par le juge international*, *op. cit.*, p. 517-518.

(58) V. p. ex. CIJ, affaire du *Plateau continental de la mer Egée*, *Recueil 1978*, p. 22, par. 54; affaire de l'*Interprétation de l'accord entre l'OMS et l'Egypte*, *Recueil 1980*, p. 91, par. 40; affaire des *Plates-formes pétrolières*, exceptions préliminaires, *Recueil 1996*, p. 818, par. 45.

(59) Mustapha YASSEEN, «L'interprétation des traités d'après la convention de Vienne sur le droit des traités», *op. cit.*, p. 26-27.

(60) Jean SALMON (dir.), *Dictionnaire de droit international public*, précité.

(61) Par exemple, selon la CIJ, «[e]n son sens ordinaire, le terme «s'engagent» signifie promettre formellement, s'obliger, faire un serment ou une promesse, convenir, accepter une obligation. C'est là un terme qui est souvent utilisé dans les traités énonçant les obligations des parties contractantes (v. par exemple, la convention internationale sur l'élimination de toutes les formes de discrimination

«réserve», «agression», ou «droit des peuples à disposer d'eux-mêmes» seront normalement comprises comme renvoyant à des définitions en droit international, et non à un sens commun, ou encore à un sens en droit interne, que les parties n'ont vraisemblablement pas eu en vue[(62)]. Le choix entre un dictionnaire usuel et un dictionnaire spécialisé ne sera pas toujours évident, dans la mesure où certains termes du langage courant sont parfois, en même temps, repris dans un langage juridique, sans que l'on sache toujours si c'est celui-ci ou celui-là qui a été à la base de l'élaboration d'un texte. Les notions de «passage», de «navire de guerre» ou d'«île», par exemple, ont un sens juridique particulier au sein de la Convention de Montego Bay sur le droit de la mer[(63)]. Si un traité particulier ne reprend pas spécifiquement ce sens dans l'une de ces dispositions, comment déterminer si les parties ont entendu, *a contrario*, l'exclure ou si, au contraire, elles ont sous-entendu que, vu la matière en cause (le droit de la mer, dans notre exemple), ce sens devait être présumé? Tout dépendra là encore du travail d'interprétation, l'essentiel étant de montrer que la solution préconisée est conforme à l'«intention des parties»[(64)].

Finalement, on soulignera que, en pratique, le juge international se réfère au sens du texte pour appuyer son interprétation, et en même temps pour écarter les arguments qui tendraient à la réfuter[(65)]. Cette rhétorique pourrait être critiquée comme une utilisation de l'argument du «sens clair» alors que, comme on l'a signalé, aucun sens ne s'impose de manière péremptoire par sa seule «clarté»[(66)]. En réalité, cette jurisprudence illustre

raciale (7 mars 1966), article 2, par. 1, ou le pacte international relatif aux droits civils et politiques (16 décembre 1966), articles 2, par. 1 et 3, notamment)» (affaire de l'*Application de la convention pour la prévention et la répression du crime de génocide (Bosnie-Herzégovine/Serbie-et-Monténégro)*, arrêt du 26 février 2007, par. 162.

(62) Robert Kolb, *Interprétation et création du droit international*, *op. cit.*, p. 425.

(63) V. les articles 18, 29 et 121 de la Convention, qui contiennent des définitions particulières de ces termes.

(64) Marteen Bos, *A Methodology of International Law*, *op. cit.*, p. 147.

(65) CPJI, affaire de l'*Acquisition de la nationalité polonaise, Série B*, n° 7, p. 20; affaire du *Différend frontalier (Libye/Tchad)*, *Recueil 1994*, p. 25, par. 51; v. aussi affaire du *Différend territorial et maritime entre le Nicaragua et le Honduras dans la mer des Caraïbes (Nicaragua/Honduras)*, arrêt du 8 octobre 2007, par. 280.

(66) *Supra*, sous A. V. aussi Paul Delnoy, *Eléments de méthodologie juridique*, 3e éd., *op. cit.*, p. 85-95.

surtout l'importance du sens ordinaire, le juge n'en appelant à la clarté des termes qu'après les avoir soigneusement analysés[67].

b) **La prise en compte du «contexte» (article 31, par. 2)**

L'article 31 de la Convention de Vienne énonce que:

> «aux fins de l'interprétation d'un traité, le contexte comprend, outre le texte, préambule et annexes inclus:
> a) tout accord ayant rapport au traité et qui est intervenu entre toutes les parties à l'occasion de la conclusion du traité;
> b) tout instrument établi par une ou plusieurs parties à l'occasion de la conclusion du traité et accepté par les autres parties en tant qu'instrument ayant rapport au traité».

Le «contexte» doit donc s'entendre dans son sens étymologique, comme ce qui entoure le texte, le contexte historique étant quant à lui relégué, comme on le verra, en tant qu'élément complémentaire d'interprétation[68]. Cette méthode d'interprétation exclut donc d'isoler un terme du traité de ceux qui les entourent.

C'est ainsi grâce à la prise en compte du contexte que l'on recourra au sens particulier lorsque celui-ci est énoncé dans des dispositions spécifiques, hypothèse dont nous avons vu qu'elle se rencontrait parfois[69]. L'article 31 précise que l'ensemble du texte comprend le préambule et les annexes, ainsi que certains accords «ayant rapport au traité».

- Le préambule regroupe les termes qui précèdent les dispositions énoncées spécifiquement en termes normatifs, et qui sont en principe regroupées sous un ensemble d'articles numérotés. Si le préambule ne peut en tant que tel établir une règle dont la violation serait susceptible d'être sanctionnée, il sera utile pour interpréter une disposition particulière, spécialement dans la mesure où on le prend en compte pour

(67) Ainsi, dans l'affaire du *Différend territorial (Libye/Tchad)*, précitée, la Cour ne se réfère à l'argument de la clarté du texte qu'après avoir analysé avec beaucoup d'attention les termes du traité en cause, CIJ, *Recueil 1994*, p. 20 et s., par. 38 et s.

(68) *Infra*, sous 2.

(69) Mustapha YASSEEN, «L'interprétation des traités d'après la Convention de Vienne sur le droit des traités», *op. cit.*, p. 34.

établir l'objet et le but d'une règle[70]. Certains articles qui contiennent des formulations particulièrement générales (qui sont par exemple intitulés «buts et principes» ou «objectifs») peuvent à cet égard être assimilés au préambule *stricto sensu*[71].

- Les annexes d'un traité peuvent contenir des déclarations, ou une liste spécifique d'engagements complémentaires au traité[72]. Ainsi, si un sens particulier peut être déduit d'une annexe, on devra faire prévaloir ce sens dans chacune des dispositions du traité. En tout état de cause, on veillera à soigneusement consulter les annexes éventuelles en vue de compléter, le cas échéant, les dispositions d'un instrument.
- Les instruments «ayant rapport au traité» envisagés aux alinéas a) et b) de l'article 31, par. 2 ont tous deux pour point commun d'avoir été acceptés, comme tels, par l'ensemble des parties au traité. Les parties au traité ont donc, par hypothèse, accepté que ces instruments soient pris en compte aux fins de l'interprétation du traité. Le premier cas de figure (alinéa a) est celui d'un accord proprement dit, parfois désigné comme un protocole, et qui représente un deuxième traité, qui a pour particularité d'être lié au premier[73]. L'autre hypothèse (alinéa b) est celle d'un «instrument», terme plus large qui peut recouvrir une déclaration ou une résolution et qui, dans la mesure où on ne peut le considérer comme un traité en tant que tel, s'apparente d'assez près à une forme d'annexe, la dénomination en moins. Dans tous les cas, l'instrument considéré doit avoir été établi «à l'occasion de la conclusion du traité», ce qui introduit une condition temporelle[74].

(70) CIJ, affaire du *Différend territorial (Libye/Tchad)*, *Recueil 1994*, p. 24-25, par. 52.

(71) CIJ, affaire des *Plates-formes pétrolières (exception préliminaire)*, *Recueil 1996*, p. 813-814, par. 27-28.

(72) CIJ, affaire du *Différend territorial (Libye/Tchad)*, *Recueil 1994*, p. 21, par. 40.

(73) V. p. ex. CIJ, affaire du *Différend territorial (Libye/Tchad)*, *Recueil 1994*, p. 26-27, par. 53-54, p. 34, par. 64; v. les exemples auprès d'autres juridictions mentionnés par Jean-Marc SOREL, «Article 31», *loc. cit.*, p. 1318-1319.

(74) Mustapha YASSEEN, «L'interprétation des traités d'après la convention de Vienne sur le droit des traités», *op. cit.*, p. 38.

La Convention de Vienne de 1969 sur le droit des traités comprend une annexe précisant la procédure qui sera suivie pour mettre en œuvre les dispositions prévues par l'article 66 de la Convention (« Procédures de règlement judiciaire, d'arbitrage et de conciliation »). A l'occasion de la Conférence de Vienne ont par ailleurs été adoptés plusieurs textes, dont une « Déclaration sur l'interdiction de la contrainte militaire, politique ou économique lors de la conclusion des traités ». Cette annexe et cet instrument pourront tous deux être utilisés comme éléments du contexte lorsqu'il s'agira d'interpréter certaines dispositions de la Convention(75).

c) La prise en compte du contexte élargi (article 31, par. 3 c))

L'article 31, par. 3 c) de la Convention de Vienne sur le droit des traités prévoit qu'il sera tenu compte, en même temps que du contexte, « de toute règle pertinente de droit international applicable dans les relations entre les parties ». Il est donc parfaitement possible de faire appel à un instrument, ou encore à un principe coutumier, qui n'a pourtant pas directement été conçu comme étant en rapport avec un traité(76). Lorsque l'on considère que la définition d'une île reprise dans la Convention de Montego Bay peut être transposée à un traité bilatéral qui ne reprend pourtant pas expressément cette définition, on peut considérer que l'on fait appel à ce moyen d'interprétation, moyen que l'on peut lui-même assimiler à une sorte de contexte élargi(77).

Pour que cela soit possible, il faut d'abord qu'il s'agisse d'une règle « pertinente », ce qui signifie tout simplement qu'elle doit concerner une matière couverte par l'instrument qui est l'objet

(75) Olivier CORTEN, « Article 52 – Convention de 1969 » *in Les Conventions de Vienne sur le droit des traités. Commentaire article par article, op. cit.*, p. 1879.

(76) Pour un cas d'application, v. CIJ, affaire des *Plates-formes pétrolières*, *Recueil 2003*, p. 182, par. 41 ; v. aussi la jurisprudence au sein de l'Organe d'appel de l'OMC commentée par Pierre-Marie DUPUY, « L'unité de l'ordre juridique international », *op. cit.*, p. 455-457 ; v. déjà Charles DE VISSCHER, *Problèmes d'interprétation judiciaire en droit international public*, *op. cit.*, p. 92-96.

(77) Robert KOLB, *Interprétation et création du droit international*, *op. cit.*, p. 467 ; v. aussi Jean COMBACAU et Serge SUR, *Droit international public*, 8e éd., *op. cit.*, p. 179 ; Pierre-Marie DUPUY, *Droit international* public, 9e éd., *op. cit.*, p. 339 ; Philippe SANDS, « Vers une transformation du droit international? Institutionnaliser le doute » *in Droit international 4*, Paris, Pedone, 2000, p. 220 et s. Pour des applications dans le domaine de la délimitation frontalière, v. CIJ, affaire de l'*Ile de Kasikili/Sedudu (Botswana/Namibie)*, *Recueil 1999*, p. 1062, par. 24; affaire du *Différend frontalier (Bénin/Niger)*, *Recueil 2005*, p. 149, par. 144.

de l'interprétation[78]. La condition est facilement remplie si, comme dans l'exemple qui vient d'être mentionné, on est en présence de deux traités qui entrent clairement dans la même catégorie, qu'il s'agisse de droit de la mer, de droit international économique, de droits de la personne, ... Mais, plus généralement, on peut considérer que, sur la base du postulat du «législateur rationnel» tel qu'il a été décrit ci-dessus, il faut toujours présumer que les engagements conclus par les Etats l'ont été de manière cohérente. Dans cette perspective, on pourra interpréter une règle en matière économique de manière restrictive, en montrant que cette interprétation est justifiée par la prise en compte de règles protectrices des droits de la personne (en matière de droit social international ou de protection de l'environnement, par exemple)[79]. Le caractère pertinent de la règle de droit applicable doit donc être envisagé avec une certaine souplesse, toutes les règles ayant vocation à s'appliquer à une même situation étant à première vue pertinentes, et ce quel que soit le domaine juridique qu'elles recouvrent[80]. En revanche, l'exigence selon laquelle la règle doit être «applicable dans les relations entre les parties» doit être vérifiée rigoureusement[81]. Il ne saurait ainsi être question d'interpréter un traité liant des Etats A et B en faisant appel à un autre traité liant les Etats A et C, à tout le moins si l'on prétend rester dans le cadre de moyens principaux d'interprétation. A ce titre, s'il est possible d'invoquer les définitions reprises par d'autres traités, il convient toujours de vérifier que les Etats parties au traité qui fait l'objet de l'interprétation soient également parties au traité que l'on souhaite utiliser.

d) La prise en compte d'un accord interprétatif ultérieur (article 31, par. 3a) et b))

L'article 31, par. 3 de la Convention de Vienne prévoit que

> «il sera tenu compte, en même temps que du contexte:

(78) Mustapha Yasseen, «L'interprétation des traités d'après la convention de Vienne sur le droit des traités», *op. cit.*, p. 63.

(79) V. p. ex. Pierre Klein, «Les institutions financières internationales et les droits de la personne», *RBDI*, 1999, p. 97-114.

(80) V. p. ex. CIJ, affaire relative à *Certaines questions concernant l'entraide judiciaire en matière pénale (Djibouti/France)*, *Recueil 2008*, par. 113.

(81) Mustapha Yasseen, «L'interprétation des traités d'après la convention de Vienne sur le droit des traités», *op. cit.*, p. 63.

a) de tout accord ultérieur intervenu entre les parties au sujet de l'interprétation du traité ou de l'application de ses dispositions;
b) de toute pratique ultérieurement suivie dans l'application du traité par laquelle est établi l'accord des parties à l'égard de l'interprétation du traité (...)».

On ne saurait souligner assez l'importance de ce moyen au regard des principes méthodologiques relevant du droit intertemporel qui ont été exposés plus haut. Négliger ou plus encore ignorer la manière dont un texte a été interprété par les parties constituerait sans doute l'erreur méthodologique la plus grave que l'on puisse concevoir. Comme on l'a déjà souligné, le droit international n'est pas un droit «formaliste», au sens commun du terme[(82)]. Une interprétation grammaticale, ou exagérément cantonnée à l'exégèse, manquerait totalement de rigueur si elle ne pouvait prendre en compte la manière dont le texte a été appliqué pourvu, comme le requiert l'article 31, par. 3, que cette pratique soit susceptible de montrer l'existence d'un accord entre les parties[(83)]. Une jurisprudence abondante illustre ce principe[(84)]. Pour prendre un exemple général, on imagine mal qu'une interprétation consacrée à l'interdiction du recours à la force ne mentionne pas les instruments qui ont été élaborés après 1945 et qui sont directement pertinents pour interpréter la Charte des Nations unies[(85)].

Les moyens définis aux alinéas a) et b) de l'article 31, par. 3 sont, en réalité, similaires. Dans le premier cas, un accord a été formalisé, ce qui renvoie par exemple à des résolutions de l'Assemblée générale des Nations unies visant à interpréter la Charte[(86)]. Dans le second, aucun accord n'a formellement été élaboré, mais l'on peut déduire un accord informel de la pratique. C'est ainsi que l'on peut interpréter le jugement de la Cour internationale de

(82) *Supra*, chapitre I, section 2.

(83) Mustapha YASSEEN, «L'interprétation des traités d'après la convention de Vienne sur le droit des traités», *op. cit.*, p. 49.

(84) Outre les autres exemples cités ci-dessous, v. not. CIJ, affaire du *Temple de Préah Vihéar*, *Recueil 1962*, p. 32-33; affaire des *Plates-formes pétrolières*, exceptions préliminaires, *Recueil 1996*, p. 815, par. 30.

(85) On pense notamment aux résolutions 2625 (XXV) et 3314 (XXIX) de l'Assemblée générale, adoptées par consensus; v. en ce sens CIJ, affaire des *Activités armées sur le territoire du Congo*, arrêt du 19 décembre 2005, par. 146.

(86) *Ibid.*; pour d'autres exemples, v. CIJ, affaire du *Différend territorial (Libye/Tchad)*, *Recueil 1994*, p. 34-35, par. 66-67: affaire des *Conséquences juridiques de l'édification d'un mur dans le territoire palestinien occupé*, *Recueil 2004*, p. 175, par. 96.

Justice selon lequel l'article 27, par. 3 ne s'oppose pas à ce qu'une résolution du Conseil de sécurité soit adoptée, alors même que l'un des Etats membres permanents se serait abstenu[87].

Comme ce dernier précédent le montre, on peut admettre que ce moyen d'interprétation peut couvrir des modifications informelles du texte, pourvu que l'accord entre toutes les parties du traité soit établi[88]. Même si l'interprète préférera souvent prétendre ne faire que préciser la volonté initiale des parties[89], une pratique interprétative peut en réalité constituer un moyen informel d'adaptation d'un traité[90].

> «(...) une telle conduite [subséquente des parties] peut en effet entrer en ligne de compte non pas simplement comme un moyen utile aux fins de l'interprétation de l'accord, mais comme quelque chose de plus, à savoir comme source possible d'une modification postérieure (...)»[91].
> *«the effect of subsequent conduct may be so clear in relation to matters that appear to be the subject of a given treaty that the application of an otherwise pertinent treaty provision may be varied, or may even cease to control the situation, regardless of its original meaning»*[92].

[87] CIJ, affaire de la *Namibie*, *Recueil 1971*, p. 22, par. 22. Pour d'autres exemples, v. CIJ, affaire des *Activités militaires*, exceptions préliminaires, *Recueil 1984*, p. 411, par. 42; affaire du *Différend territorial (Libye/Tchad)*, *Recueil 1994*, p. 36, par. 68.

[88] Outre ce précédent, v. la jurisprudence citée par Robert Kolb, *Interprétation et création du droit international*, *op. cit.*, p. 495-500, ainsi que les réflexions de Patrick Daillier et Alain Pellet, Nguyen Quoc Dinh, *Droit international public*, 7e éd., *op. cit.*, p. 262 et de Eric Canal-Forgues, Patrick Rambaud, *Droit international public*, *op. cit.*, p. 39-40.

[89] En 1921, dans l'affaire relative à l'*Interprétation de l'article 3, paragraphe 2, du Traité de Lausanne*, la CPJI affirme que «les faits postérieurs à la conclusion du traité de Lausanne ne peuvent occuper la Cour que pour autant qu'ils sont de nature à jeter de la lumière sur la volonté des Parties telle qu'elle existait au moment de cette conclusion» (*Série B*, n° 12, p. 24), ce qui exclut implicitement l'hypothèse d'une pratique modificative. Une telle exclusion ne ressort cependant pas de l'ensemble de la jurisprudence (comp. déjà CPJI, affaire des *Emprunts serbes*, *Série A*, n° 20/21, arrêt du 12 juillet 1929, p. 38), qui n'a plus, à notre connaissance tout au moins, reproduit ce type d'affirmation.

[90] Serge Sur, *L'interprétation en droit international public*, *op. cit.*, p. 192-193, ainsi que p. 209-210; Charles de Visscher, *Problèmes d'interprétation judiciaire en droit international public*, *op. cit.*, p. 123-124.

[91] Tribunal arbitral (présidé par Roberto Ago), affaire de l'*Interprétation de l'accord aérien du 27 mars 1946 (Etats-Unis/France)*, texte dans *RGDIP*, 1965, p. 249.

[92] Eritrea-Ethiopia Boundary Commission (Commission permanente d'arbitrage), Decision Regarding Delimitation of the Border, décision du 13 avril 2002, par. 3.8 (texte disponible sur http://www.pca-cpa.org).

Il est vrai que, lors des travaux de la Commission du droit international ayant mené à l'élaboration des principes d'interprétation dans la convention de Vienne, un article, mentionnant spécifiquement la possibilité d'une pratique modificatrice, a finalement été écarté(93). Le texte de l'article 31, par. 3 a) et b) est cependant assez large pour pouvoir embrasser l'hypothèse d'une modification de commun accord. On ne pourrait donc, en application même des principes d'interprétation, retenir une acception restrictive de cette disposition sur la seule base d'un épisode des travaux préparatoires, et ce d'autant que la souplesse du texte a été confirmée par la pratique des juridictions internationales(94). Il reste que, dans la mesure où on se situe dans le domaine de l'«interprétation», la nouvelle interprétation sera présumée «déclarative», ce qui implique, sauf disposition contraire, qu'elle sera supposée avoir toujours été acceptée par toutes les parties(95).

On mentionnera d'ailleurs que, si une modification par le biais de la pratique interprétative apparaît plus souple qu'une révision formelle(96), le procédé n'en est pas moins exigeant, tout au contraire. Si une révision ou un amendement pourront, si du moins le texte initial le prévoit, être réalisés moyennant certaines modalités de vote qui ne requièrent pas nécessairement l'unanimité, la pratique interprétative ne peut modifier le traité que s'il existe un «accord entre les parties», condition qui semble bien requérir une unanimité(97). Cette condition exige également que la pratique ne laisse aucun doute à ce sujet, ce qui suppose, comme on l'avait déjà signalé dans le cadre de l'examen de l'éla-

(93) Jean-Marc SOREL, «Article 31 – Convention de 1969», *loc. cit.*, p. 1320.

(94) V. les précédents cités ci-dessus ainsi que, en ce sens, Giovani DISTEFANO, «La pratique subséquente des Etats parties à un traité», *AFDI*, 1994, p. 54-71; Mustapha YASSEEN, «L'interprétation des traités d'après la convention de Vienne sur le droit des traités», *op. cit.*, p. 51. *A contrario*, on ne connaît aucun précédent où une juridiction aurait constaté un accord ultérieur de toutes les parties à un traité tendant à modifier le sens initial du traité, pour refuser d'en prendre acte au nom de l'intention initiale (mais dépassée) de ces mêmes parties.

(95) Mustapha YASSEEN, «L'interprétation des traités d'après la convention de Vienne sur le droit des traités», *op. cit.*, p. 47 et 52; Jean COMBACAU et Serge SUR, *Droit international public*, 8e éd., *op. cit.*, p. 173-174; Serge SUR, *L'interprétation en droit international public*, *op. cit.*, p. 199-200.

(96) Serge SUR, *L'interprétation en droit international public*, *op. cit.*, p. 203.

(97) V. les références reproduites ci-dessous.

boration de la règle coutumière, qu'un nombre substantiel de précédents puissent être identifiés[98].

Dans le cadre d'une optique objectiviste, on sera sans doute moins exigeant lorsque cette pratique sera prise en compte. Rappelons à ce stade que la pratique interprétative est difficile à distinguer de la notion de coutume. Si l'on prend comme exemple l'interprétation de notions reprises dans la Charte des Nations unies (comme l'interdiction du recours à la force, le droit des peuples à disposer d'eux-mêmes ou le principe de non-intervention), la pratique contemporaine peut constituer un moyen à la fois d'interpréter la Charte et d'établir l'existence d'une règle coutumière qui dispose, théoriquement, d'une existence autonome[99]. Dans ce contexte, et à partir du moment où l'on n'exige pas l'unanimité pour établir l'existence d'une règle coutumière générale, on pourrait concevoir de se passer également de cette condition lorsqu'on évoque l'interprétation de la Charte[100]. La pratique interprétative établissant un accord d'une simple majorité pourrait alors être invoquée comme moyen principal d'interprétation, y compris à l'égard d'un ou de plusieurs éventuels «objecteurs persistants». Cette pratique sera probablement mise en relation avec la prise en compte de l'objet et du but de la règle, dans la perspective d'une interprétation évolutive et dynamique[101]. Techniquement, le texte de l'article 31, par. 3 semble toutefois bel et bien exiger un accord de toutes les parties[102]. La prise en compte d'une pratique ne couvrant un accord que de certaines des parties ne devrait dès lors être utilisée qu'au titre de moyen complémentaire, conformément aux conditions reprises dans l'article 32 de la Convention[103].

(98) Mustapha YASSEEN, «L'interprétation des traités d'après la convention de Vienne sur le droit des traités», *op. cit.*, p. 48; Pierre-Marie DUPUY, *Droit international public*, 9e éd., *op. cit.*, p. 337-338.

(99) V. à ce sujet le raisonnement de la CIJ dans l'affaire des *Activités militaires*, précitée.

(100) Tel est par exemple l'opinion de Robert KOLB, *Interprétation et création du droit international*, *op. cit.*, p. 488.

(101) V. ci-dessous, la prise en compte de l'objet et du but.

(102) Comme l'admet, tout en le regrettant, Robert KOLB, *Interprétation et création du droit international*, *op. cit.*, p. 481-482; v. par ailleurs Robert Y. JENNINGS, «Les traités» *in* M. BEDJAOUI (dir.), *Droit international. Bilan et perspectives*, *op. cit.*, p. 158; Serge SUR, *L'interprétation en droit international public*, *op. cit.*, p. 198-199.

(103) Robert KOLB, *Interprétation et création du droit international*, *op. cit.*, p. 484-485; v. aussi Charles DE VISSCHER, *Problèmes d'interprétation judiciaire en droit international public*, *op. cit.*, p. 124-125.

Insistons une dernière fois sur un point : l'accord doit être le fait de toutes les parties. Mais la pratique peut, en revanche, n'être le fait que de certaines d'entre elles. Il est ainsi parfaitement envisageable que quelques Etats parties développent une pratique de laquelle se dégage une nouvelle interprétation et que, à moyen terme, cette pratique soit acceptée par l'ensemble des Etats comme exprimant un sens nouveau à donner au traité. Un accord régional peut, par le biais d'une acceptation implicite des Etats tiers, se transformer finalement en accord général. On pourra alors invoquer l'article 31, par. 3 pour fonder une interprétation évolutive. C'est encore en ce sens que l'on peut comprendre l'interprétation évolutive de l'article 27, par. 3 de la Charte des Nations unies, déjà mentionnée(104). On peut en effet considérer que les membres du Conseil de sécurité lui-même ont, dans un premier temps, développé une pratique témoignant de leur accord qu'une abstention d'un membre permanent ne fasse pas obstacle à l'adoption d'une résolution. Ce n'est que progressivement que cette pratique, limitée à certains Etats, a été (implicitement) acceptée par l'ensemble des Etats membres des Nations unies.

e) **La prise en compte de l'objet et du but du traité**

L'article 31, par. 1 stipule que le texte du traité doit être interprété « à la lumière de son objet et de son but ». Les notions d'« objet » et de « but » du traité sont voisines ; la première désigne ce sur quoi porte le traité (la coopération, s'il s'agit d'un traité de coopération, la délimitation de la frontière, s'il s'agit d'un traité de délimitation, ...), tandis que la seconde renvoie plutôt aux objectifs poursuivis par les parties lorsqu'elles ont conclu le traité (soit coopérer et délimiter une frontière, dans les deux exemples mentionnés)(105).

Cette référence à l'objet et au but du traité permet à l'interprète de se dégager quelque peu du texte entendu dans un

(104) V. l'affaire de la *Namibie*, précitée.

(105) V. à ce sujet Marteen Bos, *A Methodology of International Law*, *op. cit.*, p. 153-154. C'est ce qui explique que la jurisprudence utilise les deux notions sans les distinguer (v. p. ex. CIJ, affaire relative à la *Délimitation maritime dans la région située entre le Groenland et Jan Mayen*, *Recueil 1993*, p. 50, par. 26 ; affaire du *Différend territorial (Libye/Tchad)*, *Recueil 1994*, p. 25-26, par. 52 ; affaire *Lagrand*, *Recueil 2001*, p. 502-503, par. 102 ; affaire des *Conséquences juridiques de l'édification d'un mur dans le territoire palestinien occupé*, *Recueil 2004*, p. 179, par. 109).

sens grammatical, si celui-ci paraît entraîner des conséquences absurdes, déraisonnables ou excessives(106).

La version française de l'article 14 de la Convention européenne des droits de l'homme

En vertu de l'article 14 de la CEDH, intitulé «interdiction de la discrimination», les droits reconnus par cette convention doivent être assurés «sans distinction aucune» fondée «notamment sur le sexe, la race, la couleur, ... la fortune, la naissance ou toute autre situation». Prise à la lettre, l'expression prohiberait toute forme de différenciation, même destinée à protéger certains groupes vulnérables, comme les mineurs d'âge ou les personnes handicapées, par exemple. Confrontée à ce problème d'interprétation, la Cour européenne des droits de l'homme s'est prévalue de l'objet et du but de l'article 14 pour écarter une interprétation littérale par trop rigoriste(107). Une discrimination est une distinction qui «manque de justification objective et raisonnable»(108). *A contrario*, certaines formes de distinction peuvent être admises si elles constituent des mesures proportionnées à la poursuite de certains buts reconnus comme légitimes par la convention(109).

L'objet et le but d'un instrument constituent aussi un argument qui ouvre tout particulièrement la voie à une interprétation dynamique(110). Comme on vient de le signaler, c'est cet argument qui, combiné par exemple avec la prise en compte de la pratique interprétative, pourra permettre d'appuyer une interprétation évolutive d'un traité international.

Les évolutions de la notion de «mission sacrée de civilisation»

La notion de «mission sacrée de civilisation» apparaît à l'article 22 du Pacte de la Société des Nations. Au moment où le texte a été élaboré, cette notion avait un sens extrêmement général et flou, mais la pratique a permis de lui donner des contours plus palpables et plus précis. Dans l'affaire de la *Namibie*, la Cour internationale de Justice estime que:

«Sans oublier la nécessité primordiale d'interpréter un instrument donné conformément aux intentions qu'ont eues les parties lors de sa conclusion,

(106) V. Charles DE VISSCHER, *Problèmes d'interprétation judiciaire en droit international public*, *op. cit.*, p. 62-66.

(107) CEDH, affaire du *Syndicat national de la police belge*, arrêt du 27 octobre 1975, Série A n° 19, par. 46.

(108) *Ibid.*; v. aussi l'affaire *Marckx*, *Série A*, n° 31, par. 33.

(109) Marc BOSSUYT, «Article 14» *in* Louis-Edmond PETTITI, Emmanuel DECAUX, Pierre-Henri IMBERT (dir.), *La convention européenne des droits de l'homme. Commentaire article par article*, *op. cit.*, p. 476.

(110) Jean COMBACAU et Serge SUR, *Droit international public*, 8e éd., *op. cit.*, p. 181.

la Cour doit tenir compte de ce que les notions consacrées par l'article 22 du Pacte – «les conditions particulièrement difficiles du monde moderne» et «le bien-être et le développement des peuples intéressés» – n'étaient pas statiques mais par définition évolutives et qu'il en allait de même par suite de la notion de «mission sacrée de civilisation». On doit donc admettre que les parties au Pacte les ont acceptées comme telles. C'est pourquoi, quand elle envisage les institutions de 1919, la Cour doit prendre en considération les transformations survenues dans le demi-siècle qui a suivi et son interprétation ne peut manquer de tenir compte de l'évolution que le droit a ultérieurement connue grâce à la Charte des Nations unies et à la coutume»(111).

Comme ce dernier exemple l'illustre, la prise en compte de l'objet et du but d'une règle, d'un instrument ou d'une institution juridique sera particulièrement appréciée dans une optique objectiviste, dans la mesure où elle semble permettre de s'affranchir de la volonté des parties, ou en tout cas de la volonté de certaines d'entre elles(112). Il est pourtant parfaitement concevable de faire appel à ce moyen d'interprétation dans une optique volontariste, en considérant que l'objet et le but sont ceux qui ont été acceptés par les parties(113). La Cour présume ainsi que, dès 1919, les parties ont «accepté comme telles» des notions «par définitions évolutives». Par un raisonnement qui, il est vrai, s'apparente fort à une forme de fiction – ce qui est loin d'être exceptionnel en cette matière, comme le montre notamment le postulat du «législateur rationnel»(114) –, on présume alors que les parties ont par avance admis une certaine forme d'évolution.

Accord des Etats et interprétation téléologique: la Convention européenne des droits de l'homme

Dans le cadre du Conseil de l'Europe, par exemple, on considérera que les Etats parties à la CEDH, en acceptant des dispositions particulièrement ouvertes (références à des restrictions «nécessaires dans une société démocratique», par exemple) et en confiant à une juridiction le soin de les

(111) CIJ, affaire de la *Namibie, Recueil 1971*, p. 31, par. 52.

(112) Ainsi, selon Frede Castberg, «il faut chercher le but rationnel de la règle conventionnelle ou coutumière, et non le but qu'on a, peut-être en fait (au point de vue historique), eu en vue lors de l'adoption de la règle»; «La méthodologie du droit international public», *loc. cit.*, p. 324.

(113) V. Jean Combacau et Serge Sur, *Droit international public*, 8e éd., *op. cit.*, p. 181.

(114) V. la définition de cette expression, reproduite ci-dessus.

interpréter, ont admis que se développe une interprétation téléologique(115). Cette interprétation se développe de manière relativement autonome, à partir d'organes comme la Cour de Strasbourg. En même temps, il ne tiendrait qu'aux Etats parties de modifier cette interprétation en adoptant formellement un nouveau protocole ou plus largement en modifiant les termes des traités applicables. Indirectement, on pourrait donc considérer que les Etats acceptent cette interprétation téléologique.

Comment déterminer l'objet et le but? Les pouvoirs de l'interprète sont, à cet égard, assez larges. Encore convient-il de rappeler que l'on ne saurait isoler ce moyen des autres moyens d'interprétation, ce qui mène à justifier ses choix au regard du texte, du contexte, et de la pratique interprétative. Plus spécifiquement, on a déjà relevé que le préambule constituait souvent un élément particulièrement pertinent pour dégager l'objet et le but d'un instrument(116). On a aussi recouru à des dispositions préliminaires d'un traité qui, sans contenir des obligations juridiques propres, peuvent être utilisées dans le cadre de l'interprétation d'autres dispositions plus précises(117).

Précisons encore que le moyen d'interprétation parfois désigné comme celui de l'«effet utile», que l'on rencontre dans la jurisprudence internationale(118), ne constitue en réalité que l'une des modalités de la prise en compte de l'objet et du but d'un instrument. En application de ce principe, chaque terme ou chaque expression d'un texte est présumé avoir un sens, les parties ne pouvant être présumées avoir introduit sans raison

(115) V. Th. VEGLERIS, «Valeur et signification de la clause «dans une société démocratique» dans la Convention européenne des droits de l'Homme», *RDH*, 1968, not. p. 237-238; W. GANSHOF VAN DER MEERSCH, «Le caractère «autonome» des termes et la «marge d'appréciation» des gouvernements dans l'interprétation de la Convention européenne des droits de l'homme» *in Protection européenne des droits de l'homme. Mélanges G.J. Wiarda*, Cologne, 1988, p. 202; Jacques VELU et Rusen ERGEC, *La Convention européenne des droits de l'homme*, Bruxelles, Bruylant, 1990, p. 52.

(116) *Supra*, sous b); CIJ, affaire des *Plates-formes pétrolières*, exceptions préliminaires, *Recueil 1996*, p. 813, par. 27; affaire relative à la *Souveraineté sur Pedra Branca/Pulau Batu Puteh, Middle Rocks et South Ledge (Malaisie/Singapour)*, arrêt du 23 mai 2008, par. 95; v. aussi Mustapha YASSEEN, «L'interprétation des traités d'après la convention de Vienne sur le droit des traités», *op. cit.*, p. 57.

(117) CIJ, affaire des *Plates-formes pétrolières*, exceptions préliminaires, *Recueil 1996*, p. 820, par. 52.

(118) V. p. ex. CIJ, affaire de la *Namibie*, *Recueil 1971*, p. 35, par. 66; affaire du *Différend territorial (Libye/Tchad)*, *Recueil 1994*, p. 25, par. 51; v. aussi, déjà, Charles DE VISSCHER, *Problèmes d'interprétation judiciaire en droit international public*, *op. cit.*, p. 84-92.

une partie du texte[119]. *A contrario*, il conviendrait d'écarter toute interprétation qui considérerait comme sans effet une partie du texte et qui, en ce sens, s'avérerait fondamentalement déraisonnable[120]. On peut aussi considérer qu'on fait appel à l'effet utile lorsqu'on remarque qu'une expression a été utilisée, et non une autre qui aurait pu l'être et conférer à la disposition en cause un sens fondamentalement différent[121].

Une disposition en vertu de laquelle «la présente Convention n'altère pas les droits et obligations des Etats parties découlant d'autres accords internationaux ou du droit international» ne doit pas être prise au pied de la lettre[122]. Littéralement, elle signifierait en effet que le traité en question ne crée aucun droit ni aucune obligation ce qui, par définition, ne peut correspondre à l'objet même d'un traité. En application de la technique de l'effet utile, on peut cependant considérer que cette disposition a un certain effet juridique. On peut ainsi en déduire une forme de hiérarchie impliquant qu'on interprète ce traité comme ne dérogeant pas aux autres règles de droit international existant.

L'argument de l'effet utile ne doit pas lui-même être avancé de manière autoritaire. Il peut en effet arriver que les parties à un instrument souhaitent y introduire des éléments qui, sur le plan technique, n'ont guère d'effet, ce qui n'est pas nécessairement le cas sur le plan politique ou symbolique.

Dans plusieurs résolutions relatives à la crise yougoslave adoptées au début des années 1990, le Conseil de sécurité affirme que ses décisions doivent être respectées[123]. Techniquement, ces affirmations semblent inutiles, l'article 25 de la Charte suffisant à rendre obligatoires les décisions du Conseil. Un tel discours s'explique toutefois par des motifs politiques[124].

(119) Jean SALMON (dir.), *Dictionnaire de droit international public*, *op. cit.*, v° effet utile, p. 416.

(120) V. mon ouvrage, *L'utilisation du «raisonnable» par le juge international*, *op. cit.*, p. 42-43.

(121) CIJ, affaire de la *Sentence arbitrale du 31 juillet 1989*, *Recueil 1991*, p. 70-71, par. 51.

(122) Selon les termes de l'article 10 de la Convention de Tampere sur la «mise à disposition de ressources de télécommunication pour l'atténuation des effets des catastrophes et pour les opérations de secours en cas de catastrophe», *RTNU*, texte disponible sur http ://untreaty.un.org/English/notpubl/25-4fr.htm, consulté en janvier 2009.

(123) V. p. ex. la résolution 771 (1992) du 13 août 1992, par. 7.

(124) Barbara DELCOURT et Olivier CORTEN, *Ex-Yougoslavie: droit international, politique et idéologies*, *op. cit.*, p. 63-65.

f) L'exigence d'une interprétation «de bonne foi»

L'article 31 de la Convention de Vienne sur le droit des traités exige que l'interprétation soit réalisée «de bonne foi»(125). Cette expression n'est guère explicite, mais il semble bien qu'elle renvoie à une attitude générale qui dicte de motiver le plus rationnellement possible son interprétation à l'aide de l'ensemble des moyens reproduits dans les articles 31 à 33 de la Convention de Vienne(126). *A contrario*, une interprétation qui ne serait motivée que par les appréciations de l'interprète, et qui omettrait de prendre en compte les moyens qui ne semblent pas cadrer avec elle, ne pourrait être considérée comme ayant été effectuée de bonne foi(127). En réalité, la bonne foi semble fort proche du «sens raisonnable», tel qu'on le détaillera plus bas, et qui renvoie à une sorte de standard objectif de comportement représentant une interprétation normale, dans les circonstances de l'espèce(128).

2. *Les moyens complémentaires d'interprétation*

On a déjà précisé les raisons pour lesquelles les moyens énoncés à l'article 32 sont complémentaires. Les moyens principaux d'interprétation définis par l'article 31 visent essentiellement le texte et l'ensemble de la pratique ultérieure, dans la mesure où celle-ci s'est traduite par un accord. Comme on le verra (b), les moyens définis par l'article 32 semblent plutôt recouvrir des éléments qui précèdent le texte, puisque ne sont cités expressément que les travaux préparatoires et les circonstances dans lesquelles le traité a été conclu. Il est dès lors logique que l'article 32 présente un caractère complémentaire par rapport à l'article 31 (a).

(125) Selon Charles DE VISSCHER, ce principe doit «éclairer et guider toute l'interprétation»; *Problèmes d'interprétation judiciaire en droit international public*, *op. cit.*, p. 50.

(126) Patrick DAILLIER et Alain PELLET, NGUYEN QUOC DINH, *Droit international public*, 7e éd., *op. cit.*, p. 260.

(127) Mustapha YASSEEN, «L'interprétation des traités d'après la convention de Vienne sur le droit des traités», *op. cit.*, p. 21; Pierre-Marie DUPUY, *Droit international public*, 9e éd., *op. cit.*, p. 337.

(128) V. notre ouvrage, *L'utilisation du «raisonnable» par le juge international*, *op. cit.*, p. 508-514.

a) Les conditions dans lesquelles le recours aux moyens complémentaires est admis

Quel sens donner à l'expression de «moyens complémentaires»?

En application de l'article 32, ces moyens ne peuvent être utilisés que dans les trois hypothèses suivantes, qui supposent toutes qu'un premier sens ait provisoirement été dégagé à la suite de l'utilisation des moyens principaux:

- soit pour confirmer le sens ainsi obtenu;
- soit pour préciser ce sens, dans le cas où celui-ci se révélerait «ambigu ou obscur»;
- soit pour obtenir un nouveau sens, dans le cas où le sens obtenu sur la base des moyens énoncés à l'article 31 aboutirait à un résultat «manifestement absurde ou déraisonnable».

A contrario, est exclue l'utilisation de moyens complémentaires tendant à modifier un sens raisonnable qui se dégage clairement de l'utilisation des moyens principaux[(129)]. On a déjà signalé les raisons pour lesquelles on n'a pas retenu l'idée selon laquelle l'intention initiale des rédacteurs d'un texte devrait prévaloir sur la solution finalement retenue dans le texte lui-même, ou encore sur les accords éventuels ultérieurs en vertu desquels un nouveau sens aurait été accepté[(130)].

D'un autre côté, il est évident que les trois hypothèses énoncées par l'article 32 peuvent être comprises de manière relativement large. Pratiquement, il sera toujours possible de se référer à l'une d'entre elles pour justifier le recours aux travaux préparatoires ou à d'autres moyens complémentaires[(131)]. Il ne sera certes pas possible d'assumer un retournement de sens sur cette base, mais ce retournement sera en pratique possible, pourvu que l'on parvienne à démontrer que le sens provisoire est «ambigu ou obscur» ou même «manifestement absurde ou déraisonnable».

Avant de commenter ces deux expressions, il faut signaler que la première hypothèse mentionnée à l'article 32 ne suscite pas

(129) A la conférence de Vienne, les Etats ont spécifiquement écarté les tentatives de conférer aux travaux préparatoires un statut assimilable à un moyen principal d'interprétation; v. not. Mustapha YASSEEN, «L'interprétation des traités d'après la convention de Vienne sur le droit des traités», *op. cit.*, p. 87.

(130) V. *supra*.

(131) Robert Y. JENNINGS, «Les traités», *loc. cit.*, p. 159.

de problème méthodologique particulier. Elle suppose simplement que l'on parte du texte, et que l'on présente le recours aux travaux préparatoires comme un complément à un sens déjà dégagé sur cette base. C'est très souvent de cette manière que le juge international procède[132]. Certaines affaires montrent que les méthodes d'interprétation, qu'elles s'appuient sur des moyens principaux ou complémentaires, ne dictent aucune solution *a priori*, mais peuvent servir à justifier rationnellement une solution que l'interprète a choisi de faire prévaloir.

Affaire *Lagrand* et utilisation des moyens principaux et complémentaires d'interprétation

Dans l'affaire *Lagrand*, la Cour internationale de Justice devait se prononcer sur le caractère obligatoire des mesures conservatoires édictées en application de son Statut et de son Règlement. Jusqu'à cette date, ce caractère obligatoire n'avait jamais été reconnu, et la Cour n'avait par conséquent jamais prononcé la condamnation d'un Etat qui n'avait pas respecté ce type de mesure, alors même que le cas de figure s'était déjà présenté[133]. Dans l'affaire *Lagrand*, la Cour penche pour une position novatrice, et même audacieuse, puisqu'elle estime qu'une mesure conservatoire est obligatoire. Son choix est soigneusement motivé par une utilisation rigoureuse des moyens d'interprétation: textes pertinents, objet et but des mesures conservatoires, travaux préparatoires, ... Ceux-ci ne sont utilisés qu'en complément, pour appuyer une solution déjà dégagée sur la base d'autres moyens[134].

Le recours aux moyens complémentaires peut en revanche constituer un élément décisif, si le sens provisoire obtenu se révèle «ambigu ou obscur». Cette hypothèse ouvre théoriquement de très larges possibilités d'utilisation. Dans la mesure où

(132) Yves Le Bouthillier, «Article 32 – Convention de 1969» *in Les Conventions de Vienne sur le droit des traités. Commentaire article par article, op. cit.*, p. 1347; Charles de Visscher, *Problèmes d'interprétation judiciaire en droit international public, op. cit.*, p. 117. V. p. ex. CIJ, affaire du *Différend territorial (Libye/Tchad)*, *Recueil 1994*, p. 27, par. 55; affaire des *Conséquences juridiques de l'édification d'un mur dans le territoire palestinien occupé*, *Recueil 2004*, p. 175, par. 95; affaire de la *Licéité de l'emploi de la force (Serbie-et-Monténégro/Belgique)*, *Recueil 2004*, p. 319-324, par. 103-113; affaire de l'*Application de la convention pour la prévention et la répression du crime de génocide (Bosnie-Herzégovine/Serbie-et-Monténégro)*, arrêt du 26 février 2007, par. 163-165.

(133) Olivier Corten, «La maîtrise et l'utilisation du temps juridique dans la société internationale: l'exemple des ordonnances en indication de mesures conservatoires rendues par la Cour internationale de Justice» *in* Ph. Gerard, F. Ost, M. van de Kerchove (dir.), *L'accélération du temps juridique*, Bruxelles, FUSL, 2000, p. 263-266. V. p. ex. CIJ, affaire des *Activités militaires*, *Recueil 1986*, p. 144, par. 287.

(134) CIJ, *Recueil 2001*, p. 501-506, par. 98-109, sp. p. 503-504, par. 104.

la doctrine du «sens clair» n'est guère retenue en droit international[135], on peut évidemment toujours considérer qu'il subsiste une certaine ambiguïté, ne fût-ce que parce que l'interprétation que l'on privilégie est contestée par une autre partie (dans le cadre d'un procès) ou par d'autres auteurs (dans le cadre d'une controverse doctrinale). D'un autre côté, le nombre et la variété des moyens énoncés à l'article 31 rendraient excessive une affirmation trop hâtive sur le caractère ambigu ou obscur d'une interprétation. Il semble malgré tout exceptionnel que ni la prise en compte du texte ou du contexte (interprétation intrinsèque), ni celle de la manière dont il a été appliqué (interprétation extrinsèque) ni encore celle de l'objet et du but (interprétation téléologique), ne permette d'aboutir à un sens relativement clair. C'est sans doute ce qui explique la rareté des précédents où une juridiction affirme que seul le recours à des moyens complémentaires permettra d'élucider un sens[136]. Le plus souvent, voire toujours, le juge considérera qu'un sens peut être dégagé des moyens principaux, quitte à confirmer ce sens à l'aide de la prise en compte des travaux préparatoires.

Il reste à analyser une dernière hypothèse, celle où on écarte un sens parce qu'il aboutirait à des résultats «manifestement absurdes et déraisonnables». La méthode paraît ici plus audacieuse encore, puisque l'interprète admet qu'un sens se dégage clairement des moyens principaux, mais affirme pouvoir l'écarter. Reste évidemment à déterminer ce qu'on entend par un sens «manifestement absurde ou déraisonnable». Cette expression, qui a fait l'objet de longues discussions lors des travaux préparatoires de la Convention de Vienne, vise l'hypothèse où un sens proposé sur la base d'un élément d'interprétation en contredit visiblement d'autres[137]. L'absurdité doit s'entendre comme une incohérence entre, par exemple, un sens strictement grammatical, d'un côté, et l'objet et le but que poursuivaient visiblement les parties, de l'autre. Le caractère déraisonnable d'un sens signifie plus spécifiquement que le sens proposé ne correspond pas au sens qu'un homme normalement diligent

(135) La convention de Vienne retient le critère du «sens ordinaire», ce qui est tout différent; v. *supra*, sous 1 a).

(136) V. les deux exemples, tirés du droit de l'OMC, cités par Yves LE BOUTHILLIER, «Article 32 – Convention de 1969», *loc. cit.*, p. 1351-1352, note 49.

(137) Olivier CORTEN, *L'utilisation du «raisonnable» par le juge international*, *op. cit.*, p. 52-56.

conférerait à cette expression. L'expression renvoie donc à une sorte de standard de comportement qui n'est pas sans rapport avec l'exigence d'une interprétation «de bonne foi», que l'on retrouve spécifiquement à l'article 31[(138)]. *A contrario*, le sens raisonnable est celui qui intègre une prise en compte cohérente de l'ensemble des moyens d'interprétation, et qui correspond au sens qui, de bonne foi, serait celui donné à l'expression par tout homme raisonnable[(139)]. La notion se distingue ainsi du «sens ordinaire»[(140)], sens essentiellement grammatical qui peut être modulé par la prise en compte d'autres éléments, et en particulier l'objet et le but de la disposition[(141)]. Ces considérations théoriques peuvent être illustrées par la prise en compte des quelques précédents dans lesquels on a utilisé l'expression. Ces précédents sont rares, ce qui s'explique fort bien au vu des termes même de l'article 32, qui exige expressément que le sens écarté soit «*manifestement* absurde ou déraisonnable»[(142)].

L'affaire du *Temple de Préah Vihéar (exceptions préliminaires)*: le rejet d'un sens «manifestement absurde ou déraisonnable»

Dans cette affaire, la Thaïlande fondait notamment la compétence de la Cour internationale de Justice sur sa déclaration d'acceptation de la juridiction de celle-ci, déclaration qui avait été émise du temps de la CPJI et renouvelée ensuite. Le Cambodge rétorquait que, au moment où cette déclaration avait été renouvelée, l'ancienne déclaration thaïlandaise avait expiré, et n'était donc plus en vigueur. La Thaïlande avait donc «renouvelé» une déclaration inexistante ce qui, logiquement, devait conduire la Cour à affirmer que ce renouvellement n'avait pu produire aucun effet juridique, et par conséquent à décliner sa compétence en l'espèce. La Cour refuse de suivre ce raisonnement, si logique puisse-t-il paraître. Selon elle, il est évident que la volonté de la Thaïlande a été de lui conférer compétence en «renouvelant» sa déclaration. Il serait dès lors manifestement absurde et déraisonnable, au regard de l'objectif de cet Etat, de refuser d'accepter la validité de sa déclaration. Celle-ci produit donc des effets juridiques, la Cour pouvant dès lors se déclarer compétente[(143)].

(138) V. ci-dessus, sous 1f).

(139) Olivier CORTEN, *L'utilisation du «raisonnable» par le juge international*, *op. cit.*, p. 519.

(140) V. ci-dessus, sous 1 a).

(141) CIJ, affaire de l'*Anglo-Iranian Oil Co*, *Recueil 1952*, p. 104.

(142) Yves LE BOUTHILLIER, «Article 32 – Convention de 1969», *loc. cit.*, p. 1352-1353.

(143) CIJ, *Recueil 1961*, p. 32-33.

Cet exemple confirme que, en réalité, le sens «manifestement absurde et déraisonnable» sera celui qui n'a pas intégré de manière suffisamment convaincante l'ensemble des moyens d'interprétation principaux retenus à l'article 31. L'expression écarte en particulier toute interprétation exagérément formaliste ou littérale, et dicte une prise en compte suffisante de l'objet et du but. Elle justifie donc au moins autant une nouvelle tentative d'interprétation élaborée sur la base de l'article 31 que le recours aux moyens complémentaires prévus à l'article 32. Ceux-ci devront servir, en définitive, à confirmer une nouvelle interprétation qui devra reposer aussi sur les moyens principaux, les travaux préparatoires pouvant par exemple servir à démontrer la poursuite d'un objectif qui dicterait une interprétation plus audacieuse au regard du texte.

b) **L'identification des moyens complémentaires**

Les seuls moyens complémentaires explicitement énoncés dans l'article 32 sont les «travaux préparatoires», d'une part, et les «circonstances dans lesquelles le traité a été conclu», d'autre part.

- La première expression renvoie aux documents diplomatiques qui ont été utilisés par les parties lors de l'élaboration du traité(144). Il s'agit des projets de textes qui ont été acceptés, et qui ont ainsi mené à la rédaction finale d'une disposition. Il peut aussi s'agir de projets qui ont été rejetés, et qui montreraient *a contrario* que le texte final ne reprend pas l'idée qui y avait été exprimée. On peut encore qualifier de travaux préparatoires les procès-verbaux de négociations, ou encore des cartes, desquels on pourrait dégager une position commune sur le sens à donner à une disposition(145). Peut-on aussi qualifier comme tels d'autres documents, soit qu'ils ne représentent la position que de certains Etats, soit qu'ils reprennent des rapports d'experts qui ont nourri le débat (comme les projets de la Commission du droit inter-

(144) Yves Le Bouthillier, «Article 32 – Convention de 1969», *loc. cit.*, p. 1354.

(145) V. la conception large retenue par Mustapha Yasseen, «L'interprétation des traités d'après la convention de Vienne sur le droit des traités», *op. cit.*, p. 83-84 ; v. aussi, plus généralement, Hersch Lauterpacht, «Les travaux préparatoires et l'interprétation des traités», *RCADI*, 1934, tome 48, p. 709-817.

national, par exemple)? Rien ne s'oppose en principe à ce que l'on admette la recevabilité de ce type de documents comme «travaux préparatoires»[146]. Il est toutefois évident que leur utilisation ne sera convaincante que si on montre qu'un accord de l'ensemble des parties au traité s'est finalement réalisé sur leur contenu[147]. L'objectif de la prise en compte des travaux préparatoires reste de dégager l'intention des parties à l'instrument interprété, et c'est cet objectif qui doit dicter la méthode d'interprétation[148]. La tâche n'est pas toujours aisée, les «travaux préparatoires» recouvrant parfois des documents reprenant un «ramassis d'opinions étatiques individuelles»[149]. Dans un certain nombre de cas, une analyse des travaux préparatoires, loin de permettre de dégager une volonté commune, témoigne plutôt de la persistance d'un désaccord entre Etats, désaccord qui n'a pu être surmonté qu'à l'aide du choix d'une formule délibérément ambiguë[150].

– La prise en compte des «circonstances dans lesquelles le traité a été conclu» ouvre encore davantage la voie à des moyens très larges d'interprétation pourvu que, ici encore, l'on démontre que ces circonstances permettent de dégager une position commune[151]. On prétendra ici que, étant donné le contexte historique dans le cadre duquel le traité a été élaboré, on peut en éclairer le sens[152]. Pour être réel-

(146) En ce sens, Yves LE BOUTHILLIER, «Article 32 – Convention de 1969», *loc. cit.*, p. 1356-1357.

(147) Shabtai ROSENNE, *Practice and Methods of International Law*, *op. cit.*, p. 41-42.

(148) Charles DE VISSCHER, *Problèmes d'interprétation judiciaire en droit international public*, *op. cit.*, p. 115-116.

(149) *Ibid.*, p. 1360. V. aussi les autres problèmes suscités par le recours à cette source; *ibidem*, p. 1360-1363, ainsi que Mustapha YASSEEN, «L'interprétation des traités d'après la convention de Vienne sur le droit des traités», *op. cit.*, p. 85-86.

(150) Mustapha YASSEEN, «L'interprétation des traités d'après la convention de Vienne sur le droit des traités», *op. cit.*, p. 85.

(151) V. p. ex. CIJ, affaire du *Plateau continental de la mer Egée*, *Recueil 1978*, p. 41-44, par. 100-108; affaire de la *Sentence arbitrale du 31 juillet 1989*, *Recueil 1991*, p. 71, par. 53; affaire relative à la *Souveraineté sur Pedra Branca/Pulau Batu Puteh, Middle Rocks et South Ledge (Malaisie/Singapour)*, arrêt du 23 mai 2008, par. 98. V. par ailleurs Charles DE VISSCHER, *Problèmes d'interprétation judiciaire en droit international public*, *op. cit.*, p. 74-76.

(152) YVES LE BOUTHILLIER, «Article 32 – Convention de 1969», *loc. cit.*, p. 1364-1365; Mustapha YASSEEN, «L'interprétation des traités d'après la convention de Vienne sur le droit des traités», *op. cit.*, p. 90.

lement convaincant, ce type de raisonnement doit lui-même être combiné avec l'utilisation de travaux préparatoires, ainsi qu'avec celle de moyens principaux comme l'objet et le but du traité.

Interprétation restrictive de l'article 2, par. 4 de la Charte de l'ONU et moyens complémentaires

Pour appuyer leur interprétation de l'article 2, par. 4 de la Charte, qui n'interdirait que le recours à la force *armée* (et non, par exemple, la force économique), certains auteurs font appel à des moyens complémentaires d'interprétation. D'une part, on insiste sur le rejet, à San Francisco, d'un amendement brésilien tendant à indiquer que la «force» prohibée pouvait aussi être économique, rejet qui montrerait *a contrario* que tel n'est pas le cas(153). D'autre part, on peut considérer que, dans le contexte historique de l'époque, l'objectif des Etats parties était avant tout de prohiber la guerre, et non la force économique.

Il ressort clairement du texte de l'article 32, qui comprend le terme «notamment», que les moyens complémentaires d'interprétation ne se limitent pas aux travaux préparatoires et aux circonstances historiques de l'élaboration du texte(154). Même s'ils ne sont pas désignés explicitement, on peut penser en particulier (sans que cette liste soit elle-même exhaustive) aux éléments suivants(155).

On peut en premier lieu se trouver devant une pratique qui ne serait le fait que de certaines parties au traité, et qui ne témoignerait que d'un accord entre ces parties(156). Une telle hypothèse ouvre elle-même la voie à plusieurs cas de figure possibles. Il se peut que cet accord régional mène, à terme, à une acceptation par l'ensemble des Etats parties, auquel cas nous avons vu que l'on pouvait alors parler d'un moyen principal, conformément à l'article 31, par. 3 a) ou b)(157). Mais il se peut aussi que l'on ne puisse – ou éventuellement que l'on ne

(153) Nico SCHRIJVER, «Article 2, paragraphe 4» *in La Charte des Nations Unies. Commentaire article par article*, 3e éd., *op. cit.*, p. 443.

(154) Yves LE BOUTHILLIER, «Article 32 – Convention de 1969», *loc. cit.*, p. 1366.

(155) V. d'autres moyens ou techniques dans Marteen BOS, *A Methodology of International Law*, *op. cit.*, p. 156-157; Dionisio ANZILOTTI, *Cours de droit international*, *op. cit.*, p. 113 (p. 102-103 de l'édition originale).

(156) Mustapha YASSEEN, «L'interprétation des traités d'après la convention de Vienne sur le droit des traités», *op. cit.*, p. 52 et 80.

(157) *Supra*, sous 1.

puisse pas encore – démontrer une acceptation universelle de cet accord particulier, sans pour autant que ce dernier ait été clairement rejeté. Dans ce cas, celui d'un «silence non circonstancié», on pourrait invoquer un accord particulier au titre de moyen complémentaire, en montrant qu'il confirme un sens obtenu à l'aide d'autres moyens (principaux). Reste à envisager le cas où l'accord particulier a clairement été rejeté par d'autres Etats. Il est alors très difficile d'utiliser cet accord, même au titre de moyen complémentaire, de la même manière qu'il est difficile de faire appel à des travaux préparatoires n'exprimant que la position particulière de certaines parties. Ce moyen peut néanmoins servir à démontrer, *a contrario*, l'inexistence d'un accord universel sur le sens, c'est-à-dire à empêcher le recours à un moyen principal dans le chef des auteurs qui défendraient une position inverse.

Accord particulier et interprétation de l'article 51 de la Charte

Dans le cadre du débat relatif à l'existence d'une notion de «légitime défense préventive», les auteurs se réfèrent régulièrement à un grand nombre de précédents. Concernant la guerre des six jours, par exemple, certains prétendent qu'elle démontre l'acceptation par un groupe substantiel d'Etats de cette notion, les attaques préventives israéliennes n'ayant pas été condamnées, et ayant même été acceptées par certains Etats(158). Il est, pour autant, pour le moins difficile de démontrer qu'un accord universel admettant la notion de légitime défense préventive se soit dégagé, ne fût-ce qu'en raison de la position des Etats arabes eux-mêmes(159). L'accord particulier invoqué ne peut donc, en tout état de cause, servir de moyen principal d'interprétation. Il pourrait en revanche servir à démontrer que ce précédent ne peut être interprété comme équivalant à une condamnation de la légitime défense préventive, les Etats s'étant divisés sur la question(160). Dans ces circonstances, le précédent ne serait pas significatif, ce qui montre seulement qu'il n'existe pas d'accord général. Il restera alors à chacune des parties à invoquer d'autres moyens ou éléments d'interprétation pour fonder leurs positions respectives.

A cet égard, on ne peut qu'insister sur le caractère nécessairement dynamique de l'interprétation. Un accord particulier peut devenir universel, et un accord universel peut se rompre et se transformer en une coexistence d'accords particuliers.

(158) Thomas FRANCK, *Recourse to Force. State Action Against Threats and Armed Attacks*, *op. cit.*, p. 101-105; S.M. SCHWEBEL, «Aggression, Intervention and Self-Defence», *RCADI*, 1972-II, tome 136, p. 481.

(159) V. l'analyse de ce précédent dans notre ouvrage précité, *Le droit contre la guerre*, p. 660-662.

(160) *Ibid.*

La pratique, qu'on la considère comme un élément d'interprétation ou comme un élément d'une règle coutumière, doit dès lors, pour être pertinente, recouvrir plusieurs précédents. Un accord particulier relatif à un seul précédent ne sera pertinent que pour neutraliser la thèse d'un accord universel (comme dans l'exemple que l'on vient de mentionner), ou pour démontrer qu'une nouvelle interprétation est en voie d'obtenir un accord universel, dans un avenir proche ou lointain (comme l'illustre un deuxième exemple repris dans l'encadré ci-dessous).

Accord particulier et extension de la notion d'« agression indirecte »

A première vue, la guerre contre l'Afghanistan semble avoir généré un accord visant à élargir la notion d'« agression indirecte », en admettant qu'un Etat qui abrite des forces armées agressives puisse lui-même être considéré comme agresseur au sens de l'article 51 de la Charte des Nations unies[161]. Il n'est cependant pas évident de montrer qu'un accord général ait pu être atteint sur ce point, quelques Etats ayant manifesté une certaine réserve, voire une opposition[162]. Dans ces conditions, seul un accord particulier (même s'il recouvre un grand nombre d'Etats) peut être invoqué. Un accord universel pourrait se dégager à l'avenir, sur la base d'autres précédents, mais la guerre contre l'Afghanistan ne saurait suffire à démontrer l'existence d'une nouvelle interprétation authentique de l'ensemble des Etats parties à la Charte[163]. L'accord particulier sert ici à démontrer qu'une nouvelle interprétation pourrait progressivement émerger.

(161) Michael N. SCHMITT, *Counter-Terrorism and the Use of Force in International Law*, Garmisch-Partenkirchen, The Marshall Center Papers, N° 5, 2002, p. 8; Thomas FRANCK, *Recourse to Force. State Action Against Threats and Armed Attacks, op. cit.*, p. 67; Steven R. RATNER, « Ius ad Bellum and Jus in Bello after September 11 », *AJIL*, 2002, p. 906-910.

(162) V. p. ex. les propos, au sein des Nations unies, des représentants de l'Irak (http://www.un.org/News/fr-press/docs/2001/AG1234.doc.htm), de l'Iran (http://www.un.org/News/fr-press/docs/2001/AG1226.doc.htm), de la Syrie (http://www.un.org/News/fr-press/docs/2001/AG1197.doc.htm), du Yemen (http://www.un.org/News/fr-press/docs/2001/AG1195.doc.htm), du Qatar (http://www.cdi.org/terrorism/world-responds-pr.cfm), ou de la Malaisie (*ibid.*); sites consultés en novembre 2008; *Communiqué final de la 9e session extraordinaire de la Conférence islamique des Ministres des affaires étrangères*, Doha, Qatar, 10 octobre 2001, http://www.oic-oci.org, consulté en novembre 2008.

(163) En ce sens, v. notre ouvrage, *Le droit contre la guerre, op. cit.*, p. 694-697; Marcelo KOHEN, « The use of force by the United States after the end of the Cold War, and its impact on international law » *in* Michael BYERS, Georg NOLTE (ed.), *United States Hegemony and the Foundations of International Law*, Cambridge, CUP, 2003, p. 224.

Un autre moyen complémentaire d'interprétation est le recours à la jurisprudence ou à la doctrine pour appuyer une interprétation. Le moyen n'est pas principal, puisqu'il ne fait que renvoyer à la position d'acteurs tiers à l'élaboration du texte. En pratique, la référence à une jurisprudence ou une doctrine particulièrement autorisées peut utilement appuyer une interprétation élaborée à l'aide des moyens retenus à l'article 31 (164). Pour plus de détails à ce sujet, on se référera aux développements consacrés antérieurement à ces deux sources formelles (165). De même, on se rappellera qu'une certaine forme d'équité, théoriquement *infra legem*, peut être utilisée aux fins d'interpréter une règle de droit international (166). D'autres éléments peuvent encore être pris en compte, comme la position du CICR pour interpréter des conventions de droit international humanitaire, ou encore la pratique du Conseil de sécurité, par exemple (167).

3. L'interprétation de textes authentifiés dans deux ou plusieurs langues

L'article 33 de la Convention de Vienne vise une hypothèse bien particulière, celle où le texte a été authentifié dans deux ou plusieurs langues (168), seuls les textes authentiques devant être pris en compte (169). Il reprend deux principes de base que l'on peut résumer comme suit (170).

(164) V. p. ex. CIJ, affaire des *Plates-formes pétrolières*, exceptions préliminaires, *Recueil 1996*, p. 819, par. 48.

(165) *Supra*, chapitre III, section 3.

(166) *Supra*, chapitre III, section 3.

(167) V. en ce sens CIJ, affaire des *Conséquences juridiques de l'édification d'un mur dans le territoire palestinien occupé*, *Recueil 2004*, p. 175-177, par. 95-97.

(168) Alain PAPAUX, «Article 33 – convention de 1969» *in Les Conventions de Vienne sur le droit des traités. Commentaire article par article*, *op. cit.*, p. 1386.

(169) Mustapha YASSEEN, «L'interprétation des traités d'après la convention de Vienne sur le droit des traités», *op. cit.*, p. 98; v. aussi Manley O. HUDSON, «Languages Used in Treaties», *AJIL*, 1932, p. 388 et s.; Jean HARDY, «The Interpretation of Plurilingual Treaties by International Courts and Tribunals», *BYBIL.*, 1961, p. 72-155.

(170) V. aussi à ce sujet Serge SUR, *L'interprétation en droit international public*, *op. cit.*, p. 273-275; Charles DE VISSCHER, *Problèmes d'interprétation judiciaire en droit international public*, *op. cit.*, p. 58.

D'une part, il importera de partir du texte du traité pour vérifier s'il n'instaure pas une forme de hiérarchie entre ces langues, chose que l'on ne peut présumer(171).

D'autre part, et dans la négative, il faudra présumer que les termes ont le même sens dans les différentes langues faisant foi. L'interprétation devra donc viser à concilier autant que possible les différentes versions du texte, le paragraphe 4 de l'article 33 prescrivant de recourir à l'objet et au but de l'instrument pour dégager un sens commun(172). L'essentiel est, dans ce domaine comme dans d'autres, de se référer à la volonté des parties(173).

Une application par analogie de l'article 33 de la Convention de Vienne. La résolution 242 (1967) du Conseil de Sécurité

La version française de cette résolution mentionne le «retrait des forces armées des territoires occupés lors du récent conflit», alors que la version anglaise parle du «*withdrawal of Israel armed forces from territories occupied in the recent conflict*»(174). La version anglaise est donc quelque peu différente de la version française, en ce qu'elle n'utilise pas d'article déterminé: «*from* the *occupied territories*». Cette divergence ouvre la voie à deux interprétations possibles, la première étant de considérer que la résolution s'applique à tous les territoires occupés, la seconde seulement à *certains* territoires occupés. Face à cette alternative, en application des principes repris à l'article 33 de la Convention de Vienne, retenir l'interprétation qui concilie les deux versions, soit la première branche de l'alternative, peut se faire en privilégiant la version française et en considérant que la version anglaise n'est en réalité nullement incompatible avec elle(175).

(171) V. l'article 33 par. 1 *in fine*: «à moins que le traité ne dispose ou que les parties conviennent qu'en cas de divergence un texte déterminé l'emportera»; v. les commentaires et exemples de traités particuliers dans Alain Papaux, «Article 33 – convention de 1969», *loc. cit.*, p. 1390-1391.

(172) V. un cas d'application dans CIJ, affaire *Lagrand*, *Recueil 2001*, p. 502-503, par. 101-103.

(173) Mustapha Yasseen, «L'interprétation des traités d'après la convention de Vienne sur le droit des traités», *op. cit.*, p. 97.

(174) Selon les termes du par. 1 (i) de la résolution, adoptée le 22 novembre 1967; v. aussi le compte rendu des débats ayant précédé l'adoption de cette résolution; S/PV.1382, 22 novembre 1967.

(175) Toujours en s'appuyant sur la règle énoncée à l'article 33, on remarquera que la version espagnole, faisant également foi, plaide en ce sens, en évoquant le «*retiro de las fuerzas armadas israelis de los territorios que ocuparon durante el reciente conflicto*» (texte sur le site internet de l'ONU, http://www.un.org/spanish/).

En conclusion, il faut se souvenir que l'interprétation est un mécanisme de raisonnement qui se révèle toujours particulièrement ouvert. L'interprétation juridique ne fait pas exception à cette règle, loin s'en faut. Tous les principes méthodologiques existants ne sauraient remplacer la conviction puis l'acte de volonté de l'interprète qui privilégiera une signification à une autre. Pour être scientifique, son interprétation devra cependant pouvoir être motivée rationnellement, c'est-à-dire conformément aux principes méthodologiques qui viennent d'être exposés. Ceux-ci constituent donc moins des guides pour la décision que des justifications de type méthodologique(176).

Section 2

Les problèmes méthodologiques liés à l'établissement du fait

La plupart des travaux scientifiques ne comprennent pas de phase spécifique consacrée à l'établissement d'un fait matériel. Il se peut toutefois qu'une étude soit consacrée à l'examen du comportement d'un Etat et à sa confrontation au droit international existant(177), ou encore à la détermination d'une frontière entre Etats(178), ce qui supposera la prise en compte de certains faits, pertinents dans la mesure où on peut les assimiler à des effectivités. Il sera, dans ce cas particulier, nécessaire de se référer à quelques principes méthodologiques de base, qui seront brièvement exposés dans le cadre de cette section. Ce n'est donc que dans certaines hypothèses que l'on sera amené à développer une argumentation d'ordre factuel.

En même temps, lorsqu'elle s'impose, la phase de l'établissement des faits peut s'avérer décisive, en particulier lorsque l'on se trouve dans un cadre juridictionnel. Plusieurs affaires suscitent ainsi des divergences qui portent au moins autant sur l'interprétation du droit que sur l'établissement et l'interprétation des faits. Certains ont même avancé que «[l]a plus grande diffi-

(176) Jean COMBACAU et Serge SUR, *Droit international public*, 8e éd., *op. cit.*, p. 174 et 178-179.

(177) V. p. ex. Charles CHAUMONT, «Analyse critique de l'intervention américaine au Vietnam», *loc. cit.*, p. 61-93.

(178) V. p. ex. Maurice K. KAMGA, *Délimitation maritime sur la Côte Atlantique Africaine*, Bruxelles, Bruylant, 2006, 317 p.

culté, comme le savent bien les juges, n'est pas de dire le droit: c'est d'établir les faits»[179].

L'importance de l'établissement des faits: l'affaire des Activités armées sur le territoire du Congo

Pour répondre aux accusations d'agression avancées à son encontre par la République démocratique du Congo, l'Ouganda a répondu qu'il s'était trouvé en situation de légitime défense, en raison de certains liens entretenus entre les autorités congolaises et des rebelles ougandais[180]. Une partie essentielle du différend a consisté à se prononcer sur l'existence de ces liens, que les autorités congolaises ont toujours niée[181].

La difficulté de la phase de l'établissement du fait est, tout d'abord et fondamentalement, que la réalité ne peut être appréhendée ni communiquée de manière directe[182]. Ce n'est que par l'intermédiaire de «témoignages» ou de «preuves» que la vérité sera établie, mais ces témoignages et ces preuves ne peuvent, par définition, que fournir des approximations plus ou moins fiables du réel. La vérité judiciaire ou juridique ne constitue qu'une construction, par laquelle un accord est établi sur des faits que le droit sera amené à appréhender[183]. Cet accord est par essence provisoire, au sens où il pourra toujours être remis en cause, que l'on soit dans un cadre judiciaire (à la suite d'éléments nouveaux, si la procédure le permet) ou dans un cadre académique (à la

(179) Michel VIRALLY, «Le phénomène juridique» *in Le droit international en devenir. Essais écrits au fil des ans*, Paris, PUF, p. 56, note 38; v. aussi Richard BILDER, «The Fact/Law Distinction in International Adjudication» *in* R. ILLITCH (ed.), *Fact-Finding before International Tribunals*, New York, Transn. Publishers, 1992, p. 95-98.

(180) V. les écritures et les plaidoiries de cet Etat sur le site internet de la CIJ; http://www.icj-cij.org.

(181) V. en particulier les débats sur l'argument particulier de la légitime défense, qui a été bien davantage factuel que strictement juridique (v. sp. CR 2005/16, 29 avril 2005).

(182) V. à ce sujet les enseignements de l'épistémologie moderne et contemporaine remettant en cause la connaissance par les sens; René DESCARTES, *Méditations métaphysiques*, Paris, Nathan, 1983, première méditation, p. 42-43; Ludwig WITTGENSTEIN, *De la certitude*, *op. cit.*, p. 56-57; v. aussi Chaïm PERELMAN, «Evidence et preuves» *in Rhétoriques*, Bruxelles, Editions de l'Université de Bruxelles, 1989, p. 181-195; «Opinions et vérité» *in ibid.*, p. 425-435.

(183) V. Chaïm PERELMAN, «La spécificité de la preuve juridique» *in Ethique et droit*, Bruxelles, Editions de l'Université de Bruxelles, 1990, p. 693-705; «La preuve en droit» *in ibid.*, p. 706-715; «Présomptions et fictions en droit» *in ibid.*, p. 716-728; v. aussi D.W. SANDIFER, *Evidence before International Tribunals*, Univ. Press of Virginia, 1975, p. 1.

suite de nouvelles recherches scientifiques); cet accord est aussi relatif, que ce soit au procès (si on est dans un cadre judiciaire), ou à la communauté des scientifiques concernés (si on est dans un cadre académique)[184]. On comprend que, dans ce contexte, personne ne peut affirmer que cette vérité juridique correspond avec une certitude absolue avec la réalité objective[185]. Les méthodes d'établissement du fait constituent dès lors un moyen, pour le chercheur, de tenter d'obtenir un accord sur une version de la vérité qui paraît la plus probable[186]. On se trouve ici dans une perspective assez voisine de celle qui prévaut dans le domaine de l'interprétation, dont les méthodes visent à construire un sens en vue de le faire accepter[187]. Le processus est donc, dans les deux cas, particulièrement ouvert et libre, le respect des règles de la méthode n'impliquant, là encore, aucun résultat univoque déterminé[188].

C'est en tenant compte de ce caractère relatif de la phase de l'établissement du fait que l'on exposera brièvement quelques principes méthodologiques généraux, d'abord dans le cadre juridictionnel (A), ensuite dans le cadre académique (B).

A. Les principes méthodologiques relatifs à l'établissement des faits devant les juridictions internationales

Chaque juridiction connaît ses propres règles en matière de preuve. Le principe méthodologique de base est dès lors de

(184) Max WEBER, *Sociologie du droit*, Paris, PUF, 1986, p. 165; Paul FORIERS, «Introduction au droit de la preuve» *in* Ch. PERELMAN et P. FORIERS (dir.), *La preuve en droit*, *op. cit.*, p. 9; «Considération sur la preuve judiciaire» *in La pensée juridique de Paul Foriers*, vol. II, Bruxelles, Bruylant, 1982, p. 875-890.

(185) Jerzy WROBLEWSKI, v° «Preuve en droit» *in* André-Jean ARNAUD (dir.), *Dictionnaire encyclopédique de théorie et de sociologie du droit*, *op. cit.*, p. 317, par. 6.

(186) V. Jean SALMON, «Le fait dans l'application du droit international», *op. cit.*, p. 303; Manfred LACHS, «La preuve et la Cour internationale de Justice» *in* Ch. PERELMAN et P. FORIERS (dir.), *La preuve en droit*, *op. cit.*, p. 110; J.C. WITTENBERG, «*Onus probandi* devant les juridictions internationales», *RGDIP*, 1951, p. 321; J.F. LALIVE, «Quelques remarques sur la preuve devant la Cour internationale de Justice», *ASDI*, 1950, p. 77; v. encore Eric DAVID, «Le performatif dans l'énonciation et le fondement du droit international» *in Mélanges Charles Chaumont*, Paris, Pedone, 1984, p. 249-250.

(187) V. *supra*.

(188) V. nos développements dans *L'utilisation du «raisonnable» par le juge international. Discours juridique, raison et contradictions*, *op. cit.*, p. 168-181.

se reporter au Statut ou au Règlement applicable (ou encore à la loi nationale applicable, si l'on est devant une juridiction nationale)[(189)], en vue d'en interpréter chacune de ses dispositions pertinentes[(190)].

Au-delà de ce principe fondamental, on peut mentionner le principe selon lequel celui qui atteste l'existence d'un fait doit en apporter la preuve (*Actori incumbit probatio*), principe qui semble universellement admis (1). Pour le reste, on se contentera de rappeler brièvement quelques principes relatifs aux modalités d'administration de la preuve (2).

1. Le principe Actori incumbit probatio

En application de ce principe, l'Etat demandeur doit apporter les preuves de la violation par l'Etat défendeur de ses obligations internationales, l'Etat défendeur n'étant, quant à lui, pas tenu de prouver qu'il n'a pas violé ses obligations[(191)]. En théorie, un Etat défendeur peut se contenter de se retrancher derrière la règle de la charge de la preuve, en insistant sur la circonstance que les faits ne seraient pas suffisamment établis.

Ce principe doit néanmoins être interprété avec précaution, ce qui nous mène à apporter les précisions suivantes[(192)].

En premier lieu, l'« Etat demandeur » doit ici être entendu comme l'Etat qui prétend qu'un certain fait s'est produit. Un Etat, défendeur dans le cadre général de la procédure, peut donc très bien être demandeur sur un aspect particulier de l'affaire, soit qu'il développe des exceptions préliminaires, soit qu'il invoque des exceptions à la règle ou certaines circonstances excluant l'illicéité lors de la phase du fond. Dans de tels cas, c'est lui qui devient « demandeur » sur le plan factuel, et

(189) Le droit de la preuve est très différent en fonction des systèmes nationaux, notamment si l'on compare les sytèmes anglo-saxons et de droit continental ; v. Marteen Bos, *A Methodology of International Law*, *op. cit.*, p. 330-333.

(190) V. un exposé comparatif dans J.M. Sorel et H. Ruiz Fabri (dir.), *La preuve devant les juridictions internationales*, Paris, Pedone, Coll. Contentieux international, 2007 ; v. aussi Richard B Lillitch (ed.), *Fact-Finding before International Tribunals*, New York, Transnational Publ., 1992.

(191) Gérard Niyungeko, *La preuve devant les juridictions internationales*, Bruxelles, Bruylant, 2005, p. 26-68 ; J.C. Wittenberg, « La théorie des preuves devant les juridictions internationales », *RCADI*, 1936, tome 56, p. 40-55.

(192) V. aussi D.W. Sandifer, *Evidence before International Tribunals*, *op. cit.*, p. 123 et s.

ce sera donc sur lui que pèsera la charge de la preuve(193). Un Etat prétendant agir en légitime défense devra ainsi démontrer qu'il a été préalablement la victime d'une agression armée ou, s'il invoque la doctrine de la légitime défense préventive – et à supposer même que celle-ci soit susceptible d'être accueillie sur le plan juridique –, qu'il a été l'objet d'une menace grave et imminente, ne laissant ni le choix des moyens ni le temps de la délibération. Dans certains types de procédure, comme la procédure d'avis, ou pour certains types de litige, comme les différends frontaliers, il n'existe d'ailleurs pas d'Etat demandeur au sens formel du terme(194). Chaque Etat devra alors appuyer les aspects factuels de son argumentation par des éléments pertinents de preuve(195).

En deuxième lieu, on se gardera bien de prendre au pied de la lettre la règle de la charge de la preuve.

D'une part, parce l'on ne pourra pas exiger de l'Etat sur qui pèse cette charge qu'il démontre les faits avec un degré absolu de certitude(196). En pratique, on peut en effet considérer qu'il subsistera toujours un doute, si infime soit-il, sur la preuve d'un fait contesté(197). Dans ce contexte, la jurisprudence admet que l'établissement des faits renvoie non à une certitude absolue, considérée comme inaccessible, mais à «ce qui peut être tenu pour établi»(198), c'est-à-dire aux «faits, tels qu'ils sont acquis au procès»(199). Le critère retenu, même dans un domaine aussi sensible que la responsabilité internationale, est plutôt celui de la certitude «au-delà de tout doute raisonnable»(200). Cette expression renvoie à la nécessité d'apporter des éléments concordants et convaincants, qui peuvent être combinés avec

(193) Comme l'indique très généralement la Cour internationale de Justice au sujet des prétentions des parties, «la charge de les prouver incombe évidemment à la Partie qui les affirme ou les avance» (CIJ, affaire du *Temple de Préah Vihéar, Recueil 1962*, p. 16).

(194) Gérard NIYUNGEKO, *La preuve devant les juridictions internationales, op. cit.*, p. 37-38.

(195) V. le rapport de Georges SCELLE dans le cadre des travaux de la CDI sur la procédure arbitrale, *ACDI*, 1950, II, p. 134.

(196) V. Henri BATTIFOL, «Observations sur la preuve des faits» *in La preuve en droit, op. cit.*, p. 305.

(197) V. ci-dessus, et les références citées.

(198) Selon la formule de la CIJ dans l'affaire des *Activités militaires* (*Recueil 1986*, p. 40, par. 60).

(199) CPJI, affaire du *Vapeur Wimbledon, Série A n° 1*, p. 18.

(200) V. l'encadré reproduit ci-dessous.

certaines présomptions. Elle montre en tout cas que la charge de la preuve ne peut jamais être assimilée à une preuve impossible (*probatio diabolica*), ce qui serait le cas si l'on interprétait la règle dans un sens trop strict[201].

La jurisprudence internationale et le critère de la certitude « au-delà de tout doute raisonnable »

Dans l'affaire du *Détroit de Corfou*, le Royaume-Uni, sur lequel pesait la charge de la preuve, n'a jamais pu prouver avec une certitude absolue que l'Albanie savait que des mines avaient été mouillées dans le détroit. Un ensemble d'éléments concordants a cependant été apporté, qui démontrait que cette connaissance pouvait être établie, ce qui a mené la Cour internationale de Justice à condamner l'Albanie en l'espèce[202].
Dans l'affaire *Irlande/Royaume-Uni*, l'Etat défendeur niait que des blessures encourues par des détenus interrogés par la police britannique étaient dues à des mauvais traitements infligés durant cette détention. Sans pouvoir établir ce fait avec une certitude absolue, la Cour européenne des droits de l'homme considère, sur la base notamment d'expertises médicales, qu'il pouvait être établi « au-delà de tout doute raisonnable »[203].

Il faut, dans ce contexte, rappeler le principe corollaire de l'obligation de collaborer à l'établissement des faits, qui pèse sur le demandeur comme le défendeur. Ce dernier ne peut donc se retrancher derrière l'absence d'éléments décisifs de preuve apportés par le demandeur, en refusant toute collaboration[204]. En pareil cas, la juridiction sera en droit d'estimer que ce refus de collaborer masque l'existence d'éléments pertinents, ce qui mènera à une sorte de renversement de la charge de la preuve.

2. Les principes méthodologiques de base relatifs aux modalités de l'administration de la preuve

La seule véritable règle en ce domaine est la nécessité de respecter les statuts, le règlement ou le compromis qui fonde la compétence

(201) V. mon ouvrage précité, *L'utilisation du « raisonnable » par le juge international*, p. 59-62.

(202) Selon les termes de la Cour, « la preuve pourra résulter de présomptions de fait à condition que celles-ci ne laissent place à aucun doute raisonnable » ; CIJ, *Recueil 1949*, p. 18. Cette partie de l'arrêt a été critiquée par plusieurs juges dans leurs opinions dissidentes, v. les juges Zoricic (*ibidem*, p. 37-38), Badawi Pacha (*ibid.*, p. 63), Krylov (*ibid.*, p. 70) et Ecer (*id.*, p. 125).

(203) CEDH, arrêt du 18 janvier 1978, *Série A nº 25*, par. 161.

(204) Gérard NIYUNGEKO, *La preuve devant les juridictions internationales*, *op. cit.*, p. 168-180.

de la juridiction concernée. Chaque juridiction connaît ainsi une réglementation et des procédures particulières en matière d'établissement des faits, qu'il s'agisse de la production de documents écrits, ou de l'utilisation de témoignages, par exemple(205). On prendra ainsi tout particulièrement garde d'adapter son raisonnement à la juridiction pertinente : les règles sont souvent très différentes, en particulier lorsque l'on compare celles qui concernent les juridictions interétatiques à celles qui relèvent du droit international pénal et qui sont compétentes pour juger des individus(206).

En l'absence de disposition particulière, on pourra néanmoins invoquer le principe général de la liberté de la production des modes de preuve et de leur appréciation, qui semble généralement admis en droit international(207). Ainsi, la Cour internationale de Justice énonce en 1986 qu'elle :

> « dispose d'une certaine latitude pour apprécier librement la valeur des divers modes de preuve, étant clair par ailleurs que les principes généraux de procédure judiciaire gouvernent nécessairement la détermination de ce qui peut être tenu pour établi »(208).

Cette absence de formalisme a pour conséquence une grande marge d'appréciation des parties, qui peuvent recourir à des moyens très variés(209). Le demandeur doit néanmoins toujours respecter le principe de l'égalité des parties et soumettre chaque moyen de preuve à la contradiction en le portant à la connaissance de la partie adverse et en lui permettant ainsi de le contester.

(205) Pour la Cour internationale de Justice, par exemple, v. les articles 48 à 52 du Statut et 62 à 67 du Règlement, ainsi que les commentaires pertinents dans *The Statute of the International Court of Justice. A Commentary*, *op. cit.*

(206) Comp. les règles de preuve prévalant devant la CIJ à celles applicables devant la Cour pénale internationale (v. l'article 69 du Statut ainsi que le Règlement de procédure et de preuve).

(207) V. déjà en ce sens l'article 15 du projet de procédure arbitrale élaboré en 1875 par l'Institut de droit international ; *AIDI*, 1877, tome I, p. 130-131. V. aussi l'article 21 du projet élaboré sur le même sujet par la Commission du droit international ; *ACDI*, 1958, II, p. 9, ainsi que Charles DE VISSCHER, *Problèmes d'interprétation judiciaire en droit international public*, *op. cit.*, p. 31-32. Pour des exemples de jurisprudence, outre l'exemple cité dans le corps du texte, v. CPJI, affaire relative à *Certains intérêts allemands en Haute-Silésie polonaise*, *Série A n° 7*, p. 72-73 ; CIJ, affaire de la *Sentence arbitrale*, *Recueil 1960*, p. 215-216.

(208) CIJ, affaire des *Activités militaires*, *Recueil 1986*, p. 40, par. 60.

(209) Marteen Bos, *A Methodology of International Law*, *op. cit.*, p. 335-338.

Ces principes généraux rappelés, on peut brièvement énumérer quelques modes de preuve, à titre purement informatif et exemplatif[210].

Tout d'abord, on relèvera que l'accord des parties sur l'existence d'un fait constitue en tant que tel un mode de preuve particulièrement convaincant. Si les parties sont d'accord sur certains faits, une juridiction internationale ne procédera, le plus souvent, pas à une vérification plus poussée de ceux-ci et se contentera d'acter l'accord[211]. Un tel accord peut d'ailleurs être implicite et déduit de l'absence de contestation de la partie adverse lors de débats antérieurs relatifs à ces faits[212]. En tout état de cause, la juridiction gardera son pouvoir d'appréciation, dans la mesure où elle n'est pas liée par l'argumentation des parties[213].

En deuxième lieu, la preuve s'opérera fréquemment par la production de documents écrits attestant l'existence de certains faits. Ces documents peuvent avoir été élaborés par l'administration de l'Etat qui les produit: rapport de fonctionnaire, archives, procès-verbal, affidavits, loi nationale, ... Ils ne seront pas opposables à la partie adverse, qui prendra probablement soin de les critiquer[214]. La critique sera en revanche délicate si le document émane de l'Etat défendeur lui-même, seule l'interprétation du document en question étant alors susceptible d'être débattue[215]. Les documents produits peuvent encore émaner d'organisations internationales compétentes dans la matière en cause, ce qui leur conférera une autorité particulière[216]. Enfin, on peut également produire des extraits de presse, des rapports d'organisations non gouvernementales, des articles ou ouvrages de témoins ou d'analystes des événements pertinents[217].

(210) V. aussi J.C. WITTENBERG, «La théorie des preuves devant les juridictions internationales», *op. cit.*, p. 86-95; D.W. SANDIFER, *Evidence before International Tribunals*, *op. cit.*, p. 197 et s.

(211) CIJ, affaire du *Personnel diplomatique et consulaire des Etats-Unis à Téhéran*, *Recueil 1980*, p. 10, par. 13. V. d'autres exemples dans CIJ, affaire des *activités militaires (RDC/Ouganda)*, *Recueil 2005*, p. 40, par. 82, 84, 86.

(212) CPJI, affaire du *Vapeur Wimbledon*, *Série A*, n° 1, p. 18.

(213) CIJ, affaire des *Activités militaires*, *Recueil 1986*, p. 25, par. 30.

(214) V. p. ex. CIJ, affaire des *Activités armées sur le territoire du Congo*, arrêt du 19 décembre 2005, par. 65.

(215) V. l'exemple des documents émanant de la «Commission Porter» dans CIJ, affaire des *Activités armées sur le territoire du Congo*, arrêt du 19 décembre 2005, par. 81.

(216) CIJ, affaire des *Activités militaires*, *Recueil 1986*, 44, par. 72.

(217) *Ibid.*, p. 40-41, par. 62-63; CIJ, affaire du *Personnel diplomatique*, *Recueil 1980*, p. 9-10, par. 12-13; Hurst HANNUM, «Fact-Finding by Nongovernmental

En troisième lieu, une partie pourra tenter de convaincre une juridiction en produisant devant elle des témoignages, qui viendront confirmer les autres éléments de preuve[218]. Les modalités de l'audition des témoins dépendent de chaque juridiction concernée. La procédure se déroule en principe sur un mode contradictoire, l'autre partie pouvant elle aussi interroger et critiquer les témoins qui ont été admis à déposer[219]. Comme pour les documents, les témoignages émanant de personnalités officielles qui semblent contredire la position d'Etat qu'ils représentent seront particulièrement décisifs[220].

Dans l'ensemble, l'administration de la preuve sera d'autant plus efficace qu'elle s'accompagnera d'éléments de preuve variés et concordants. On privilégie les sources directes, qui renvoient à des acteurs qui ont été eux-mêmes impliqués dans les événements. En même temps, on préfère les sources neutres, qui n'émanent pas de l'Etat demandeur lui-même, l'idéal étant de pouvoir se référer à des documents ou témoignages en provenance de l'Etat défendeur. Si ces éléments concordent, on pourra le cas échéant évoquer des faits qui relèveraient de la «notoriété publique», notion qui ne peut véritablement sortir ses effets que s'il n'y a pas de véritable contestation entre les parties[221].

En définitive, il existe une grande liberté d'utilisation des moyens de preuve afin d'établir les faits. Les juridictions font généralement preuve d'une très grande ouverture à cet égard, la seule limitation étant le respect du statut et du règlement applicables en l'espèce.

B. La transposition de ces éléments à une étude scientifique de type académique

Il semble à première vue délicat de transposer les principes méthodologiques relatifs à l'établissement des faits à une étude

Human Rights Organizations», *in* Richard Lillitch (ed.), *Fact Finding Before International Tribunals*, *op. cit.*, p. 303.

(218) Gérard Niyungeko, *La preuve devant les juridictions internationales*, *op. cit.*, p. 146-151.

(219) *Ibid.*, not. p. 148-151.

(220) CIJ, affaire des *Activités militaires*, *Recueil 1986*, p. 41, par. 64; affaire des *Activités armées sur le territoire du Congo*, arrêt du 19 décembre 2005, par. 61 et 78.

(221) CIJ, affaire des *Activités militaires*, *Recueil 1986*, p. 40-41, par. 63. V. aussi D.W. Sandifer, *Evidence before International Tribunals*, *op. cit.*, p. 383 et s.

scientifique, qui ne se déroule pas dans le cadre de procédures spécifiques établies par le statut ou le règlement d'une juridiction. On peut néanmoins traduire ces principes de la manière suivante : un fait ne peut être considéré comme établi s'il n'a pas été démontré ou, pour le formuler autrement, dans le doute, un fait ne peut être considéré comme établi.

Le scientifique devra donc lui-même apporter des éléments de preuve qui appuient sa démonstration. Le problème est que, contrairement à un juge ou à une juridiction, qui ne tranchera qu'après avoir consulté un ensemble d'éléments de preuve qui auront été apportés et discutés par les parties, le chercheur n'aura bien souvent à sa disposition que quelques sources éparses, le plus souvent indirectes, et qui n'auront pas fait l'objet d'un débat contradictoire. En toute rigueur, il ne pourra dès lors pratiquement jamais atteindre le degré de certitude que l'on est en droit d'attendre à la suite d'une procédure qui se serait déroulée devant une juridiction internationale.

Face à ce problème, deux solutions s'offrent à l'auteur qui souhaite rester aussi rigoureux que possible sur un plan méthodologique.

D'abord, et le cas de figure est fréquent, on peut ne se prononcer que sur des faits qui ne sont pas contestés, que ce soit par les acteurs concernés ou par les observateurs extérieurs. Ainsi, une étude consacrée à la licéité d'une intervention militaire d'un Etat contre un autre peut se fonder sur le caractère non contesté de l'existence, voire des modalités, de cette intervention.

> On peut illustrer cette première possibilité par cette citation d'un article consacré à la position adoptée par les Etats au sujet de la guerre du Liban de l'été 2006 : « [l]a bonne compréhension des positions adoptées par les Etats suppose au préalable d'exposer les éléments factuels liés au contexte et au déroulement de l'opération israélienne au Liban. Pour ce faire, nous nous fonderons essentiellement sur les rapports présentés au Conseil de sécurité par le secrétaire général des Nations unies ou ses conseillers. Ces rapports présentent toutes les garanties d'objectivité et d'impartialité, et n'ont pas été remis en cause par les parties au conflit »(222).

(222) François Dubuisson, « La guerre du Liban de l'été 2006 », *RBDI*, 2006, p. 532. Pour une autre illustration, v. notre étude, « La licéité douteuse de l'action militaire de l'Ethiopie en Somalie et ses implications sur l'argument de l'« intervention consentie » », *RGDIP*, 2007, p. 514.

Une deuxième possibilité est, lorsqu'il existe une contestation, de se contenter de formuler des hypothèses sur le plan factuel. Une étude visant à démontrer l'engagement de la responsabilité d'un Etat pourra, par exemple, partir de l'hypothèse que tel événement s'est produit pour montrer que, dans cette hypothèse – et dans cette hypothèse seulement – cet Etat a violé le droit international. L'hypothèse en question ne sera, cependant, pas gratuite, en ce sens qu'elle s'appuiera sur certains documents reconnus comme crédibles, sans pour autant leur conférer une valeur de preuve, au sens judiciaire du terme.

En pratique, les auteurs qui se prononcent sur des faits utilisent parfois des moyens de preuve relativement particuliers, comme des extraits de presse(223), des rapports d'experts ou d'institutions internationales(224), lesquels font parfois état de témoignages(225). On est alors bien loin des garanties – par ailleurs elles-mêmes relatives, comme on l'a constaté – qui entourent l'établissement des faits dans un cadre judiciaire. Le résultat des conclusions de l'étude, dans la mesure où il s'agirait de se prononcer sur la licéité du comportement d'un Etat, est alors directement dépendant de la crédibilité des sources citées.

Il semble, en tout état de cause, trop ambitieux de prétendre avoir réalisé une démonstration irréfutable sur le plan factuel, à moins de s'appuyer sur des faits qui sont de notoriété publique et qui ne sont contestés par personne, y compris l'Etat en cause lui-même. En réalité, le chercheur ne pourra que très rarement

(223) Eric DAVID, « La guerre du Golfe et le droit international », *RBDI*, 1987, p. 154-155, 162, 164, 166, 169-170, 172, 176-180 ; Alain DAEMS et Olivier PAYE, « La guerre sale : les règles du droit international applicables à la protection de l'environnement » *in* Centre de droit international de l'ULB, *Entre les lignes. La guerre du Golfe et le droit international*, Bruxelles, Créadif, 1991, 117-118, 123 et 125 ; Rex J. ZELADIS, « Military Necessity and Iraqi Destruction Oil », *RBDI*, 1990, p. 333-335 ; F. MELEDJE DJEDJRO, « La guerre civile au Libéria et la question de l'ingérence dans les affaires intérieures des Etats », *RBDI*, 1993, p. 394-395 et 399-400.

(224) Dimitri YERNAULT, « De la fiction à la réalité : le programme d'espionnage électronique global « Echelon » et la responsabilité internationale des Etats au regard de la Convention européenne des droits de l'homme », *RBDI*, 2000, p. 141-164 ; Paul TAVERNIER, « Combattants et non-combattants : l'expérience de la guerre entre l'Irak et l'Iran », *RBDI*, 1990, p. 78 et 84-85.

(225) V. p. ex. W.D. VERWEY, « Bombing on the North After Tonkin And Pleiku : Reprisals ? », *RBDI*, 1969, p. 463-466.

prétendre prouver un fait au sens strict du terme. C'est le plus souvent sur la base d'hypothèses factuelles, hypothèses elles-mêmes étayées par certains éléments de preuve, qu'il développera son raisonnement juridique.

CHAPITRE V

La réalisation matérielle d'un travail

Dans ce chapitre, on exposera brièvement les principes méthodologiques relatifs à la phase ultime de la réalisation d'une étude, à savoir la rédaction du travail[1]. La rédaction d'une étude académique se déroulera souvent en plusieurs étapes. Dans un premier temps, on élaborera un plan général du travail (section 1). Ce n'est que dans un second temps que l'on rédigera le texte en tant que tel (section 2).

Section 1

L'élaboration du plan

En théorie, l'élaboration du plan ne peut se réaliser qu'à l'issue du travail de recherche, puisque le plan est supposé intégrer l'ensemble des sources disponibles ainsi que des éléments de réflexion. En pratique, s'il est vrai que le plan ne peut, par définition, que précéder la rédaction, il se peut aussi qu'il soit élaboré une première fois alors que le travail de recherche n'est pas encore terminé. On peut même conseiller la rédaction d'un premier plan à l'issue de la construction du sujet[2]. Dans la mesure où la formulation d'une hypothèse de travail et la définition d'une approche supposent déjà un travail important de recherche, rien ne s'oppose à tracer les premières ébauches d'un projet de plan, qui n'aura comme vocation que d'être amendé en

(1) On reste ici dans le domaine de l'étude de type académique; pour le style dans le domaine judiciaire, v. Shabtai ROSENNE, *Practice and Methods of International Law*, *op. cit.*, p. 94-97.

(2) *Supra*, chapitre II, section 1.

fonction de l'avancement et du développement de la réflexion[3]. La recherche et le plan peuvent ainsi s'influencer réciproquement, avec pour conséquence une succession de plans provisoires qui ne déboucheront sur un plan définitif qu'à la veille de la rédaction du corps de texte proprement dit[4]. Un premier principe à respecter consiste donc à envisager le plan :

- ni trop tôt, car le plan suppose une réflexion déjà aboutie,
- ni trop tard, dans la mesure où il ne saurait être question d'entamer la rédaction sans disposer d'un plan complet du travail.

Pour le reste, le plan le plus approprié sera sans doute celui à partir duquel le lecteur pourra suivre la manière dont l'hypothèse de travail qui fonde l'ensemble de l'étude sera vérifiée. Le plan démonstratif est, dans cette perspective, préférable à un plan purement descriptif ou informatif[5]. Dans le premier cas, en effet, on peut supposer que le texte sera particulièrement original et constituera un véritable apport à la discipline. Dans le second, on peut craindre que l'originalité du propos soit affectée par la trop grande place qui serait réservée à un état des lieux qui ne peut, dans le meilleur des cas, que constituer une synthèse d'écrits existants.

La légitime défense préventive : plan n° 1

I. Généralités
1. La légitime défense en question
2. Les difficultés d'un débat doctrinal

II. Historique
1. La légitime défense préventive antérieurement à la Charte des Nations unies
2. La légitime défense préventive postérieurement à la Charte des Nations unies

III. Les conditions actuelles d'exercice de la légitime défense préventive
1. La doctrine américaine
2. Les opposants au concept

(3) Jean SALMON et Eric DAVID, *Méthodologie de la recherche en droit international public*, 3e éd., *op. cit.*, p. 7.

(4) Simone DREYFUS, *La thèse et le mémoire de doctorat. Etude méthodologique*, 2e éd., *op. cit.*, p. 108-112 et p. 146-147.

(5) *Ibid.*, p. 148 ; Jean SALMON et Eric DAVID, *Méthodologie de la recherche en droit international public*, 3e éd., *op. cit.*, p. 35.

La légitime défense préventive: plan n° 2

I. La légitime défense préventive et les conventions internationales
II. La légitime défense préventive et la pratique internationale
III. La légitime défense préventive et la doctrine

La légitime défense préventive: plan n° 3

I. L'existence d'un droit à la légitime défense préventive
1. La reconnaissance d'un droit à la légitime défense préventive dans le droit coutumier
2. L'absence de remise en cause d'un droit à la légitime défense préventive dans le droit conventionnel

II. Les conditions d'exercice de la légitime défense préventive
1. L'existence d'une menace imminente et irrésistible
2. Le caractère nécessaire et proportionné de la riposte

La légitime défense préventive: plan n° 4

I. Introduction
II. La reconnaissance d'un droit à la légitime défense préventive dans le droit coutumier
III. L'absence de remise en cause d'un droit à la légitime défense préventive dans le droit conventionnel
IV. L'existence d'une menace imminente et irrésistible
V. Le caractère nécessaire et proportionné de la riposte
VI. Conclusion

Le plus simple est de commenter ces exemples de plan pour en dégager les principes méthodologiques que nous considérons pertinents[(6)].

Le plan 1 reproduit ci-dessus est l'exemple type d'un plan descriptif, non analytique, apparemment peu captivant. Il est impossible à sa lecture de déceler les différentes étapes du raisonnement de l'auteur. On est plutôt en présence d'un programme de travail que d'un plan de rédaction: il est en effet recommandé, lors de la recherche, de pouvoir brosser un historique du concept et de consulter la doctrine en distinguant les différentes tendances qui la composent. Cela ne signifie cependant pas que l'on soit obligé de consacrer une part de la rédaction du texte à ce qui apparaît plutôt comme un travail préliminaire. Les différents points mentionnés dans ce plan peuvent ainsi donner lieu à des fiches de lecture, mais l'intérêt de sélectionner ces fiches et de

(6) V. d'autres exemples de plans commentés dans *ibid.*, p. 50-57.

les transformer en parties d'un texte publié reste douteux(7). On peut en effet, tout au plus, espérer opérer une synthèse de l'état de la littérature existante.

Le deuxième plan reproduit ci-dessus ressemble, à cet égard, fort au premier. Il représente encore un programme de travail: une recherche sérieuse devra s'atteler à une analyse des conventions, de la pratique et de la doctrine. Mais cette division conceptuelle – et non plus chronologique comme dans le premier plan – ne peut prétendre offrir la trame d'un raisonnement scientifique(8). On serait bien en mal de déceler une quelconque ligne de pensée à la lecture des trois sous-parties, et il y a gros à parier que leur contenu s'avère exagérément descriptif et par conséquent peu original. Dans le meilleur des cas, on peut espérer que l'auteur livre sa réflexion personnelle dans les conclusions du travail, cette réflexion ne faisant dès lors pas, en tant que telle, l'objet d'une motivation détaillée.

Le plan n° 3 a quant à lui visiblement été élaboré à l'issue d'une réflexion aboutie, et reflète directement les conclusions auxquelles l'auteur est arrivé. Chacun des titres et sous-titres est rédigé à la manière d'une thèse personnelle, de sorte qu'on est en présence d'une suite de propositions dont le texte est supposé appuyer la teneur(9). Le plan est véritablement démonstratif. Il permet au lecteur de déterminer d'emblée l'objectif de l'étude ainsi que sa ligne de raisonnement principal, ce qui contribuera à la fois à susciter l'intérêt et à faciliter la lecture. Quant à l'auteur lui-même, il est désormais tenu de rédiger chacune des sous-parties dans une perspective bien précise, en développant une démonstration imposée par le libellé du titre. Il ne risque ainsi pas de se disperser dans des considérations générales, descriptives ou inutiles. Chaque paragraphe, chaque phrase, chaque mot sera censé contribuer au développement de la démonstration.

Le plan n° 4 ressemble très fort au plan précédent. Il présente en réalité les mêmes qualités, et ne se distingue de lui que sur un plan stylistique. Le plan n° 3 illustre le concept du «plan français», le plus souvent divisé en deux parties, elles-mêmes divisées

(7) *Ibid.*, p. 34.
(8) *Ibid.*, p. 50.
(9) En même temps, les intitulés retenus restent brefs, et évitent l'écueil de la reproduction d'une phrase entière dans un titre, option peut-être claire mais particulièrement lourde; Simone DREYFUS, *La thèse et le mémoire de doctorat. Etude méthodologique*, 2e éd., *op. cit.*, p. 162-163.

chacune en deux sous-parties, le tout s'enchaînant logiquement. Le plan n° 4 illustre en revanche un plan à l'anglo-saxonne, dans lequel une série de points s'enchaînent, de l'introduction à la conclusion, sans que l'on éprouve le besoin de les regrouper dans des parties plus générales. La littérature francophone s'accommode plus aisément du plan à la française, même s'il s'agit plus d'une affinité que d'une exigence scientifique.

Finalement, le seul impératif méthodologique consiste à éviter la description stérile et à favoriser l'analyse démonstrative[(10)]. Idéalement, on élaborera donc son plan sur la base du plan n° 3, si on écrit en français, ou du plan n° 4, si on écrit en anglais. En pratique, il arrive souvent que des plans soient en partie descriptifs et en partie démonstratifs. Le risque est alors de ne pas suffisamment mettre en évidence l'apport original de l'étude considérée.

Comme on le constate, échafauder un plan est loin d'être une tâche aisée. C'est pourquoi on conseille de ne l'entamer qu'après un premier travail de recherche, ce qui n'empêche pas de construire, dès l'origine, un programme de recherche. Ce dernier ne devra cependant pas être publié tel quel, et servira plutôt à faciliter le cheminement personnel du scientifique. Le lecteur aura, quant à lui, le privilège de se voir réserver un produit aussi fini que possible. Il ne se verra ainsi offrir que la « substantifique moelle » du travail réalisé.

L'élaboration du plan est une phase qui est particulièrement délicate mais, une fois qu'elle est réalisée, on peut considérer que l'essentiel du travail est fait. La ligne de raisonnement est tracée, les balises sont posées, et il ne reste plus qu'à procéder à la rédaction du texte proprement dit. Si le plan a été suffisamment réfléchi, la rédaction ne consistera qu'à suivre rigoureusement le fil patiemment tissé dans le plan.

Section 2

La rédaction du texte

Généralement, les problèmes qui se posent lors de la rédaction sont essentiellement dus à une élaboration déficiente ou

(10) Jean SALMON et Eric DAVID, *Méthodologie de la recherche en droit international public*, 3e éd., *op. cit.*, p. 35.

insuffisante du plan. Si l'on se trouve devant un plan trop large ou trop flou, il est probable que l'on s'interroge constamment sur l'opportunité de traiter d'une question dont on ne saura pas très bien si elle entre dans le cadre de ce que l'on est supposé avoir tracé. L'« angoisse de la page blanche » n'est, en revanche, guère susceptible de survenir si l'on sait où l'on va, l'aspect proprement littéraire n'apparaissant somme toute que très accessoire[11]. L'essentiel est alors d'être convaincant et clair, et de se limiter à développer son argumentation[12]. Ce principe général guidera la rédaction de l'introduction (A), du corps du texte (B), de la conclusion (C) ainsi que, le cas échéant, la reproduction d'annexes (D).

A. L'INTRODUCTION

L'introduction ne sera définitivement rédigée qu'à l'issue de la recherche scientifique[13]. Dans la mesure où c'est cette partie du texte qui conditionne l'ensemble du raisonnement, il est particulièrement important de vérifier que ce qui est annoncé correspond bien à ce qui a été écrit à sa suite. Si tel n'est pas le cas, on sera amené soit à modifier le texte de manière à le conformer à l'introduction soit, ce qui n'est pas à exclure (d'autant que c'est souvent le procédé le plus aisé), à modifier l'introduction de manière à la faire correspondre au texte.

Le but essentiel d'une introduction est de donner des précisions à la fois sur la construction du sujet et sur les éléments essentiels qui seront suivis dans le cadre de son traitement. Ces différents éléments ont déjà été détaillés[14], et seront simplement rappelés à ce stade. En bref, l'introduction est consacrée aux différents éléments suivants.

- La problématisation du sujet, qui doit permettre au lecteur de saisir la pertinence et l'originalité d'une étude réalisée sur tel sujet et tel aspect du sujet plutôt qu'un autre. L'introduction peut, dans ce contexte, faire état des principaux travaux de doctrine relatifs à ce sujet afin de situer le débat.

[11] V. Simone DREYFUS, *La thèse et le mémoire de doctorat. Etude méthodologique*, 2ᵉ éd., *op. cit.*, p. 164.

[12] *Ibid.*, p. 179; Jean SALMON et Eric DAVID, *Méthodologie de la recherche en droit international public*, 3ᵉ éd., *op. cit.*, p. 38.

[13] Simone DREYFUS, *La thèse et le mémoire de doctorat. Etude méthodologique*, 2ᵉ éd., *op. cit.*, p. 182-183, p. 190.

[14] *Supra*, chapitre II, section 1.

Elle contiendra le cas échéant des définitions provisoires des notions amenées à être traitées dans le cadre de l'étude.

- La description générale de la méthode qui sera suivie pour traiter ce sujet, ce qui peut supposer des précisions sur la science juridique de base ainsi que, le cas échéant, sur l'approche théorique choisie par l'auteur.
- La délimitation du matériau qui fera l'objet de la recherche, particulièrement lorsque celle-ci comprend un aspect empirique important.
- La formulation de l'hypothèse de travail qui sera testée tout au long de l'étude, hypothèse en l'absence de laquelle le lecteur sera bien en mal de saisir l'originalité de la démarche.
- La présentation générale des principales parties du plan du travail, qui aura été élaboré conformément aux consignes qui viennent d'être données. Cette étape est loin d'être purement formelle. Il ne suffit pas d'énoncer les différents chapitres du travail. La présentation du plan doit apparaître clairement au lecteur comme un déroulement logique permettant de suivre progressivement l'argumentation qui mènera à la démonstration de l'hypothèse de travail(15).

L'écueil à éviter est l'assimilation de l'introduction à une vague mise en contexte émaillée de considérations générales. Tout lecteur doit, grâce à l'introduction, disposer de réponses à ces différentes questions. Pour le reste, le style de chacun pourra s'exprimer librement, la règle restant cependant de ne rien énoncer qui ne soit indispensable au développement de la démonstration. Une règle qui s'appliquera également lors de la rédaction du corps du texte en tant que tel.

B. Le corps du texte

La rédaction est une activité personnelle, et il ne saurait être question à ce stade de dicter ni même de conseiller de suivre tel ou tel style. On insistera néanmoins sur les trois points suivants : le développement d'une optique générale démonstrative et argumentative (1), l'exigence de clarté et la diversité stylistique (2), l'importance des références et modes de citation (3).

(15) Simone Dreyfus, *La thèse et le mémoire de doctorat. Etude méthodologique*, 2e éd., *op. cit.*, p. 191.

1. L'optique générale démonstrative et argumentative

La rédaction dans le corps du texte doit toujours suivre la démonstration et le plan tel qu'il a été défini et présenté au sein de l'introduction. Le risque le plus grand présent à ce stade est de s'écarter du plan dressé au préalable. Il faut s'évertuer à s'y tenir le plus rigoureusement possible. Il est important de rappeler ici l'importance de l'élaboration initiale du plan. Plus les différents points du travail seront définis précisément, plus la rédaction sera aisée. Cette phase préalable correctement effectuée, il importera de vérifier que chaque affirmation, chaque constatation est utile à l'argumentation. En théorie, chaque phrase doit s'avérer indispensable à la démonstration de la thèse. Le principe s'étend à la référence aux sources qui jalonnent l'ensemble du texte. On ne citera pas une source pour la simple raison qu'elle a été consultée; seules les sources qui viennent réellement à l'appui de la démonstration le seront en bas de page, une bibliographie générale pouvant en revanche reprendre l'ensemble des sources consultées.

Sur le fond, et pour revenir de manière plus générale à la rédaction du corps du texte, on rappellera que les arguments qui semblent s'opposer à la thèse soutenue ne doivent jamais être laissés dans l'ombre. Il convient au contraire de les prendre à bras le corps, comme l'exige le principe d'objectivité scientifique qui régit toute étude académique(16). Chacun des arguments de la position inverse doit être exposé, traité, et éventuellement réfuté, au sein du travail. Ce n'est qu'à ce prix que le travail sera considéré à la fois comme objectif et comme convaincant.

2. L'exigence de clarté et la diversité stylistique

Sur le plan du style, le texte doit être aussi convaincant et didactique que possible. On préférera dès lors le style direct à des envolées littéraires dont l'esthétisme serait inversement proportionnel à la clarté(17). Le souci de clarté et dès lors de structure amène certains auteurs à diviser l'étude en paragraphes et à procéder à leur numérotation. Même si elle n'est

(16) *Supra*, chapitre II, section 1, le principe de la «neutralité axiologique».

(17) Simone DREYFUS, *La thèse et le mémoire de doctorat. Etude méthodologique*, 2e éd., *op. cit.*, p. 74-75.

pas indispensable, cette numérotation peut faciliter le renvoi, au sein du travail, d'un paragraphe à l'autre.

En application de cette exigence, on évitera que deux ou plusieurs sous-titres se succèdent sans qu'on y glisse un mot de présentation expliquant le passage d'un titre à l'autre. Le lecteur doit pouvoir saisir la raison du déroulement du travail au sein de l'introduction d'abord, mais également, tout au long du texte, et en particulier lors des passages d'une partie à l'autre, ou d'une sous-partie à l'autre[18]. On conseillera dès lors la rédaction de brèves conclusions intermédiaires assurant le passage d'une partie à l'autre, ainsi que de brèves introductions qui consisteront, dans le cadre d'une partie générale, à présenter les sous-parties qui la composent en expliquant la logique de l'ordre de présentation. Il convient, en revanche, d'éviter de simplement reproduire mécaniquement les titres des parties qui seront développées sans que l'on en comprenne le sens et l'intérêt. Il faut aussi éviter que les introductions, passages intermédiaires et conclusions tournent à la répétition. De telles dérives sont bien dénoncées dans l'extrait reproduit ci-dessous.

> «Je ne suis pas partisan non plus d'une certaine façon d'écrire (...) qui consiste à débuter en annonçant ce qu'on va dire et puis à dire ce qu'on avait déjà annoncé que nous voulions dire, pour finalement conclure en rappelant au lecteur ce qu'on vient de dire tout comme on l'avait annoncé tout au début»[19].

L'idéal est d'être le plus didactique possible tout en restant synthétique. Si la présentation du plan dans l'introduction puis des titres au fur à mesure qu'ils sont abordés est essentielle, il n'est pas nécessaire qu'elle soit longue.

3. *L'importance des références et modes de citation*

Dans le corps du texte, on doit pouvoir constamment s'appuyer sur des sources d'autorité qui appuient les affirmations énoncées. Pour chaque phrase, on se demandera ainsi si elle est purement originale, ou si l'on ne peut pas l'appuyer par la référence à des sources existantes. On a déjà détaillé cette exigence

(18) *Ibid.*, p. 225.

(19) Andrea BIANCHI, «Une génération de «communautaristes»» *in* Emmanuelle JOUANNET, Hélène RUIZ FABRI et Jean-Marc SOREL (dir.), *Regards d'une génération sur le droit international*, *op. cit.*, p. 95.

dans un chapitre précédent[20]. On ajoutera à ce stade qu'il est nécessaire de respecter les règles de citation, règles que l'on peut présenter de la manière suivante[21].

Premièrement, on opérera une sélection entre les différentes sources. Les plus convaincantes seront citées dans le corps du texte, afin de renforcer autant que possible l'argumentation. On prendra soin de toujours indiquer le début et la fin de la citation par la reproduction de guillemets[22]. A défaut, c'est purement et simplement de plagiat que l'on est susceptible d'être accusé. La citation sera ensuite interprétée, de manière à montrer comment elle renforce la thèse de l'auteur.

Définition du plagiat selon l'Université libre de Bruxelles

« Qu'est-ce que le plagiat ?

Le plagiat, c'est l'« utilisation des écrits d'autrui sans mention d'emprunt » (1). Le plagiat constitue donc un vol, un pillage d'idées et de théories appartenant à d'autres : en évitant de mentionner de qui elles émanent, les fraudeurs se les attribuent donc, au détriment de leurs créateurs.

Concrètement, le plagiat, c'est :

- « Copier textuellement un passage d'un livre, d'une revue ou d'une page Web sans le mettre entre guillemets et/ou sans en mentionner la source.
- Insérer dans un travail des images, des graphiques, des données, etc. provenant de sources externes sans indiquer la provenance.
- Résumer l'idée originale d'un auteur en l'exprimant dans ses propres mots, mais en omettant d'en indiquer la source.
- Traduire partiellement ou totalement un texte sans en mentionner la provenance.
- Utiliser le travail d'une autre personne et le présenter comme le sien (et ce, même si cette personne a donné son accord) »(2).

En vous rendant coupable de plagiat, vous vous exposez à des sanctions pouvant aller du simple refus de votre travail à l'ajournement total, voire même à l'exclusion de l'Université. Des logiciels performants permettent aujourd'hui de détecter les travaux contenant des éléments plagiés et sont utilisés avec succès à l'ULB.

(1) Définition de l'Office québécois de la langue française, *Grand Dictionnaire Terminologique*, 2006.

(2) Exemples tirés du mini-site des Bibliothèques de l'UQAM consacré au plagiat : Services des Bibliothèques de l'UQAM, Exemples de situations de plagiat, 2005 »[23].

[20] *Supra*, chapitre II, section 2.

[21] V. aussi Jean SALMON et Eric DAVID, *Méthodologie de la recherche en droit international public*, 3e éd., *op. cit.*, p. 10-22.

[22] Simone DREYFUS, *La thèse et le mémoire de doctorat. Etude méthodologique*, 2e éd., *op. cit.*, p. 194-202.

[23] http ://www.bib.ulb.ac.be/fr/aide/eviter-le-plagiat/index.html#c5428.

Deuxièmement, et sur un plan purement formel, il conviendra de respecter les modes de citation qui ont conventionnellement été établis, et qui varient selon les revues, éditeurs ou professeurs[(24)]. A titre d'exemple, voici quelques références qui illustrent les modes de citation d'application dans la *Revue belge de droit international.*

Modes de citation en application dans la *Revue belge de droit international*[(25)]

I. DOCTRINE

a) Ouvrages

Dionisio ANZILOTTI, *Cours de droit international*, Paris, rééd. Panthéon-Assas, 1999, pp. 239-249.

Christine GRAY, *International Law and the Use of Force*, 2nd ed., Oxford, O.U.P., Foundations of Public International Law, 2004, p. 221.

Jean SALMON (dir.), *Dictionnaire de droit international public*, Bruxelles, Bruylant/AUPELF, 2001, v° diligence due, p. 341.

b) Articles

Dietrich SCHINDLER, «Aspects contemporains de la neutralité», *R.C.A.D.I.*, 1967-II, tome 121, p. 245.

François DUBUISSON, «Vers un renforcement des obligations de diligence en matière de lutte contre le terrorisme» *in* K. Bannelier, Th. Christakis, O. Corten et B. Delcourt (Eds.), *Le droit international face au terrorisme*, Paris, Pedone, 2002, pp. 143-144.

Jochen Arb. FROWEIN, «Article 2(5)» *in* B. Simma (ed.), *The Charter of the United Nations*, vol. I, Oxford, O.U.P., 2002, pp. 136-139

John QUIGLEY, «Complicity in International Law: A New Direction in the Law of State Responsability», *B.Y.B.I.L.*, 1986, pp. 83-85.

II. JURISPRUDENCE

C.I.J., Affaire des *Activités militaires et paramilitaires au Nicaragua et contre celui-ci*, fond, arrêt du 27 juin 1986, *Recueil 1986*, p. 102, par 193.

T.P.I.Y., Affaire *Tadic (fond)*, CA, Aff. IT-94-1-A, 15 juillet 1999, par. 83.

C.E.D.H., Affaire *James et autres*, 21 février 1986, *Série A N° 98*, pp. 31 et 39.

T.I.D.M., Affaire du *Navire Saiga (Saint Vincent et Grenadines/Guinée)*, décision du 4 décembre 1997, par. 30; texte sur http://www.itlos.org.

III. DOCUMENTS

Roberto AGO, *Additif au huitième rapport sur la responsabilité des Etats*, A/CN.4/318/Add. 5 à 7, *A.C.D.I.*, 1980, II, 1re partie, p. 59, par. 104

(24) V. p. ex. Shabtai ROSENNE, *Practice and Methods of International Law*, *op. cit.*, p. 53-54; Simone DREYFUS, *La thèse et le mémoire de doctorat. Etude méthodologique*, 2e éd., *op. cit.*, p. 25-41.

(25) http://www.ulb.ac.be/droit/cdi/Site/Revue_belge_de_droit_international_RBDI_.html.

S/13908, 25 avril 1980, *Lettre adressée au président du Conseil de sécurité par le représentant permanent des Etats-Unis d'Amérique auprès de l'ONU*, p. 1.
A/C.6/S.R.1179, 24 septembre 1970, p. 12, par. 9 (déclaration du représentant de la France à la sixième commission de l'Assemblée générale des Nations Unies).
S/PV.3988, 24 mars 1999, pp. 2-4 (position du représentant de la Russie au sein du Conseil de sécurité).
Rapport du Comité spécial pour le renforcement de l'efficacité du principe du non-recours à la force dans les relations internationales, A.G., 36e sess., Suppl. N° 41 (A/36/41), 1981, p. 54, par. 198-199.
Mouvement des non-alignés, *Déclaration adoptée à la suite du XIIe sommet à Durban*, 3 septembre 1998, par. 63, http ://www.nam.gov.za/xiisummit/index.html, consulté en janvier 2009.

On constatera que les indications données sont aussi précises que possible. Le lecteur doit pouvoir aisément remonter jusqu'à la source citée, et consulter très précisément le passage venant à l'appui de la démonstration. On citera donc la ou les pages précisément invoquées et, s'ils existent, le ou les paragraphes invoqués.

Lorsqu'une source qui a déjà été citée une première fois l'est encore par la suite, on respectera les codes généralement admis dans la doctrine[26], et que l'on peut synthétiser comme suit :

- s'il s'agit d'un ouvrage, on ne reprend que le prénom et le nom de l'auteur, ainsi que le cas échéant le titre de l'article, puis on indique *op. cit.*, pour terminer par les indications relatives aux pages et paragraphes pertinents ;
- s'il s'agit d'un article, la même règle s'applique, mais l'on peut remplacer *op. cit.* par *loc. cit.* ;
- si le même auteur est cité deux ou plusieurs fois successivement, il suffit de placer *ibidem* (ou *ibid.* ou *idem* ou *id.*) après la première citation ;
- s'il s'agit d'un document ou d'un arrêt, on reprend normalement la référence, quitte à l'abréger (en ne donnant plus la date de l'arrêt ou le titre complet de l'affaire) ;
- de manière générale, on peut donner des précisions sur la première fois que l'on a cité sa source, en indiquant par exemple *op. cit. supra* note 4.

(26) Jean Salmon et Eric David, *Méthodologie de la recherche en droit international public*, 3e éd., *op. cit.*, p. 44-46.

Le respect de ces prescriptions formelles remplit une double fonction. D'une part, il démontre toute la rigueur de l'analyse, puisque l'auteur se montre capable de citer très précisément les documents qui viennent à l'appui de sa thèse. D'autre part, le respect de ces consignes donne une impression générale de sérieux qu'il ne faut pas sous-estimer. Des citations précises mais ne répondant pas aux exigences formelles laisseront penser que le travail manque de rigueur.

Enfin, et ceci est purement formel, les mots en langue étrangère (latin, anglais ou autres) qui sont utilisés dans le corps du texte seront reproduits en italiques, comme dans *de lege lata*, *supra*, *estoppel*, *treaty making power*, ...(27).

C. La conclusion

Si tous les préceptes méthodologiques ont été respectés, une conclusion proprement dite n'est pas véritablement obligatoire. Normalement, l'hypothèse de travail devrait déjà être démontrée dans le corps du texte se situant avant la conclusion. La conclusion peut alors paraître, à ce titre, relativement inutile.

Toutefois, on trouve généralement une conclusion dans les études académiques. Ces conclusions peuvent être de deux types.

Dans le premier type de conclusion, on reprend simplement les grandes lignes d'argumentation du travail et la conclusion de cette argumentation qui correspondra à la démonstration de l'hypothèse de travail telle qu'elle avait été définie dans l'introduction(28). Ce type de conclusion correspond à un schéma classique dont la vocation est essentiellement didactique. Une telle conclusion s'imposera tout particulièrement lorsque l'étude est relativement longue, avec pour conséquence que le lecteur aura peut-être oublié certains aspects de la problématique ou certaines étapes de la démonstration(29).

Le second type de conclusion consiste à reprendre également une synthèse, mais aux fins d'ouvrir ensuite une nouvelle piste de réflexion. Au sein de ce second type de conclusion, l'auteur

(27) *Ibid.*, p. 43.

(28) Simone Dreyfus, *La thèse et le mémoire de doctorat. Etude méthodologique*, 2e éd., *op. cit.*, p. 187-188.

(29) Pour un exemple, v. Laurence Weerts, «Heurs et malheurs du principe de l'*uti possidetis*: le cas du démembrement de l'U.R.S.S.» *in* O. Corten *et al.* (dir.), *Démembrements d'Etats et délimitations territoriales: l'*uti possidetis *en question(s)*, Bruxelles, Bruylant, 2001, p. 140-142.

montre que son étude suscite de nouvelles questions, et ouvre dès lors de nouvelles pistes de réflexion[30]. Ces pistes pourront être explorées ultérieurement, soit par l'auteur lui-même, mais dans une autre étude scientifique, soit par d'autres auteurs qui ont pris connaissance du travail. Celui-ci a alors permis non seulement de vérifier une hypothèse de travail, mais aussi d'en poser de nouvelles[31].

Il va sans dire que la conclusion la plus recommandable, mais aussi la plus difficile, est celle que l'on vient d'évoquer. C'est l'ouverture à une nouvelle problématique qui donne tout son sens à une synthèse finale, et c'est cette ouverture qui témoignera le plus de l'originalité d'une œuvre scientifique directement en phase avec les débats qui agitent la discipline considérée.

D. Les annexes

Les annexes sont les documents utilisés dans le travail qui présentent un caractère particulièrement pertinent[32]. Il est possible que certains passages de ces documents soient cités dans le corps du texte. Néanmoins, dans la mesure où ces documents sont éventuellement difficiles à trouver[33], ou encore sont très étroitement liés au raisonnement exposé[34], il est préférable de les reproduire également en annexe. Les documents se trouvant en annexe doivent véritablement être essentiels à la démonstration réalisée. Il ne peut s'agir de conventions de droit international général (Charte des Nations unies,...) ou d'articles de doctrine. Cette dernière hypothèse ne serait concevable que si cet article est particulièrement introuvable et qu'en outre, il

(30) Simone Dreyfus, *La thèse et le mémoire de doctorat. Etude méthodologique*, 2e éd., *op. cit.*, p. 67.

(31) V. p. ex. Barbara Delcourt, *Droit et souverainetés. Analyse critique du discours européen sur la Yougoslavie*, Bruxelles, PIE-Peter Lang, 2003, p. 453-468.

(32) Jean Salmon et Eric David, *Méthodologie de la recherche en droit international public*, 3e éd., *op. cit.*, p. 47-48; Simone Dreyfus, *La thèse et le mémoire de doctorat. Etude méthodologique*, 2e éd., *op. cit.*, p. 233-241.

(33) V. notre étude, «Les arguments avancés par la Belgique pour justifier son soutien aux Etats-Unis dans le cadre de la guerre contre l'Irak», *RBDI*, 2005, p. 440-446 (reproduction du texte d'un traité bilatéral entre la Belgique et les Etats-Unis qui n'avait pas été officiellement publié).

(34) V. p. ex. Catherine Denis, «La résolution 678 (1990) peut-elle légitimer les actions armées menées contre l'Iraq postérieurement à l'adoption de la résolution 687 (1991)?», *RBDI*, 1998, p. 526-537 (reproduction du texte des résolutions pertinentes).

constitue un élément essentiel d'un point de l'argumentation du travail.

Dans l'hypothèse où des documents sont reproduits en annexe, il n'est pas inutile de prévoir une table des annexes reprenant les différents documents reproduits en les numérotant ainsi que les pages auxquelles ils peuvent être consultés.

Enfin, il faut veiller à inclure une bibliographie qui reprend l'ensemble des sources consultées, même si elles ne sont pas formellement citées dans le corps du texte ainsi que le plan du travail(35).

(35) Simone DREYFUS, *La thèse et le mémoire de doctorat. Etude méthodologique*, 2e éd., *op. cit.*, p. 256-258.

ANNEXE

Quelques adresses électroniques utiles

Organisations ou organismes internationaux

http://www.g77.org/
http://www.nam.gov.za/
http://www.africa-union.org/root/ua/index/index.htm
http://www.oic-oci.org/oicnew/
http://www.oas.org/main/french/
http://europa.eu/
http://www.coe.int/defaultFR.asp
http://www.thecommonwealth.org/
http://www.wto.org/indexfr.htm

ONU

http://untreaty.un.org/French/treaty.asp
http://www.un.org/french/documents/cs/resolutions.shtml
http://documents.un.org/default.asp
http://www.un.org/depts/dhl/dhlf/unbisnet/indexf.htm
http://www.un.org/law/ilc/index.htm

Etats

http://www.un.org/french/Members/index.shtml
http://www.gksoft.com/govt/en/world.html
http://www.diplomatie.gouv.fr/fr/
http://www.diplomatie.be/fr/
http://www.whitehouse.gov/
http://www.number10.gov.uk/ ; http://www.fco.gov.uk/en/
http://www.government.ru/content/
http://english.gov.cn/ ; http://www.fmprc.gov.cn/fra/default.htm
http://goidirectory.nic.in/

Jurisprudence

http://www.icj-cij.org/

http://www.icc-cpi.int/home.html&l=fr
http://www.un.org/icty/index-f.html
http://69.94.11.53/
http://www.sc-sl.org/
http://www.eccc.gov.kh/french/default.aspx
http://www.itlos.org/start2_fr.html
http://icsid.worldbank.org/ICSID/Index.jsp
http://www.wto.org/French/tratop_f/dispu_f/dispu_f.htm
http://untreaty.un.org/UNAT/main_page_French.htm
http://www.echr.coe.int/echr/Homepage_FR
http://www.corteidh.or.cr/
http://curia.europa.eu/fr/transitpage.htm
http://www.pca-cpa.org/showpage.asp?pag_id=1026
http://www.un.org/law/riaa/

Doctrine

http://www.idi-iil.org/
http://www.ila-hq.org/
http://www.esil-sedi.eu/
http://www.asil.org/
http://www.sfdi.org/

Liens

http://www.haguejusticeportal.net/
http://www.ridi.org/adi/home.html
http://dev.ulb.ac.be/sciencespo/fr/liens_4.html
http://www.bibhost.ulb.ac.be/DRT/bdd_westlaw.html

Bibliographie sommaire*

Allott Philip, «Language, Method and the Nature of International Law», *BYBIL*, 1971, p. 79-135.

Amselek P. (dir.), *L'interprétation en droit*, Bruxelles, Bruylant, Presses universitaires d'Aix-Marseille, 1995, 245 p.

Arnaud André-Jean (dir.), *Dictionnaire encyclopédique de théorie et de sociologie du droit*, Paris, LGDJ, Montchrestien, 2e éd.,1993, 758 p.

Aust Anthony, *Modern Treaty Law and Practice*, second ed., Cambridge, CUP, 2007, 610 p.

Benchikh M., Charvin R. et Demichel F., *Introduction critique au droit international*, Lyon, Presses universitaires, 1986, 134 p.

Boisson de Chazournes Laurence, «Qu'est-ce que la pratique en droit international?» *in* SFDI, *La pratique et le droit international*, colloque de Genève, Paris, Pedone, 2004, p. 13-47.

Bos Maarten, *A Methodology of International Law*, Amsterdam/New York/Oxford, North Holland, T.M.C. Instituut – The Hague, 1984, XXI et 357 p.

Cahin Gérard, *La coutume internationale et les organisations internationales. L'incidence de la dimension institutionnelle sur le processus coutumier*, Paris, Pedone, 2001, vii et 782 p.

—, «Apport du concept de mythification aux méthodes d'analyse du droit international» *in Mélanges Chaumont*, Paris, Pedone, 1984, p. 89-115.

Cannizaro Enzo and Palchetti Paolo (ed.), *Customary International Law on the Use of Force: A Methodological Approach*, Leiden/Boston, Martinus Nijhoff, 2005, xvi et 347 p.

Castberg Frede, «La méthodologie du droit international public», *RCADI*, 1933, tome 43, p. 313-383.

Chaumont Charles, «Méthode d'analyse du droit international», *RBDI*, 1975, p. 32-37.

* La bibliographie ne comprend que les principaux textes utilisés pour rédiger cet ouvrage. Pour le reste, on se référera aux notes de bas de page, qui reprennent les références complètes lorsque la source est citée pour la première fois au sein de chaque chapitre.

CHEMILLIER-GENDREAU Monique, «Quelle méthode pour l'analyse des développements récents du droit international» *in* BEN ACHOUR Rafâa et LAGHMANI Slim (dir.), *Les nouveaux aspects du droit international*, Paris, Pedone, 1994, p. 15-30.

CHENG Bin, *General Principles of Law as applied by International Courts and Tribunals*, London, Stevens & Sons Limited, 1953, LI et 490 p.

CORTEN Olivier, *L'utilisation du «raisonnable» par le juge international. Discours juridique, raison et contradictions*, Bruxelles, Bruylant, 1997, XXII et 696 p.

—, *Le discours du droit international. Pour un positivisme critique*, Paris, Pedone, 2009, 351 p.

—, «The controversies over the Customary Prohibition on the Use of Force: A Methodological Debate», *EJIL*, 2005, vol. 16, n° 5, p. 803-822.

— et KLEIN P. (dir.), *Les Conventions de Vienne sur le droit des traités. Commentaire article par article*, tome I, Bruxelles, Bruylant, 2006, 3 volumes, XIX et 2965 p.

DEGAN Vladimir, *Sources of International Law*, The Hague/Boston/London, Martinus Nijhoff, 1997, xv et 564 p.

DE SCHUTTER Olivier, «Les Critical Legal Studies au pays du droit international», *Droit et société*, 1992, n° 22, p. 585-608.

DE VISSCHER Charles, *Problèmes d'interprétation judiciaire en droit international public*, Paris, Pedone, 1963, 269 p.

—, *Théories et réalités en droit international public*, 4e éd., Paris, Pedone, 1970, 450 p.

DREYFUS Simone, *La thèse et le mémoire de doctorat. Etude méthodologique*, 2e éd., Paris, Cujas, 1983, 341 p.

GRAWITZ Madeleine, *Méthodes des sciences sociales*, Paris, Dalloz, 11e éd., 2000, 1019 p.

GRZEGORCZYK Christophe, MICHAUT Françoise et TROPER Michel (dir.), *Le positivisme juridique*, Bruxelles, Story Scientia, Paris, LGDJ, 1992, 535 p.

JOUANNET Emmanuelle, RUIZ FABRI Henri et SOREL Jean-Marc (dir.), *Regards d'une génération sur le droit international*, Paris, Pedone, 2008, 464 p.

KELSEN Hans, «Théorie du droit international public», *RCADI*, 1953, tome 84, p. 1-203.

KOHEN Marcelo, «La pratique et la théorie des sources du droit international» *in La pratique du droit international*, *op. cit.*, p. 81-111.

KOLB Robert, *Interprétation et création du droit international. Esquisse d'une herméneutique juridique moderne pour le droit international public*, Bruxelles, Bruylant, 2006, 959 p.

KOSKENNIEMI Martti, «Le style comme méthode» *in La politique du droit international*, Paris, Pedone, 2007, p. 391-408.

«Les rapports entre l'objet et la méthode en droit international», *Réalités du droit international contemporain 6*, Actes de la huitième rencontre de Reims, Reims, Presses universitaires, 1989, 135 p.

LILLITCH Richard B. (ed.), *Fact-Finding before International Tribunals*, New York, Transnational Publ., 1992, 338 p.

NYIUNGEKO Gérard, *La preuve devant les juridictions internationales*, Bruxelles, Bruylant, 2005, xiv et 480 p.

OPPENHEIM Lassa, «The Science of International Law: Its Tasks and Method», *AJIL*, 1908, p. 313-363.

ORAISON André, «Réflexions sur «La doctrine des publicistes les plus qualifiés des différentes nations»», *RBDI*, 1991, p. 507-580.

OST François et VAN DE KERCHOVE Michel, *De la pyramide au réseau? Pour une théorie dialectique du droit*, Bruxelles, FUSL, 2002, 608 p.

PERELMAN Chaïm et OLBRECHTS-TYTECA Lucie, *Traité de l'argumentation*, rééd., Bruxelles, Editions de l'Université de Bruxelles, 2008, 740 p.

RATNER Steven and SLAUGHTER Anne-Marie (ed.), «Symposium on Method in International Law», *AJIL*, 1999, p. 291-423; *The Methods of International Law*, ASIL, Studies in Transnational Legal Policy, n° 36, Washington, 2004, 271 p.

ROSENNE Shabtai, *Practice and methods of international law*, New York, Oceana, 1984, xi et 169 p.

SALMON Jean (dir.), *Dictionnaire de droit international public*, Bruxelles, Bruylant, AUF, 2001, 1198 p.

—, «Le fait dans l'application du droit international», *RCADI*, 1982, tome 175, p. 257-414.

—, «Le droit international à l'épreuve au tournant du XXIe siècle», *Cours euro-méditerranéens Bancaja de droit international*, 2002, vol. VI, p. 35-363.

SALMON Jean et DAVID Eric, *Méthodologie de la recherche en droit international public*, 3e éd., Bruxelles, PUB, 1994, 180 p.

SANDIFER D.W., *Evidence before International Tribunals*, Univ. Press of Virginia, 1975, 519 p.

SINCLAIR Ian, *The Vienna Convention on the Law of Treaties*, 2nd ed., Manchester, MUP, 1984, 270 p.

SUR Serge, *L'interprétation en droit international public*, Paris, LGDJ, 1974, x et 449 p.

WITTENBERG J.C., «La théorie des preuves devant les juridictions internationales», *RCADI*, 1936, tome 56, p. 1-104.

YASSEEN Mustapha, «L'interprétation des traités d'après la convention de Vienne sur le droit des traités», *RCADI*, 1976, tome 151, p. 1-114.

Liste des principales abréviations utilisées

ACDI	Annuaire de la Commission du droit international
AFDI	Annuaire français de droit international
AIDI	Annuaire de l'Institut de droit international
AJIL	American Journal of International Law
APD	Archives de philosophie du droit
ASIL	American Society of International Law
BYBIL	British Yearbook of International Law
CEDH	Cour européenne des droits de l'homme
CIJ	Cour internationale de Justice
CPJI	Cour permanente de justice internationale
CUP	Cambridge University Press
CYIL	Canadian Yearbook of International Law
EPIL	Encyclopedia of Public International Law
FUSL	Facultés universitaires Saint-Louis
ICLQ	International & Comparative Law Quarterly
JEDI/EJIL	Journal européen de droit international/ European Journal of International Law
LGDJ	Librairie générale de droit et de jurisprudence
MUP	Manchester University Press
NYIL	Netherlands Yearbook of International Law
OUP	Oxford University Press
PUB	Presses universitaires de Bruxelles
PUF	Presses universitaires de France
RBDI	Revue belge de droit international
RCAD	Recueil des cours de l'Académie de droit international
REDI	Revista espanola de derecho internacional
RGDIP	Revue générale de droit international public
RIEJ	Revue interdisciplinaire d'études juridiques
Riv.dir.int.	Rivista di diritto internazionale
RQDI	Revue québécoise de droit international
RSA	Recueil des sentences arbitrales
RSDIE	Revue suisse de droit international et européen

RTDH	Revue trimestrielle des droits de l'homme
SFDI	Société française pour le droit international
TPIR	Tribunal pénal international pour le Rwanda
TPIY	Tribunal pénal international pour l'ex-Yougoslavie
YIHL	Yearbook of International Humanitarian Law

Table des matières

DEUXIÈME PARTIE

REGLES SPECIFIQUES DE METHODOLOGIE EN DROIT INTERNATIONAL

Dans la même collection

Traité de l'argumentation. La nouvelle rhétorique, Chaïm Perelman et Lucie Olbrechts-Tyteca, préface de Michel Meyer, 6e édition, 2008.

Droit de l'Union européenne, Marianne Dony, 6e édition revue et augmentée, 2015.

Michel Meyer et la problématologie, Angèle Kremer-Marietti, 2008.

Structures de clivages, systèmes de partis et alignement des électeurs : une introduction, Seymour M. Lipset et Stein Rokkan, 2008.

Les partis politiques. Essai sur les tendances oligarchiques des démocraties, Robert Michels, avant-propos de Pascal Delwit, traduction de S. Jankélévitch, 2009.

La vie politique en Belgique de 1830 à nos jours, Pascal Delwit, 3e édition revue et augmentée, 2012.

La naissance de la physique moderne racontée au fil des Conseils Solvay, Pierre Marage et Grégoire Wallenborn, préface d'Isabelle Stengers, 2009.

Méthodologie du droit international public, Olivier Corten, 2009.

Modernité du libre examen, textes de Chaïm Perelman et Jean Stengers, préface de Jean-Pierre Devroey, 2009.

Paysages de la peur. L'homme et la nature au Moyen Age, Vito Fumagalli, préface et édition de Jean-Pierre Devroey, traduction de Paul-Louis van Berg, 2009.

Tableau politique de la France de l'Ouest sous la Troisième République, André Siegfried, préface de Christian Vandermotten, 2010.

Le manger comme culture, Massimo Montanari, préface de Jean-Pierre Devroey, traduction de Paul-Louis van Berg, 2010.

Le fonctionnement de l'Union européenne, Olivier Costa et Nathalie Brack, 3e édition revue et augmentée, 2017.

Partis et systèmes de partis. Un cadre d'analyse, Giovanni Sartori, introduction de Peter Mair, traduction de Paul-Louis van Berg, 2011.

Exit, voice, loyalty. Défection et prise de parole, Albert O. Hirschman, préface de Pascal Delwit, traduction de Claude Besseyrias, 2011.

Le Monde de l'Antiquité tardive, de Marc Aurèle à Mahomet, Peter Brown, préface d'Alain Dierkens,traduction de Christine Monnatte, 2011.

Logique de l'action collective, Mancur Olson, préface de Pierre Desmarez, traduction de Mario Levi, 2011.

La mobilisation politique de la gauche européenne (1860-1980). Le clivage de classe, Stefano Bartolini, préface de Pascal Delwit, traduction de Paul-Louis van Berg, 2012.

Ethique et droit, Chaïm Perelman, introduction d'Alain Lempereur, 2e édition, 2012.

Plaisirs et dépendances dans les sociétés marchandes, Patrick Pharo, 2012.

Gens du Moyen Age. Six croquis de la vie ordinaire, Eileen Power, introduction de Jean-Pierre Devroey, traduction de Paul-Louis van Berg, édition de Jean-Pierre Devroey et Paul-Louis van Berg, 2012.

La Chine depuis 1949, Linda Benson, traduction de Pascal Delwit, 2012.

Le travail en miettes. Spécialisation et loisirs, Georges Friedmann, préface de Mateo Alaluf, 2012.

Rhétoriques, Chaïm Perelman, avant-propos de Michel Meyer, 2e édition, 2012.

Sur le travail industriel, Max Weber, introduction et postface de Pierre Desmarez et Pierre Tripier, traduction de Paul-Louis van Berg, 2012.

L'Etat dans la société capitaliste. Analyse du système de pouvoir occidental, Ralph Miliband, préface de Paul Magnette, traduction de Christos Passadéos, 2012.

Une théorie économique de la démocratie, Anthony Downs, préface de Pascal Delwit, traduction de Paul-Louis van Berg, 2013.

Le changement climatique, mythes, réalités et incertitudes, Pier Vellinga, préface de Philippe Bourdeau, Frank Pattyn et Edwin Zaccaï, traduction d'Anne Lowyck, 2013.

La reconstruction de l'Europe occidentale (1945-1951), Alan S. Milward, introduction de Mario Telò, traduction de Paul-Louis van Berg, 2013.

Ma jeunesse, Jules Michelet, introduction de Paule Petitier, 2013.

Histoire du Luxembourg, Michel Pauly, traduction de Paul-Louis van Berg, 2e édition revue, 2017.

Histoire de l'idée d'Europe, Federico Chabod, introduction d'Irene Di Jorio, traduction de Paul-Louis van Berg, 2014.

La douceur et le pouvoir. La place du sucre dans l'histoire moderne, Sidney W. Mintz, avant-propos de Kenneth Bertrams, traduction de Rula Ghani, nouvelle édition, 2014.

Histoire de l'Europe, éditée d'après les carnets de captivité (1916-1918) suivie des Souvenirs de captivité, Henri Pirenne, préface et édition critique par Jean-Pierre Devroey et Arnaud Knaepen, 2014.

Bruxelles, une lecture de la ville. De l'Europe des marchands à la capitale de l'Europe, Christian Vandermotten, 2014.

Sacré *versus* sécularisation. Religion et politique dans le monde, Pippa Norris et Ronald Inglehart, traduction de Pascal Delwit, 2014.

Après l'hégémonie. Coopération et désaccord dans l'économie politique internationale, Robert O. Keohane, introduction de Mario Telò, traduction de l'anglais, 2015.

La crise de vingt ans, 1919-1939. Une introduction à l'étude des relations internationales, E. H. Carr, préface de Dario Battistella, traduction de l'anglais, 2015.

De l'Etat à l'Union européenne, François Foret, 2015.

Les gauches radicales en Europe. XIXe-XXIe siècles, Pascal Delwit, 2016.

Une histoire des entreprises familiales : 1850-2000, Andrea Colli, préface de Kenneth Bertrams, traduction de David Kusman, 2016.

L'Europe en crise et le monde, Mario Telò, 2016.

Polyarchie : participation et opposition, Robert A. Dahl, avant-propos de Pascal Delwit, traduction de Pascal Delwit et Michèle Mat, 2016.

EDITIONS DE L'UNIVERSITE DE BRUXELLES

Fondées en 1972, les Editions de l'Université de Bruxelles sont un département de l'Université libre de Bruxelles (Belgique). Elles publient des ouvrages de recherche et des manuels universitaires d'auteurs issus de l'Union européenne.

Principales collections et directeurs de collection

- Commentaire J. Mégret (Comité de rédaction: Marianne Dony (directeur), Emmanuelle Bribosia, Claude Blumann, Jacques Bourgeois, Jean-Paul Jacqué, Mehdi Mezaguer, Arnaud Van Waeyenbergh, Anne Weyembergh)
- Architecture, aménagement du territoire et environnement (Christian Vandermotten et Jean-Louis Genard)
- Etudes européennes (Marianne Dony et François Foret)
- Histoire (Eliane Gubin et Kenneth Bertrams)
- Histoire – conflits – mondialisation (Pieter Lagrou)
- Philosophie politique : généalogies et actualités (Thomas Berns)
- Religion, laïcité et société (Monique Weis)
- Science politique (Pascal Delwit)
- Sociologie et anthropologie (Mateo Alaluf et Pierre Desmarez)
- UBlire (collection de poche)

Elles éditent trois séries thématiques, les *Problèmes d'histoire des religions* (direction : Sylvie Peperstraete), les *Etudes sur le XVIIIe siècle* (direction : Valérie André et Brigitte D'Hainaut-Zveny) et *Sextant* (direction : Valérie Piette et David Paternotte).

Les ouvrages des Editions de l'Université de Bruxelles sont soumis à une procédure de *referees* nationaux et internationaux.

Des ouvrages des Editions de l'Université de Bruxelles figurent sur le site de la Digithèque de l'ULB. Ils sont aussi accessibles via le site des Editions.

Founded in 1972, Editions de l'Université de Bruxelles is a department of the Université libre de Bruxelles (Belgium). It publishes textbooks, university level and research oriented books in law, political science, economics, sociology, history, philosophy, …

Editions de l'Université de Bruxelles, avenue Paul Héger 26 – CPI 163, 1000 Bruxelles, Belgique, EDITIONS@ulb.ac.be, http://www.editions-universite-bruxelles.be

Diffusion/distribution : Interforum Benelux (Belgique, Pays-Bas et grand-duché de Luxembourg) ; SODIS/ToThèmes (France) ; Servidis (Suisse) ; Somabec (Canada).